탄소중립 설계 예제집

Example of how to calculate embodied carbon

대한건축학회 탄소중립위원회

집필진 :

고려대학교 주영규 교 수

서울과학기술대학교 유정한 교 수

전남대학교 배재훈 교 수

경일대학교 오진탁 교 수

한국건축구조연구원 김영주 대 표

목차

발간사

환경보호와 지속가능한 발전이라는 키워드는 모든 산업분야에서 예전부터 화두가 되어왔었지만 최근에는 탄소중립이라는 구체적인 목표를 가지고 선진국을 중심으로 전 세계적인 관심과 노력이 이어지고 있습니다.

1992년 기후변화협약 및 2007년 기후변화에 관한 정부간 협의체(IPCC)의 제 4차 종합평가보고서 발간 이후 IPCC는 2018년 10월 지구의 평균기온 상승을 산업화 이전 대비 1.5℃ 이하로 유지할 수 있도록 이에 대한 과학적 근거를 마련하고자 하였고 2100년까지 지구 평균온도의 상승폭을 1.5℃ 이내로 제한하려면 2030년까지 이산화탄소의 배출량을 2010년 대비 45% 이상 감축하고 2050년 즈음에는 탄소 중립을 달성하여야 할 것을 제시하였습니다.
이에 따라 세계 각국이 탄소중립 법제화 내지는 탄소중립 목표를 선언하는 등 기후 위기에 대응하고 있으며 우리나라도 이러한 흐름에 발을 맞추어 2020년 '2050 탄소중립' 계획 등을 천명한 바 있습니다. 위와 같이 우리나라 또한 탄소 중립이 더 이상 외면할 수 없는 시대적인 소명임을 알고, 지구의 일원으로써 미래세대를 위한 준비에 참여하고 있습니다.

우리 대한건축학회는 건설 부문에서의 탄소중립에 기여하기 위하여 건축물에 적용할 수 있는 탄소 배출량 평가 지침서를 작성하고, 건설 기술인 여러분께서 사용하실 수 있도록 제안함으로써 건축물의 착공에서 해체까지 모든 단계에서의 탄소 배출량을 고려할 수 있도록 하였습니다. 그리고 새로이 도입되는 낯선 개념으로 인해 실무 적용에서 발생될 어려움을 해소하고자 예제를 제시하여 실제 구조물의 전생애주기를 고려한 탄소 배출량 평가를 하는데 도움을 드리고자 합니다. 예제집을 발간함으로써 막연하게 생각되었던 탄소 배출량 평가에 조금이나마 도움되기를 바라는 마음입니다.

앞으로도 대한건축학회는 다양한 활동을 통해 탄소중립 달성에 기여하겠습니다.
건설 기술인 여러분의 많은 관심을 부탁드립니다.
감사합니다.

2023년 3월
대한건축학회 회장
최창식

서문

건축 분야 탄소 배출량이 에너지 관련 전 세계 탄소 배출량의 40%에 육박하여 탄소 중립의 실현을 위한 최우선 과제로 여겨짐에 따라 대한건축학회 탄소중립위원회는 건축물의 전생애주기에 대한 탄소 배출량을 정량화하여 체계적으로 감축할 수 있도록 지침서를 발간하였다. 그러나 탄소 배출량 평가라는 낯선 개념을 즉시 적용하는 데에 어려움이 있을 것을 알고, 실제 건축물을 대상으로 하는 평가 예제를 작성하여 적용에 도움이 되고자 한다.

본 예제집은 국내 사용되는 건축물의 용도에 따른 양식을 고려하여 주거, 근린생활, 창고, 학교 등의 건축물에 대한 탄소 배출량 평가 예제를 다룸으로써 실질적으로 참고할 수 있도록 구성하였다. 특히 각 건축물을 철근콘크리트 구조, 일반 강구조, 가새골조와 철골모멘트골조, 모듈러 구조와 같이 다양한 구조 양식으로 설계되었을 것을 상정함으로써 다양한 예제를 다룰 수 있도록 하였다. 각 예제의 흐름은 모듈별 자재 물량 산출, 탄소배출계수의 선택, 탄소 배출량의 계산, 결과 도출과 같이 구성하여 예제를 이해하고 적용하기에 용이하도록 작성하였다. 위와 같은 예제집의 작성을 통해 탄소 배출량 평가를 상대적으로 접근하기에 쉽도록 하였으며 이를 공개함으로써 2050 탄소 배출량 제로와 같은 목표를 구체화하고 탄소중립의 실현이라는 세계적인 공감대와 함께할 수 있도록 하였다. 예제집 발간을 통해 탄소 배출량 평가에 어려움이 있었을 건설 기술인 여러분들에게 도움이 되는 한편 사회적으로는 탄소 배출량 평가 사례가 증가함으로써 탄소중립에 기여할 수 있을 것으로 생각한다.

대한건축학회 탄소중립위원회 일동

1

탄소중립 설계 예제집

개요

01 개요

1.1 목적

본 예제집은 2022년 10월 발행된 「탄소중립 설계 지침서」를 이용해 건축물의 내재탄소를 계산하고자 하는 건축 전문가들에게 도움을 주기 위해 기획되었다. 위 지침서에서 자재단계, 시공단계, 운영단계, 폐기단계, 재생단계의 각 단계에 따른 탄소 배출량 정량화 방법을 설명하고 있으므로, 대표적인 구조형식에 대한 예제가 제시된 본 예제집을 지침서와 함께 참고한다면 평가 프로세스 진행이 더욱 쉬울 것이다.

예제는 총 4가지 구조시스템을 선정하였다. 2장과 3장에서는 강구조로 각각 창고시설과 근린생활시설, 4장은 주거 건물에 가장 많이 사용하는 철근콘크리트 구조, 마지막으로 5장에서 모듈러 구조를 적용한 학교 건축물을 소개할 것이다. 많은 건축구조 시스템 중에서 가장 많이 사용되는 구조시스템으로 예제를 구성하고자 하였으며 나아가 특수 공법인 모듈러 구조 시스템을 추가하여 다양한 상황에서 독자들의 이해를 돕고자 하였다.

1.2 원칙

자재 생산(A1-A3) 단계에서는 구조재료뿐만 아니라 내외장재, 가시설물에 포함되는 자재들의 물량을 내역서를 근거로 작성하고 그 근거를 제시하고자 하였다. 산정된 자재들의 탄소배출량은 (물량 × 탄소배출계수)로 계산하는데, 가시설물의 경우 재사용에 대한 이슈를 고려하여 새롭게 생산되는 비율을 계산에 적용하여야 한다.

자재/부재 운송(A4) 단계에서의 탄소배출량은 (운송 물량 × 탄소배출계수)로 계산하는데 각각의 자재마다 생산지에서 현장까지 운송되는 거리를 고려하여 탄소배출계수를 적용해야 하는 것을 원칙으로 한다.

시공 과정(A5a) 단계는 전체 공사비를 기준으로 에너지 사용과 인부이동으로 인한 탄소배출량을 산정한다. 향후 탄소배출에 대한 추가적인 연구와 DB 축적을 통해 세분화 및 개선할 수 있을 것으로 기대한다.

폐기물 발생 및 처리(A5w) 단계에서는 자재별로 탄소배출계수, 현장 운송 및 반출 탄소배출계수, 건설 폐기물 재생 및 처리 단계 탄소배출계수를 고려해야 하며 특히 가설공사에 사용된 자재의 경우 재활용 여부에 따라 고려해야 하는 탄소배출계수가 다르므로 주의해야 한다.

설비의 경우 본 예제에서는 수직·수평 배관에 대해서만 고려하였으나 실제 프로젝트에서는 내역서를 기준으로 들어가는 설비 자재들에 대한 물량 등을 모두 고려하여야 한다.

또한 구조시스템별로 각각의 공정들에 유의해서 탄소배출계수를 선정할 필요가 있다. 특히 모듈러 건축공사의 경우에는 시공과정에서 공사비 추정 탄소배출계수 사용 시 일반적으로 모듈러 공사의 특성상 외부(공장)에서 제조되기 때문에 공사비 추정에 따라 1억 5천만 원에 대해 500 kg의 탄소배출계수를 적용해서 추정한다. 또한, 모듈러 공사에서는 공장에서 1차 부재제작 이후에, 제작된 부재가 건설현장으로 운반이 되어 현장시공이 되는데, A4 운송단계 탄소배출량 산정 시에 이러한 두 번의 운송과정을 고려해서 탄소배출량을 산정할 필요가 있다.

1.3 일러두기

■ 본 예제집에 수록된 예제들은 「탄소중립 설계 지침서」의 이해를 돕고 평가 프로세스를 원활히 진행하기 위한 참고자료로 작성하였고 구조시스템별 탄소배출에 대한 비교하기 위함이 아니므로 **2~5장의 결과를 일반화 하지 않아야 할 것이다.**

■ 본 예제집에서 사용된 재료종류, 물량, 수송거리, 탄소배출계수 등은 가정 사항이므로 **실제 프로젝트에서 적용된 내역서를 근거로 해야 할 것이다.**
특히 실제 프로젝트에서 적용된 제품의 생산 방법, 환경성적표지 인증 여부 등에 따라 본 예제에서 가정한 사항과 다른 값을 가질 수 있음을 이해하여 본 예제의 가정 사항을 실제 계산 시 그대로 적용하는 오류를 범하지 않도록 해야 할 것이다.
- 본 예제에서는 국내·국외 생산제품, 제품의 생산방법 등 여러 가지 상황을 가정하여 적용하였으므로 실제 계산을 할 경우(특히 국내 자재를 사용할 경우) 실제 프로젝트에 사용한 제품의 탄소배출계수를 환경성적표지 등을 참고하여 적용해야 한다.

■ 거푸집, 비계, 동바리와 같은 가시설물의 경우 거푸집은 5회 재사용 후 폐기, 비계 및 동바리는 20회 재사용 후 폐기를 가정하여 각각 20%, 5% 새롭게 생산되고 폐기되는 것으로 산정하였다. 실제 프로젝트에서 사용한 가시설물의 상태에 따라 생산·폐기량을 설정해야 하나 개별 프로젝트에서 생산과 폐기량을 파악하기 힘든 가시설물의 특성을 고려하여 **재사용 횟수를 최대 다음과 같이 제한할 것을 권고한다.**
- 거푸집 5회 : (설치 시) 20% 생산, 80% 재활용 → (철거 시) 80% 재활용, 20% 폐기
- 비계·동바리 20회 : (설치 시) 5% 생산, 95% 재활용 → (철거 시) 95% 재활용, 5% 폐기

■ 각 예제의 마지막에 제시된 '프로그램을 이용한 탄소배출량 계산 결과'는 해외의 계산 프로그램을 적용한 개발 초기 버전으로 향후 국내에 적합한 프로그램을 개발하여 배포할 예정이다.

2

탄소중립 설계 예제집

강구조 (창고/공장)

02 강구조(창고/공장)[1]

2.1 건물의 개요

- 건 물 종 류 : 단층 박공지붕 공장
- 구 조 형 식 : 강구조
- 건 축 면 적 : 360 m^2
- 연 면 적 : 360 m^2
- 골조모델링

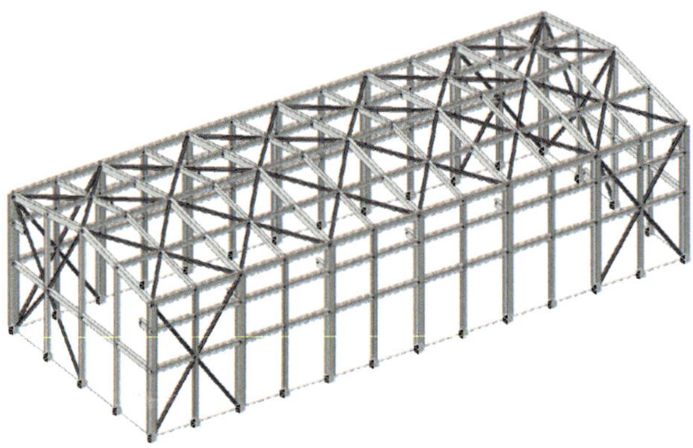

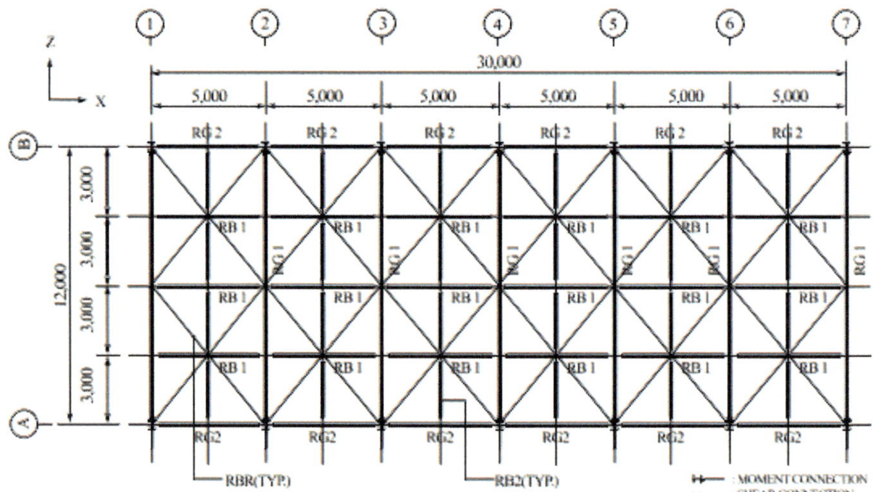

[지붕층 구조 평면도]

1) 출처 : 「KDS 41 31 00 : 2019에 따른 강구조설계 예제집」

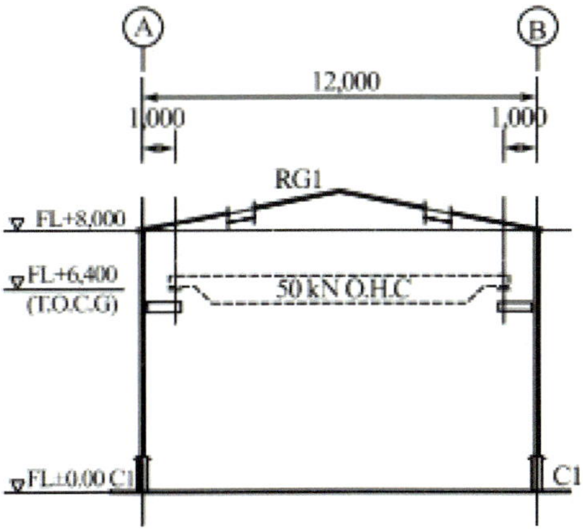

[단면도]

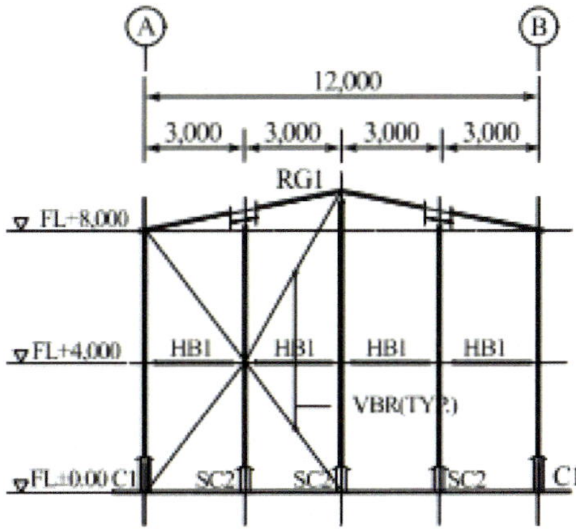

[구조 입면도]

2.2 참고 사항

2.2.1 물량 데이터 참고

- 공장 설계지침서(설계 물량)
- 환경성적표지
- 탄소중립 설계 지침서

2.2.2 해당 예제 탄소배출량 계산을 위한 가정 및 기반

- 모듈A1 : 자재/부재별로 나누어 물량을 계산한다.
- 모듈A4 : 공장은 현장에서 공장까지의 거리 300 km로 가정한다.
- 모듈A5a : 공장 및 현장 에너지, 인부이동을 고려할 데이터가 없기에 공사비 추정 탄소배출량 산정식을 사용하여 계산한다(공사비의 경우, 한국부동산원에서 조사한 2021년 건물신축단가표를 참고하여 867,125원(m^2당)으로 가정한다.)
- 모듈A5w : 공장에서 발생하는 폐기물과 현장에서 발생하는 폐기물을 고려한다.
- 해당 예제의 경우, 가상의 건물로 내·외장재를 포함한 마감재는 고려하지 않았다. 실제 프로젝트에 내역서가 존재할 경우 포함시켜야 하며 적용 방법은 다른 예제를 참고한다.
- B단계의 경우, 데이터가 없기에 계산에서 제외한다.
- 모듈C1 : 시공사로부터 제공받은 데이터가 없어 탄소중립 설계 지침서 3.2.5절을 참고하여 기본가정을 사용하여 계산한다.
- 모듈C2 : 가장 가까운 폐기물 처리시설로 50 km로 가정한다.
- 모듈C3-4 : 탄소중립 설계 지침서의 폐기시나리오에 따른 폐기물 별 재활용률을 사용하며 3.2.5절의 기본 탄소배출계수를 사용하여 계산한다.

· 모듈 D　　: 국내 자재의 경우, 모듈 D의 EPD값에 대한 데이터가 없어 본 예제에서 D단계는 계산에서 제외한다. 실제 프로젝트에 데이터가 존재할 경우 포함시켜야 하며 적용 방법은 다른 예제를 참고한다.

· 가시설물　　: 거푸집은 본 예제집에서는 80%는 재활용품, 20% 새제품 활용 및 80% 재사용 가능함을 기준으로 계상한 것으로 실제 프로젝트의 상황을 반영할 필요가 있다.(국토교통부 KDS 21 50 00(2016) 거푸집 및 동바리 설계기준에 따라 단위중량을 약 40 kg/m^{2}로 가정한다.)

: 동바리, 비계와 같은 경우에 본 예제집에서는 렌트를 기준으로 계상하였지만, 새로운 제품을 구매하여 사용하고, 폐기할 경우에 이 값은 본 예제결과보다 추가적인 탄소배출량이 나올 수 있다. 현장여건을 고려해서 이 부분을 반영할 필요가 있다.

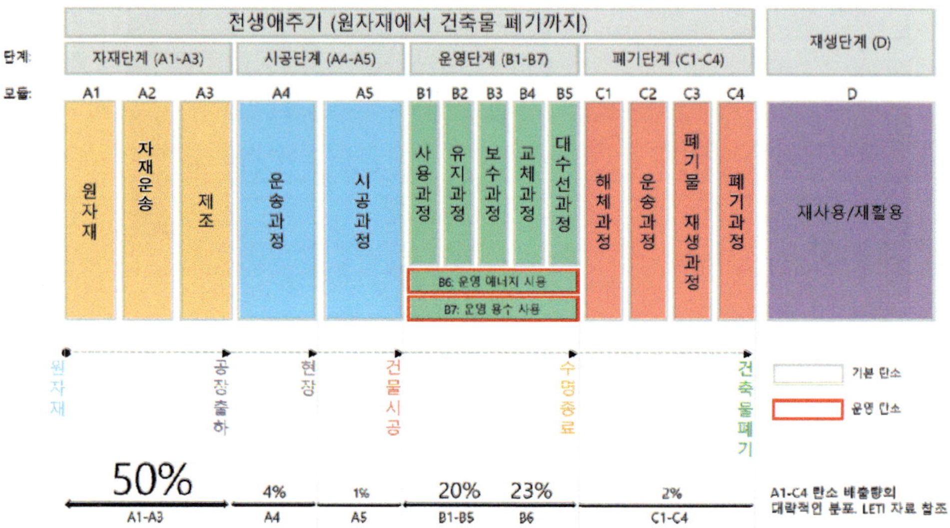

2.3 A단계 탄소배출량 계산

2.3.1 자재 생산(A1-A3)[2)]

1. 물량 산정

1) 강재(형강)　: 66,983.3 kg

2) 콘크리트　: 254,196 kg (단위중량: 2,300 kg/m^3)

　매트슬래브　: 108 m^3 × 2,300 kg/m^3 = 248,400 kg (두께: 300 mm 가정)

　독립기초　: 2.52 m^3 × 2,300 kg/m^3 = 5,796 kg (두께: 600 mm)

3) 강재(철근)　: 9,946.8 kg (단위중량: 90 kg/m^3)

4) 내화피복(뿜칠)　: 277,912.37 kg (두께: 50 mm 가정, 모르타르의 단위중량: 2300 kg/m^3)

5) 데크(지붕 및 외피)　: 16,731.12 kg (데크(지붕 및 외피)의 단위중량: 16.1 kg/m^2)

6) 거푸집(가설공사)　: 1,915.2 kg (단위중량: 40 kg/m^2)

2) 탄소중립지침서 p.42 참조

2. 탄소배출계수[3)]

1) 강재(형강) : 0.540 $kgCO_2e/kg$
2) 콘크리트 : 230.427 $kgCO_2e/m^3$ / 2,300 kg/m^3= 0.1002 $kgCO_2e/kg$
3) 강재(철근) : 0.454 $kgCO_2e/kg$
4) 내화피복(뿜칠)[4)] : 0.149 $kgCO_2e/kg$
5) 데크(지붕 및 외피) : 41.978 $kgCO_2e/m^2$ / 16.1 kg/m^2 = 2.6 $kgCO_2e/kg$
6) 거푸집(가설공사) : 0.681 $kgCO_2e/kg$

3. 탄소배출량

1) 강재(형강) : 66,983.3 kg × 0.540 $kgCO_2e/kg$ = 36,170.98 $kgCO_2e$ ≒ 36.17 tCO_2e
2) 콘크리트 : 254,196 kg × 0.1002 $kgCO_2e/kg$ = 25,470.44 $kgCO_2e$ ≒ 25.47 tCO_2e
3) 강재(철근) : 9,946.8 kg × 0.454 $kgCO_2e/kg$ = 4,515 $kgCO_2e$ ≒ 4.52 tCO_2e
4) 내화피복(뿜칠) : 277,912.37 kg× 0.149 $kgCO_2e/kg$ = 41,408.94 $kgCO_2e$ ≒ 41.41 tCO_2e
5) 데크(지붕 및 외피) : 16,731.12 kg × 2.6 $kgCO_2e/kg$ = 43,500.91 $kgCO_2e$ ≒ 43.5 tCO_2e

- 소계 : **151.07 tCO_2e**

6) 거푸집 : 1,915.2 kg × 0.2 × 0.681 $kgCO_2e/kg$ = 260.85 $kgCO_2e$ ≒ 0.26 tCO_2e

- 소계 : **0.26 CO_2e**

4. 총계

151.07 tCO_2e + 0.26 tCO_2e = 151.33 tCO_2e

2.3.2 자재/부재 운송(A4)[5)]

1. 운송 물량

1) 강재(각관) : 66,983.3 kg
2) 콘크리트 : 254,196 kg
3) 강재(철근) : 9,946.8 kg
4) 내화피복(뿜칠) : 277,912.37 kg
5) 데크(지붕 및 외피) : 16,731.12 kg

---

3) 탄소중립지침서 p.70~71 참조
4) 탄소중립지침서 p.64 [부록 표2] 참조
5) 탄소중립지침서 3.2.3절 참조

2. 가설공사 물량

1) 거푸집 : 1,915.2 kg
2) 비계 : 99,565.2 kg (단위중량: 2,700 kg/m^3 × 0.035 m = 94.5 kg/m^2)

3. 탄소배출계수

현지 운송 기본가정 탄소배출계수[6] : 0.032 $kgCO_2e/kg$

4. 탄소배출량

(운송 물량의 합) × (탄소배출계수)
= (66,983.3 + 254,196 + 9,946.8 + 277,912.37 + 16,731.12 + 1,915.2 + 99,565.2) kg × 0.032 $kgCO_2e/kg$
= 23,272 $kgCO_2e$ ≒ **23.27 tCO_2e**

2.3.3 시공 과정(A5a)[7]

1. 공장 및 현장 에너지, 인부이동

1) 전체 건물 공사비[8] : 312,165,000 원(3억1천2백16만5천원)
2) 공사비 추정 탄소배출계수[9] : 1,400 $kgCO_2e$ / 1.5억원
3) 탄소배출량 : 312,165,000 원 × 1,400 $kgCO_2e$/ 1.5억원 = 2,913.54 $kgCO_2e$ = **2.91 tCO_2e**

2. 시공과정 탄소배출량

에너지, 인부이동으로 인한 탄소배출량 = **2.91 tCO_2e**

2.3.4 폐기물 발생 및 처리(A5w)[10]

1. 자재 폐기비율[11]

1) 강재의 폐기 비율 : 0.010
2) 콘크리트의 폐기 비율 : 0.053
3) 철근의 폐기 비율 : 0.053
4) 내화피복(뿜칠)의 폐기 비율 : 0.111
5) 데크의 폐기 비율 : 0.010
6) 가설공사의 폐기 비율 : 0.2

6) 탄소중립지침서 p.137 참조
7) 탄소중립지침서 p.33 참조
8) 2021년도 한국부동산원 공장 평균공사비 기준 참고
9) 탄소중립지침서 p.34 (식 3.5) 참조
10) 탄소중립지침서 p.37 참조

2. 자재 탄소배출계수(A1-A3)

1) 강재(각관) : 0.54 $kgCO_2e/kg$
2) 콘크리트 : 0.1002 $kgCO_2e/kg$
3) 강재(철근) : 0.454 $kgCO_2e/kg$
4) 내화피복(뿜칠) : 0.149 $kgCO_2e/kg$
5) 데크(지붕 및 외피) : 2.6 $kgCO_2e/kg$

3. 가설공사 탄소배출계수

1) 거푸집 : 0.681 $kgCO_2e/kg$

4. 현장 운송 탄소배출계수(A4) : 0.032 $kgCO_2e/kg$

5. 현장 반출 탄소배출계수(C2)[12] : 0.005 $kgCO_2e/kg$

6. 건설 폐기물 재생 및 처리 단계 탄소배출계수(C3-C4)[13] : 0.013 $kgCO_2e/kg$

7. 탄소배출계수 산정

1) 강재(각관) : 0.010 × (0.54 + 0.032 + 0.005 + 0.013) ≒ 0.006 $kgCO_2e/kg$
2) 콘크리트 : 0.053 × (0.1002 + 0.032 + 0.005 + 0.013) ≒ 0.008 $kgCO_2e/kg$
3) 강재(철근) : 0.053 × (0.454 + 0.032 + 0.005 + 0.013) ≒ 0.027 $kgCO_2e/kg$
4) 내화피복(뿜칠) : 0.111 × (0.149 + 0.032 + 0.005 + 0.013) ≒ 0.022 $kgCO_2e/kg$
5) 데크(지붕 및 외피) : 0.010 × (2.6 + 0.032 + 0.005 + 0.013) ≒ 0.027 $kgCO_2e/kg$
6) 거푸집 : 0.2 × (0.005 + 0.013) ≒ 0.0036 $kgCO_2e/kg$
7) 비계 : 0.005 = 0.005 $kgCO_2e/kg$

8. 탄소배출량

1) 강재(각관) : 66,983.3 kg × 0.006 $kgCO_2e/kg$ = 395.201 $kgCO_2e$ ≒ 0.4 tCO_2e
2) 콘크리트 : 254,196 kg × 0.008 $kgCO_2e/kg$ = 2,023.55 $kgCO_2e$ ≒ 2.02 tCO_2e
3) 강재(철근) : 9,946.8 kg × 0.027 $kgCO_2e/kg$ = 265.7 $kgCO_2e$ ≒ 0.27 tCO_2e
4) 내화피복(뿜칠) : 277,912.37 kg × 0.22 $kgCO_2e/kg$ = 6,138.81 $kgCO_2e$ ≒ 6.14 tCO_2e
5) 데크(지붕 및 외피) : 16,731.92 kg × 0.027 $kgCO_2e/kg$ = 443.37 $kgCO_2e$ ≒ 0.44 tCO_2e
6) 거푸집 : 1,915.2 kg × 0.0036 $kgCO_2e/kg$ = 6.895 $kgCO_2e$ ≒ 0.007 tCO_2e
7) 비계 : 99,565.2 kg × 0.005 $kgCO_2e/kg$ = 497.83 $kgCO_2e$ ≒ 0.5 tCO_2e

- 총합 : 0.4 + 2.02 + 0.27 + 6.14 + 0.44 + 0.007 + 0.5 = **9.77 tCO_2e**

---

11) 탄소중립지침서 p.138 참조
12) 탄소중립지침서 p.204 [부록 표 7] 참조

2.3.5 탄소배출량(A1-A5)

모듈별 탄소배출량

1) 자재 생산(A1-A3) : 151.33 tCO_2e
2) 공장 및 건설 현장까지의 운송(A4) : 23.27 tCO_2e
3) 시공 과정(A5a) : 2.91 tCO_2e
4) 폐기물 발생 및 처리(A5w) : 9.77 tCO_2e

- 총합 : **187.28 tCO_2e**

2.4 C단계 탄소배출량 계산

2.4.1 해체과정(C1)[14]

1. 건물의 총 내부면적 : 360 m^2
2. 탄소배출계수 : 3.4 $kgCO_2e/m^2$ (시공사의 신뢰성 있는 정보가 제공되지 않을 시)
3. 탄소배출량 : 360 m^2 × 3.4 $kgCO_2e/m^2$ = 1,224 $kgCO_2e$ ≒ **1.22 tCO_2e**

2.4.2 폐기물 처리시설 및 매립지까지의 운송(C2)

1. 운송 물량

1) 강재(각관) : 66,983.3 kg
2) 콘크리트 : 254,196 kg
3) 강재(철근) : 9,946.8 kg
4) 내화피복(뿜칠) : 277,912.37 kg
5) 데크(지붕 및 외피) : 16,731.12 kg

2. 탄소배출계수[15] : 0.005 $kgCO_2e/kg$ (다른 곳에서 재사용/재활용)

3. 탄소배출량 : (66,983.3 + 254,196 + 9,946.8 + 277,912.37 + 16,731.12) kg × 0.005 $kgCO_2e$
= 3,128.85 $kgCO_2e$ = **3.13 tCO_2e**

13) 탄소중립지침서 p.36 (식 3.7) 참조
14) 탄소중립지침서 p.36 (식 3.6) 참조
15) 탄소중립지침서 p.204 [부록 표 7] 참조

2.4.3 폐기물 재생 및 처리(C3-C4)[16)]

1. 자재 물량

1) 강재(각관) : 66,983.3 kg
2) 콘크리트 : 254,196 kg
3) 강재(철근) : 9,946.8 kg
4) 내화피복(뿜칠) : 277,912.37 kg
5) 데크(지붕 및 외피) : 16,731.12 kg

2. 탄소배출계수[17)] : 0.013 $kgCO_2e/kg$ (EPD 데이터를 사용할 수 없는 경우)

3. 탄소배출량

{[66,983.3 + 254,196 + 9,946.8 + 277,912.37 + 16,731.12) kg} × 0.013 $kgCO_2e$
= 8,135 $kgCO_2e$ = **8.14 tCO_2e**

2.4.4 탄소배출량(C1-C4)

모듈별 탄소배출량

1) 해체과정(C1) : 1.22 tCO_2e
2) 폐기물 처리시설 및 매립지까지의 운송(C2) : 3.13 tCO_2e
3) 폐기물 재생 및 처리(C3-C4) : 8.14 tCO_2e

- 총합 : **12.49 tCO_2e**

2.5 A-C단계 탄소배출량

단계별 탄소배출량

1) A단계 탄소배출량 : 187.28 tCO_2e
2) C단계 탄소배출량 : 12.49 tCO_2e

- 총합 : **199.77 tCO_2e**

16) 탄소중립지침서 p43 참조
17) 탄소중립지침서 p.36 (식 3.7) 참조

2.6 설비 탄소배출량[18)]

1. 자재/부재 물량

1) 강관(스테인레스)	: 348.786 kg (KSD 3595)
급수배관	: 15.570 kg
우수관	: 333.216 kg
2) 이음관(PVC)	: 13.572 kg
3) 관(PVC)	: 421.20 kg (PVC VG2)

2. 탄소배출계수[19)]

1) 강관(스테인레스)	: 3.204 $kgCO_2e/kg$ (스테인레스-페라이트계)
2) 이음관(PVC)	: 1.849 $kgCO_2e/kg$
3) 관(PVC)	: 3.23 $kgCO_2e/kg$ (Global)

3. 탄소배출량(A1)

1) 강관(스테인레스)	: 348.786 kg × 3.204 $kgCO_2e/kg$ = 1,117.51 $kgCO_2e$
2) 이음관(PVC)	: 13.572 kg × 1.849 $kgCO_2e/kg$ = 25.09 $kgCO_2e$
3) 관(PVC)	: 421.20 kg × 3.23 $kgCO_2e/kg$ = 1,360.48 $kgCO_2e$
소계	: 2,503.08 $kgCO_2e$

4. 탄소배출량(A1+수리·교체)

1) 3결과값 + 10% 가산	: 2,503.08 $kgCO_2e$ × 1.1 = 2,753.39 $kgCO_2e$

5. 탄소배출량(제품의 복잡성 보정)

1) 4결과값 × Scaling-up Factor	: 2,753.39 $kgCO_2e$ × 1.3 = 3,579.41 $kgCO_2e$

6. 탄소배출량(보수적인 최종값)

1) 5결과값 × Buffer Factor	: 3,579.41 $kgCO_2e$ × 1.3 = **4653.23 $kgCO_2e$**

18) 탄소중립지침서 3.5절 참조
19) 탄소중립지침서 p.66, p.76 참조

2.7 탄소배출량 계산 결과

단계별 탄소배출량

1) A단계 탄소배출량 : 187.28 tCO_2e
2) C단계 탄소배출량 : 12.49 tCO_2e

- 총합 : **199.77 tCO_2e**

1. 순 탄소배출량(Upfront Carbon)

1) A단계 탄소배출량 : **187.28 tCO_2e**

2. 총 탄소배출량(Whole Life Carbon)

1) A-C단계 탄소배출량 : **199.77 tCO_2e**
2) D단계 탄소배출량 : **0 tCO_2e**
3) 설비 탄소배출량 : **4.65 tCO_2e**

3. 단위연면적당 탄소배출량

1) A단계 탄소배출량 : 187.3 tCO_2e ÷ 360 m^2 = **520.3 $kgCO_2e/m^2$**
2) A-C단계 탄소배출량 : 199.8 tCO_2e ÷ 360 m^2 = **555.0 $kgCO_2e/m^2$**
3) A-D단계 탄소배출량(설비 포함) : 204.4 tCO_2e ÷ 360 m^2 = **567.8 $kgCO_2e/m^2$**

4. 탄소배출량 분포(A-C단계)

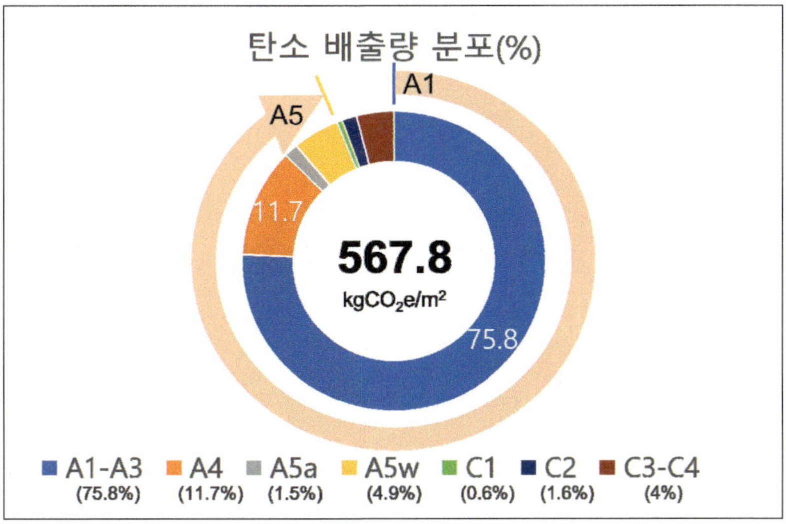

2.8 산정근거 엑셀

1. 콘크리트 물량

콘크리트 물량	매트슬래브	독립기초
산식	360*0.3	(0.4*0.5*0.6)*21
면적(m^3)	108	2.52
단위중량 (kg/m^3)	2,300	2,300
소계(kg)	248,400	5,796
합계(kg)	254,196	

거푸집 물량	매트슬래브	독립기초
산식	2(12+30)*0.3	(2*(0.4+0.5))*0.6*21ea
면적(m^2)	25.2	22.68
단위중량(kg/m^2)	40	40
소계(kg)	1,008	907.2
합계(kg)	1,915.2	

총 콘크리트 물량 : 248,400 kg + 5,796 kg = 254,196 kg
거푸집 물량 : 1,915.2 kg

2. 강재(각관) 물량

강재(각관) 물량	C1	CRG1	SC1(FL 4000)	SC1(FL 6000)	SC1(FL 8000)	SC2	RG1
부재단면	H-390X300X10X16	H-400X200X8X13	H-390X300X10X16	H-390X300X10X16	H-390X300X10X16	H-390X300X10X16	H-400X200X8X13
길이(m)	8	5	4	2	2	6	12
개수	7	12	10	12	12	6	7
단위중량 [kg/m]	107	66	107	107	107	107	66
총 중량(kg)	5,992	3,960	4,280	2,568	2,568	3,852	5,544
도장면적 (m^2/m)	1.96	1.584	1.96	1.96	1.96	1.96	1.584
총 단면적(m^2)	109.76	95.04	78.4	47.04	47.04	70.56	133.056

강재(각관) 물량	RG2	RB1	RB2	RBR	HB1	HB2	VBR
부재단면	H-400X200X8X13	H-300X150X6.5X9	H-300X150X6.5X9	H-300X150X6.5X9	H-294X200X8X12	H-294X200X8X12	CT-150X150X6.5X9
길이(m)	5	5	3	7.81	3	5	10
개수	18	18	24	24	18	14	12
단위중량 [kg/m]	66	65.9	65.9	65.9	56.8	56.8	18.4
총 중량(kg)	5,940	5,931	4,774.8	12,352.296	3,067.2	3,976	2,208
합계(kg)	66,983.3						
도장면적 (m^2/m)	1.584	1.187	1.187	1.187	1.372	1.372	0.5755
총 단면적(m^2)	142.56	106.83	85.464	222.49128	74.088	96.04	69.06

총 철골 물량 : 66,983.51 kg

3. 강재(철근) 물량

강재(철근) 물량	철근
면적(m^3)	110.52
단위중량 (kg/m^3)	90
소계	9,946.8
합계(kg)	9,946.8

총 철근 물량 : 9,946.8 kg

4. 데크(지붕 및 외피) 물량

데크 물량	1층	지붕
부재명	E X T R A DECK-1208	E X T R A DECK-1208
산식	(30*8*2)+(12*8*2)	6.12*30*2
물량(m^2)	672	367.2
단위중량[kg/m]	16.1	16.1
소계(kg)	10,819.2	5,911.92
합계(kg)	16,731.12	

총 데크 물량 : 16,731.12 kg

5. 내화피복(뿜칠) 물량

내화피복 물량	철골	데크
면적(m^2)	1,377.43	1,039.2
두께(m)	0.05	0.05
단위중량[kg/m^3]	2,300	2,300
소계(kg)	158,404.37	119,508
합계(kg)	277,912.37	

총 내화피복(뿜칠) 물량 : 277,912.45 kg

6. 비계 물량

비계 물량	외부비계	내부비계
산식	((2*(12+30))+0.9*8)*8	360*0.9
물량(m^2)	729.60	324
단위중량(kg/m^2)	94.5	94.5
소계(kg)	68,947.2	30,618
합계(kg)	99,565.2	

총 비계 물량 : 99,565.2 kg

※ 해당 예제의 비계는 쌍줄비계로 외부 비계 설치 시 외벽에서 0.9 m 이격하여 설치한다.

※ 해당 예제의 비계는 시스템비계로 두께는 0.035 m[20]가정한다.

(단위중량: 2,700 kg/m^3 / 0.035 m = 94.5 kg/m^2)

20) 가설공사 표준안전 작업지침

2.9 프로그램을 이용한 탄소배출량 계산 결과

Description	Component Lifespan [years]	Temporary Works	% of Temp Works Wasted	Volume [m³] or Mass [kg]?	Material Quantity [m³, kg]	Reinforcement [kg/m³]	Element Embodied Carbon [tCO_2e]	A1-A3	A4	A5w	B4	C2-C4	D
강재(형강)	60	No		Mass [kg]	66,983		39.9	36.2	2.1	0.4		1.2	
콘크리트	60	No		Mass [kg]	254,196	Mass Concrete (0)	40.2	25.5	8.1	2.0		4.6	
강재(철근)	60	No		Mass [kg]	9,947		5.1	4.5	0.3	0.3		0.0	
내화피복(뿜칠)	60	No		Mass [kg]	277,912		61.4	41.4	8.9	6.1		5.0	
데크(지붕 및 외피)	60	No		Mass [kg]	16,731		44.8	43.5	0.5	0.4		0.3	
거푸집(가설공사)	60	No		Mass [kg]	1,915		0.4	0.3	0.1	0.1			
비계	60	No		Mass [kg]	99,565		3.2		3.2				

CO_2e

Substructure & Superstructure

A1 - A5:	187 tCO_2 e	519 $kgCO_2$ e/m²
Biogenic Carbon:	0 tCO_2 e	0 $kgCO_2$ e/m²
A-C:	199 tCO_2 e	553 $kgCO_2$ e/m²
Module D:	0 tCO_2 e	0 $kgCO_2$ e/m²

	A5a	C1
Global Values [tCO_2e]	2.9	1.2

	A	B	C	D	Biogenic Carbon
Total [tCO_2e]	186.9	0.0	12.4	0.0	0

3

탄소중립 설계 예제집

강구조 (근린생활시설)

3.1 건물의 개요
3.2 참고 사항
3.3 A단계 탄소배출량 계산
3.4 B단계 탄소배출량 계산
3.5 C단계 탄소배출량 계산
3.6 A-C단계 탄소배출량
3.7 D단계 탄소배출 저감량
3.8 설비 탄소배출량
3.9 탄소배출량 계산 결과
3.10 산정근거 엑셀
3.11 프로그램을 이용한 탄소배출량 계산 결과

03 강구조(근린생활시설)

3.1 건물의 개요

- 건 물 종 류: 지상 4층 근린생활시설
- 구 조 형 식: 강구조
- 건 축 면 적: 355 m^2
- 연 면 적: 1337 m^2
- 골조모델링

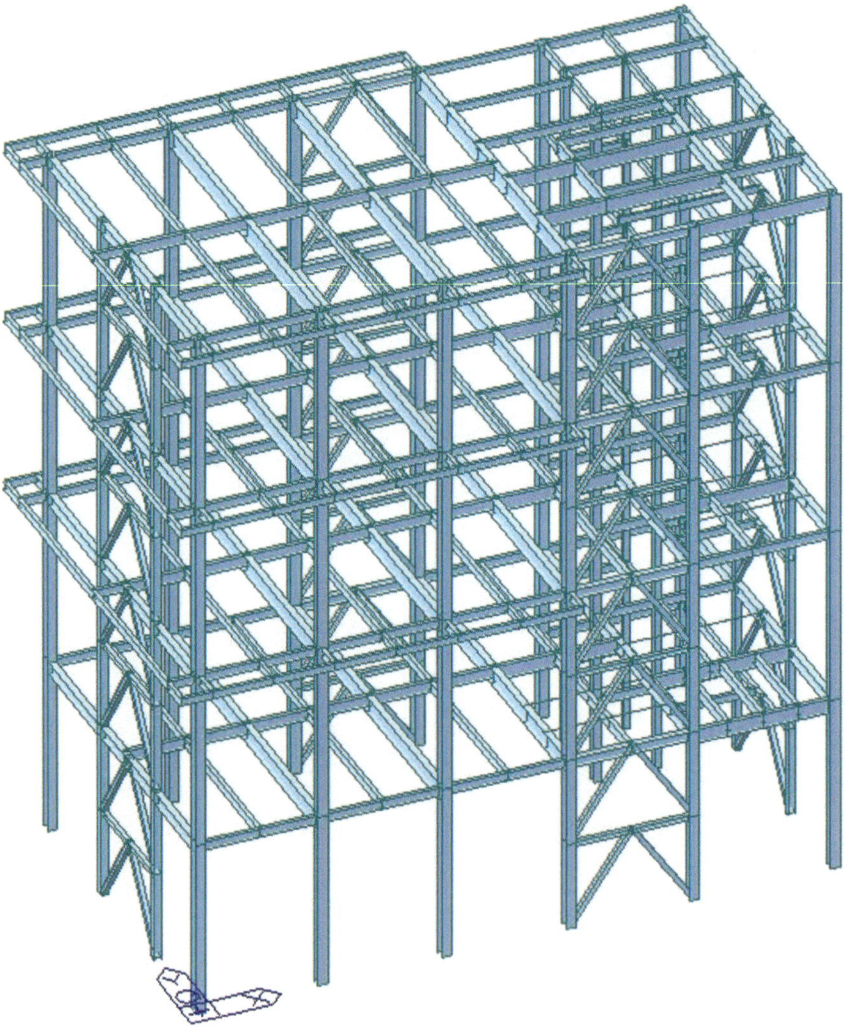

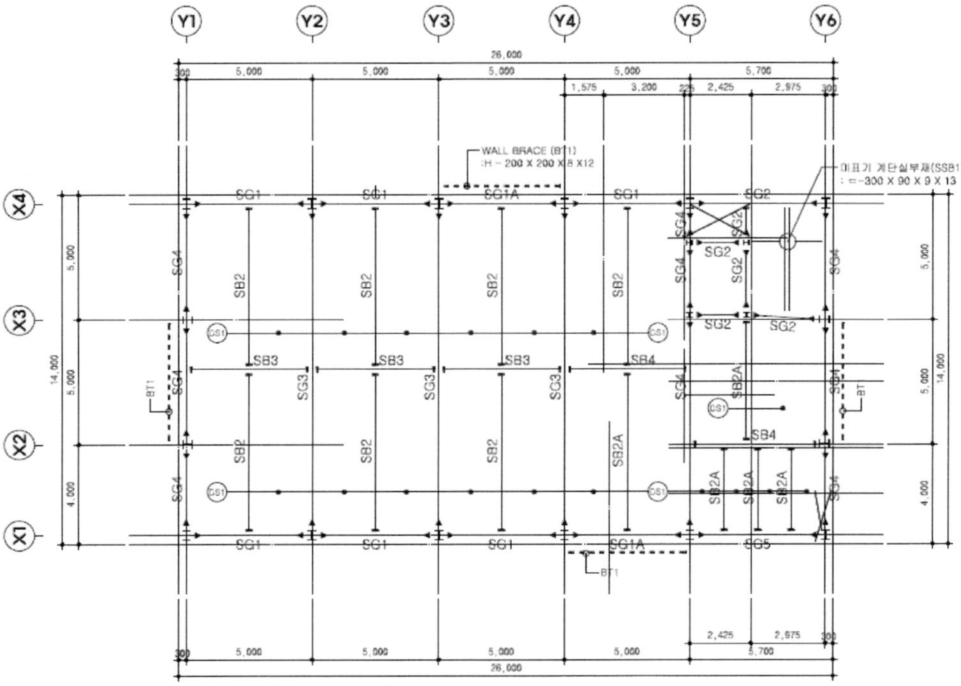
WALL BRACE (BT1)
:H - 200 X 200 X 8 X12
미표기 계단실부재(SSB1)
: ㄷ-300 X 90 X 9 X 13
26,000
14,000

[기준층 평면도]

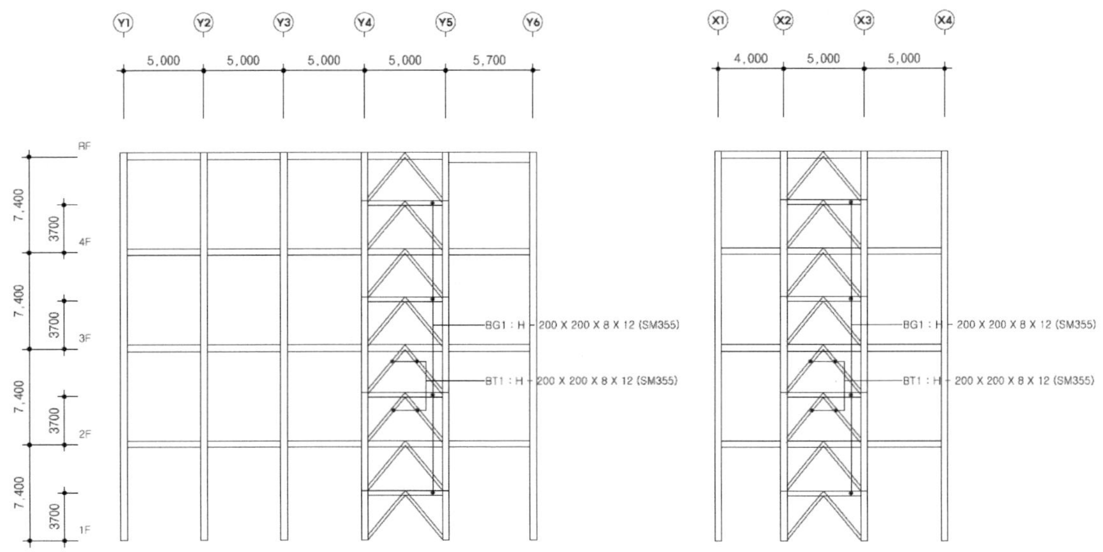
BG1 : H - 200 X 200 X 8 X 12 (SM355)
BT1 : H - 200 X 200 X 8 X 12 (SM355)

[단면도]

3.2 참고 사항

3.2.1 물량 데이터 참고

· 현장 설계명세서(설계 물량, 장비 에너지 사용, 인부 투입)
· 환경성적표지
· 탄소중립 설계 지침서

3.2.2 해당 예제 탄소배출량 계산을 위한 가정 및 기반

· 모듈A1 : 자재/부재별로 나누어 물량을 계상한다.
: 탄소배출값은 기본적으로 국제 탄소배출계수를 근거로 한다.
· 모듈A4 : 공장은 현장에서 공장까지의 거리 300 km로 가정한다.
: 수송단계는 자재/부재를 공장제작 후 현장으로 운송하는 것으로 가정한다.
· 모듈A5a : 공장 및 현장 에너지, 인부이동을 고려할 데이터가 없기에 공사비 추정 탄소배출량 산정식을 사용하여 계산한다.
· 모듈A5w : 공장에서 발생하는 폐기물과 현장에서 발생하는 폐기물을 고려한다.
· 모듈B4 : 본 예제의 건물 수명은 60년으로 가정한다.
교체과정(B4)의 교체횟수는 자재/부재의 평균수명을 기반으로 계산한다.
: 본 예제에서는 내장재인 석고보드와 외장재인 화강석 석재를 각각 교체하는 것으로 가정하여 산정하였고, 추후 실제 프로젝트에서 B단계 평가 시에는 실제 교체주기를 적절히 반영하여 산정할 필요성이 있다.
· 모듈C1 : 시공사로부터 제공받은 데이터가 없어 탄소중립 설계 지침서 3.2.5절을 참고하여 기본가정을 사용하여 계산한다.
· 모듈C2 : 가장 가까운 폐기물 처리시설로 50 km로 가정한다.
· 모듈C3-4 : 탄소중립 설계 지침서의 폐기시나리오에 따른 폐기물 별 재활용률을 사용하며 3.2.5절의 기본 탄소배출계수를 사용하여 계산한다.
· 가시설물 : 본 예제집에서 비계는 95% 재사용, 5% 폐기조건을 기준으로 계상한 것으로 실제 프로젝트의 상황을 반영할 필요가 있다. 만약, 현장상황을 반영한 정확한 재사용 비율에 관한 데이터가 있으면, 현장여건을 고려해서 이 부분을 반영할 필요가 있다.

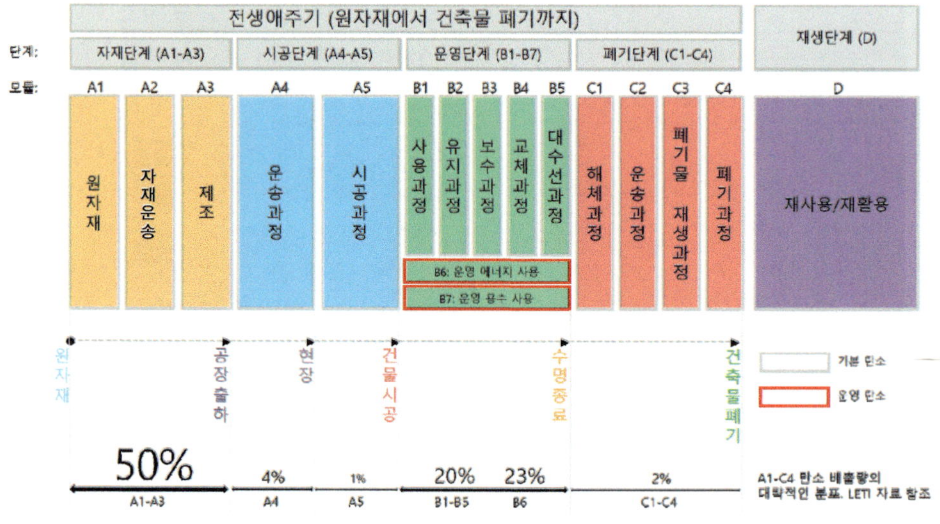

3.3 A단계 탄소배출량 계산

3.3.1 자재 생산(A1-A3)[21]

1. 물량 산정

1) 강재(형강) : 202,546 kg
2) 콘크리트(C32/40) : 726,283 kg (단위중량: 2,300 kg/m^3)
3) 강재(철근) : 26,345 kg
4) 데크(아연도금강판) : 17,101 kg
5) 조적조(비구조) : 16,700 kg
6) 내화피복(페인트) : 8,736 kg
7) 내장재(석고보드) : 8,024 kg (9.5T 석고보드; 내장재, 천정재)
8) 외장재(유리커튼월) : 49,728 kg (24 mm 복유리)
9) 외장재(석재) : 34,099 kg (30 mm 화강석; 코어부 외장재)
10) 시스템비계 : 249,510 kg (0.035 m 강관)

2. 탄소배출계수[22]

1) 강재(형강) : 0.567 $kgCO_2e/kg$ (UK Rolled open sections; EAF production)[23]
2) 콘크리트(C32/40) : 0.175 $kgCO_2e/kg$ (Global Average)
3) 강재(철근) : 0.395 $kgCO_2e/kg$ (Reinforcment bar_Global EAF production)
4) 데크(아연도금강판) : 2.670 $kgCO_2e/kg$ (Global Hot dip galvanished steel)
5) 조적조(비구조) : 0.213 $kgCO_2e/kg$ (UK BDA generic brick)
6) 내화피복(페인트) : 2.399 $kgCO_2e/kg$ (Paint coating for steel)
7) 내장재(석고보드) : 0.390 $kgCO_2e/kg$ (Plasterboard)
8) 외장재(유리커튼월) : 1.440 $kgCO_2e/kg$ (Glass General)
9) 외장재(석재) : 0.093 $kgCO_2e/kg$ (Granite)
10) 시스템비계 : 13.00 $kgCO_2e/kg$ (Worldwide Consumption 31% recycled content)

3. 탄소배출량

1) 강재(형강) : 202,546 kg × 0.567 $kgCO_2e/kg$ = 114,844 $kgCO_2e$ ≒ 114.844 tCO_2e
2) 콘크리트(C32/40) : 726,283 kg × 0.175 $kgCO_2e/kg$ = 127,099 $kgCO_2e$ ≒ 127.099 tCO_2e
3) 강재(철근) : 26,345 kg × 0.395 $kgCO_2e/kg$ = 10,406 $kgCO_2e$ ≒ 10.406 tCO_2e
4) 데크(아연도금강판) : 17,101 kg × 2.670 $kgCO_2e/kg$ = 45,659 $kgCO_2e$ ≒ 45.659 tCO_2e
5) 조적조(비구조) : 16,700 kg × 0.213 $kgCO_2e/kg$ = 3,557 $kgCO_2e$ ≒ 3.557 tCO_2e

21) 탄소중립지침서 p.27 3.2.2절 참조
22) 탄소중립지침서 p.70~74 부록 표 2 참조
23) 전기로에서 생산된 제품으로 가정하여 UK/Global EAF제품 탄소배출계수를 적용함. 국내에서 생산된 EAF 제품을 사용할 경우 해당 제품의 탄소배출계수값을 적용해야 함

6) 내화피복(페인트) : 8,736 kg × 2.399 $kgCO_2e/kg$ = 20,958 $kgCO_2e$ ≒ 20.958 tCO_2e
7) 내장재(석고보드) : 8,024 kg × 0.390 $kgCO_2e/kg$ = 3,130 $kgCO_2e$ ≒ 3.130 tCO_2e
8) 외장재(유리커튼월) : 49,728 kg × 1.440 $kgCO_2e/kg$ = 71,608 $kgCO_2e$ ≒ 71.608 tCO_2e
9) 외장재(석재) : 34,099 kg × 0.093 $kgCO_2e/kg$ = 3,171 $kgCO_2e$ ≒ 3.171 tCO_2e
10) 시스템비계 : 249,510kg × 0.05[24] × 13 $kgCO_2e/kg$ = 162,181$kgCO_2e$ ≒ 162.181 tCO_2e

- 총합 : **562.614 tCO_2e**

3.3.2 자재/부재 운송(A4)[25]

1. 운송 물량

1) 강재(형강) : 202,546 kg
2) 콘크리트(C32/40) : 726,283 kg (단위중량: 2,300 kg/m^3)
3) 강재(철근) : 26,345 kg
4) 데크(아연도금강판) : 17,101 kg
5) 조적조(비구조) : 16,700 kg
6) 내화피복(페인트) : 8,736 kg
7) 내장재(석고보드) : 8,024 kg (9.5T 석고보드; 내장재, 천정재)
8) 외장재(유리커튼월) : 49,728 kg (24 mm 복유리)
9) 외장재(석재) : 34,099 kg (30 mm 화강석; 코어부 외장재)
10) 시스템비계 : 249,510 kg (0.035 m 강관)

2. 탄소배출계수

현지 운송 기본가정 탄소배출계수[26] : 0.032 $kgCO_2e/kg$

3. 탄소배출량

(운송 물량의 합) × (탄소배출계수)
= (202,546 + 726,283 + 26,345 + 17,101 + 16,700 + 8,736 + 8,024 + 49,728 + 34,099 + 249,510) kg × 0.032 $kgCO_2e/kg$
= 42,850 $kgCO_2e$ ≒ **42.850 tCO_2e**

24) 비계는 95% 재사용, 5% 폐기 후 5% 새 제품 사용 기준임
25) 탄소중립지침서 p.35 3.2.3절 참조
26) 탄소중립지침서 p.137 부록 표4 참조

3.3.3 시공 과정(A5a)[27]

1. 에너지, 인부이동으로 인한 탄소배출량

1) 전체 건물 공사비 : 2,100,000,000 원 (21억 원)

2) 공사비 추정 탄소배출계수[28] : 933.3 $kgCO_2e$/억 원 (1,400$kgCO_2e$/1.5억 원; 건물 전체)

3) 탄소배출량 : 2,100,000,000 원 × 933.3 $kgCO_2e$/억 원 = 19,599 $kgCO_2e$
= 19.599 tCO_2e

2. 시공과정 탄소배출량

에너지, 인부이동으로 인한 탄소배출량 (거푸집, 동바리, 비계 등 가설공사는 해당사항 없음)
= 19.599 tCO_2e

3.3.4 폐기물 발생 및 처리(A5w)[29]

1. 자재 폐기물 계수

1) 강재(형강) : 0.010
2) 콘크리트(C32/40) : 0.053
3) 강재(철근) : 0.053
4) 데크(아연도금강판) : 0.01
5) 조적조(비구조) : 0.250
6) 내화피복(페인트) : 0.111
7) 내장재(석고보드) : 0.290
8) 외장재(유리커튼월) : 0.053
9) 외장재(석재) : 0.111

2. 자재 탄소배출계수(A1-A3)

1) 강재(형강) : 0.567 $kgCO_2e$/kg (UK Rolled open sections; EAF production)
2) 콘크리트(C32/40) : 0.175 $kgCO_2e$/kg (Global Average)
3) 강재(철근) : 0.395 $kgCO_2e$/kg (Reinforcment bar_Global EAF production)
4) 데크(아연도금강판) : 2.670 $kgCO_2e$/kg (Global Hot dip galvanished steel)
5) 조적조(비구조) : 0.213 $kgCO_2e$/kg (UK BDA generic brick)

27) 탄소중립지침서 p.40 참조
28) 탄소중립지침서 p.41 참조
29) 탄소중립지침서 p.37 참조

6) 내화피복(페인트) : 2.399 $kgCO_2e/kg$ (Paint coating for steel)

7) 내장재(석고보드) : 0.390 $kgCO_2e/kg$ (Plasterboard)

8) 외장재(유리커튼월) : 1.440 $kgCO_2e/kg$ (Glass General)

9) 외장재(석재) : 0.093 $kgCO_2e/kg$ (Granite)

3. 현장 운송 탄소배출계수(A4) : 0.032 $kgCO_2e/kg$

4. 현장 반출 탄소배출계수(C2) : 0.005 $kgCO_2e/kg$

5. 건설 폐기물 재생 및 처리 단계 탄소배출계수(C3-C4)[30)] : 0.013 $kgCO_2e/kg$

6. 탄소배출계수 산정[31)]

1) 강재(형강) : 0.010 × (0.567 + 0.032 + 0.005 + 0.013) ≒ 0.0062 $kgCO_2e/kg$

2) 콘크리트(C32/40) : 0.053 × (0.175 + 0.032 + 0.005 + 0.013) ≒ 0.0119 $kgCO_2e/kg$

3) 강재(철근) : 0.053 × (0.395 + 0.032 + 0.005 + 0.013) ≒ 0.0236 $kgCO_2e/kg$

4) 데크(아연도금강판) : 0.01 × (2.670 + 0.032 + 0.005 + 0.013) ≒ 0.0272 $kgCO_2e/kg$

5) 조적조(비구조) : 0.250 × (0.213 + 0.032 + 0.005 + 0.013) ≒ 0.0658 $kgCO_2e/kg$

6) 내화피복(페인트) : 0.111 × (2.399 + 0.032 + 0.005 + 0.013) ≒ 0.2718 $kgCO_2e/kg$

7) 내장재(석고보드) : 0.290 × (0.390 + 0.032 + 0.005 + 0.013) ≒ 0.1276 $kgCO_2e/kg$

8) 외장재(유리커튼월) : 0.053 × (1.440 + 0.032 + 0.005 + 0.013) ≒ 0.0790 $kgCO_2e/kg$

9) 외장재(석재) : 0.111 × (0.093 + 0.032 + 0.005 + 0.013) ≒ 0.016 $kgCO_2e/kg$

10) 시스템비계 : 0.05 × (0.005 +0.013) ≒ 0.0009 $kgCO_2e/kg$

7. 탄소배출량

1) 강재(형강) : 202,546 kg × 0.0062 $kgCO_2e/kg$ = 1,250 $kgCO_2e$ ≒ 1.250 tCO_2e

2) 콘크리트(C32/40) : 726,283 kg × 0.0119 $kgCO_2e/kg$ = 8,661 kg = 8.661 tCO_2e

3) 강재(철근) : 26,345 kg × 0.0236 $kgCO_2e/kg$ = 621 $kgCO_2e$ ≒ 0.621 tCO_2e

4) 데크(아연도금강판) : 17,101 kg × 0.0272 $kgCO_2e/kg$ = 465 $kgCO_2e$ ≒ 0.465 tCO_2e

5) 조적조(비구조) : 16,700 kg × 0.0658 $kgCO_2e/kg$ = 1,098 $kgCO_2e$ ≒ 1.098 tCO_2e

6) 내화피복(페인트) : 8,738 kg × 0.2718 $kgCO_2e/kg$ = 2,375 $kgCO_2e$ ≒ 2.375 tCO_2e

7) 내장재(석고보드) : 8,024 kg × 0.1276 $kgCO_2e/kg$ = 1,024 $kgCO_2e$ ≒ 1.024 tCO_2e

30) 탄소중립지침서 p.43 참조

31) 가설공사 자재가 95% 재사용 되는 경우, 5% 폐기되는 것으로 산정

8) 외장재(유리커튼월)	: 49,728 kg × 0.0790 $kgCO_2e/kg$ = 3,927 $kgCO_2e$ ≒ 3.927 tCO_2e
9) 외장재(석재)	: 34,099 kg × 0.016 $kgCO_2e/kg$ = 545 $kgCO_2e$ ≒ 0.545 tCO_2e
10) 비계(강재-강관)	: 249,510 kg × 0.0009 $kgCO_2e/kg$ = 11 $kgCO_2e$ ≒ 0.011 tCO_2e
- 총합	: 1.250 + 8.661 + 0.621 + 0.465 + 1.098 + 2.375 + 1.024 + 3.927 + 0.054 + 0.011 = **19.977 tCO_2e**

3.3.5 탄소배출량(A1-A5)

모듈별 탄소배출량

1) 자재 생산(A1-A3)	: 562.614 tCO_2e
2) 공장 및 건설 현장까지의 운송(A4)	: 42.850 tCO_2e
3) 시공 과정(A5a)	: 19.559 tCO_2e
4) 폐기물 발생 및 처리(A5w)	: 19.977 tCO_2e
- 총합	: **645.04 tCO_2e**

3.4 B단계 탄소배출량 계산[32)]

자재의 평균수명 고려한 B4 단계 탄소배출량

내장재 석고보드 교체횟수	: 60년(건물 수명) /20년(석고보드 수명) = 3 (2회 교체 필요)
1) 자재 생산(A1-A3)	: 6.259 tCO_2e
2) 공장 및 건설 현장까지의 운송거리(A4)	: 0.514 tCO_2e
3) 폐기물 발생 및 처리(A5w)	: 2.048 tCO_2e
4) 폐기물 처리시설 및 매립지까지의 운송(C2)	: 0.080 tCO_2e
5) 폐기물 재생 및 처리(C3-C4)	: 0.208 tCO_2e
외장재 석재 교체횟수	: 60년(건물 수명) /50년(석재 수명) = 1.2 (1회 교체 필요)
1) 자재 생산(A1-A3)	: 3.171 tCO_2e
2) 공장 및 건설 현장까지의 운송거리(A4)	: 1.091 tCO_2e
3) 폐기물 발생 및 처리(A5w)	: 0.545 tCO_2e
4) 폐기물 처리시설 및 매립지까지의 운송(C2)	: 0.171 tCO_2e
5) 폐기물 재생 및 처리(C3-C4)	: 0.443 tCO_2e
- 총합	: **14.528 tCO_2e**

※ 아래의 지침서에 따라서 외장재/내장재 평균수명을 고려하여 작성함

32) 탄소중립지침서 p.67 참조

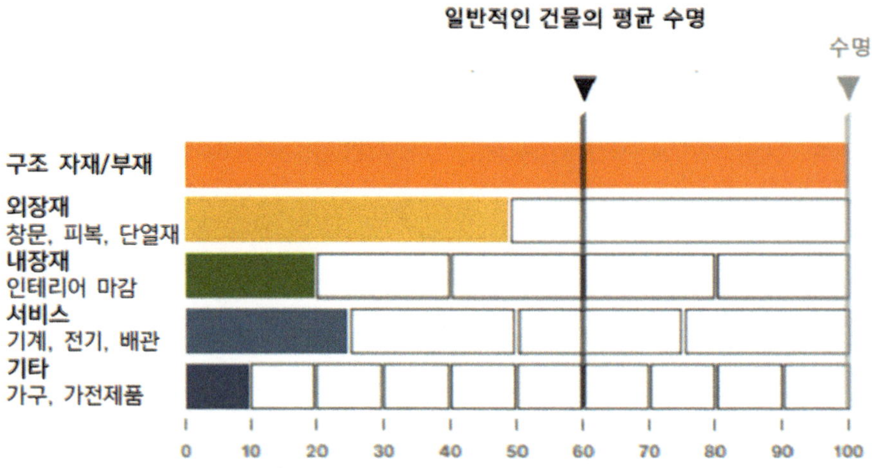

구조적/비구조적 요소의 평균 수명

3.5 C단계 탄소배출량 계산[33]

3.5.1 해체과정(C1)

1. 건물의 총 내부면적 : 1,337 m^2

2. 탄소배출계수[34] : 3.4 $kgCO_2e/m^2$ (시공사의 신뢰성 있는 정보가 제공되지 않을 시)

3. 탄소배출량 : 1,337 m^2 × 3.4 $kgCO_2e/m^2$ = 4,546 $kgCO_2e$ ≒ **4.546 tCO_2e**

3.5.2 폐기물 처리시설 및 매립지까지의 운송(C2)

1. 운송 물량

1) 강재(형강) : 202,546 kg
2) 콘크리트(C32/40) : 726,283 kg (단위중량: 2,300 kg/m^3)
3) 강재(철근) : 26,345 kg
4) 데크(아연도금강판) : 17,101 kg
5) 조적조(비구조) : 16,700 kg
6) 내화피복(페인트) : 8,736 kg
7) 내장재(석고보드) : 8,024 kg (9.5T 석고보드; 내장재, 천정재)
8) 외장재(유리커튼월) : 49,728 kg (24 mm 복유리)
9) 외장재(석재) : 34,099 kg (30 mm 화강석; 코어부 외장재)

33) 탄소중립지침서 p.42~45 참조
34) 탄소중립지침서 p.43 참조

2. 탄소배출계수 : 0.005 $kgCO_2e/kg$ (다른 곳에서 재사용/재활용)

3. 탄소배출량

(202,546 + 726,283 + 26,345 + 17,101 + 16,700 + 8,736 + 8,024 + 49,728 + 34,099) kg × 0.005 $kgCO_2e$ = 5,448 $kgCO_2e$ = **5.448 tCO_2e**

3.5.3 폐기물 재생 및 처리(C3-C4)

1. 자재 물량

1) 강재(형강) : 202,546 kg
2) 콘크리트(C32/40) : 726,283 kg (단위중량: 2,300 kg/m^3)
3) 강재(철근) : 26,345 kg
4) 데크(아연도금강판) : 17,101 kg
5) 조적조(비구조) : 16,700 kg
6) 내화피복(페인트) : 8,736 kg
7) 내장재(석고보드) : 8,024 kg (9.5T 석고보드; 내장재, 천정재)
8) 외장재(유리커튼월) : 49,728 kg (24 mm 복유리)
9) 외장재(석재) : 34,099 kg (30 mm 화강석; 코어부 외장재)

2. 탄소배출계수 : 0.013 $kgCO_2e/kg$ (EPD 데이터를 사용할 수 없는 경우)

3. 탄소배출량

(202,546 + 726,283 + 26,345 + 17,101 + 16,700 + 8,736 + 8,024 + 49,728 + 34,099) kg × 0.013 $kgCO_2e$ = 14,164 $kgCO_2e$ = **14.164 tCO_2e**

3.5.4 탄소배출량(C1-C4)

모듈별 탄소배출량

1) 해체과정(C1) : 4.546 tCO_2e
2) 폐기물 처리시설 및 매립지까지의 운송(C2) : 5.448 tCO_2e
3) 폐기물 재생 및 처리(C3-C4) : 14.164 tCO_2e

- 총합 : **24.158 tCO_2e**

3.6 A-C단계 탄소배출량

단계별 탄소배출량

1) A단계 탄소배출량 : 645.04 tCO_2e

2) B단계 탄소배출량 : 14.528 tCO_2e

2) C단계 탄소배출량 : 24.158 tCO_2e

- 총합 : **683.726 tCO_2e**

3.7 D단계 탄소배출 저감량[35)]

1. 자재/부재 물량

1) 강재(형강) : 202,546 kg (UK Rolled open sections; EAF production)

2) 콘크리트(C32/40) : 726,283 kg (Global Average)

3) 강재(철근) : 26,345 kg (Reinforcment bar_Global EAF production)

4) 데크(아연도금강판) : 17,101 kg (Global Hot dip galvanished steel)

2. 탄소배출계수[36)]

1) 강재(형강) : -0.283 $kgCO_2e/kg$ (UK Rolled open sections; EAF production)

2) 콘크리트(C32/40) : -0.00123 $kgCO_2e/kg$ (Global Average)

3) 강재(철근) : -0.819 $kgCO_2e/kg$ (Reinforcment bar_Global EAF production)

4) 데크(아연도금강판) : -1.26 $kgCO_2e/kg$ (Global Hot dip galvanished steel)

3. 탄소배출량

1) 강재(형강) : 202,546 kg × -0.283 $kgCO_2e/kg$ = -57,321 $kgCO_2e$ ≒ -57.321 tCO_2e

2) 콘크리트(C32/40) : 726,283 kg × -0.00123 $kgCO_2e/kg$ = -893 $kgCO_2e$ ≒ -0.893 tCO_2e

3) 강재(철근) : 26,345 kg × -0.819 $kgCO_2e/kg$ = -21,577 $kgCO_2e$ ≒ -21.577 tCO_2e

4) 데크(아연도금강판) : 17,101 kg × -1.26 $kgCO_2e/kg$ = -21,547 $kgCO_2e$ ≒ -21.547 tCO_2e

- 총합 : **-101.338 tCO_2e**

---

35) 탄소중립지침서 p.45 3.2.6절 참조

36) 탄소중립지침서 p.141 부록 표10 참조

3.8 설비 탄소배출량[37)]

1. 자재/부재 물량

1) 파이프(구리) : 1,470 kg (소방배관)
2) 파이프(강재) : 229 kg (일반배관)
3) 파이프(PVC) : 966 kg (일반배관)

2. 탄소배출계수[38)]

1) 파이프(구리) : 3.81 $kgCO_2e/kg$ (TM65)
2) 파이프(강재) : 2.97 $kgCO_2e/kg$ (TM65)
3) 파이프(PVC) : 3.23 $kgCO_2e/kg$ (TM65)

3. 탄소배출량(A1)

1) 파이프(구리) : 1,470 kg × 3.81 $kgCO_2e/kg$ = 5,601 $kgCO_2e$
2) 파이프(강재) : 229 kg × 2.97 $kgCO_2e/kg$ = 680 $kgCO_2e$
3) 파이프(PVC) : 966 kg × 3.23 $kgCO_2e/kg$ = 3,120 $kgCO_2e$

- 소계 : **9,401 $kgCO_2e$**

4. 탄소배출량(A1+수리·교체)

1) 3결과값 + 10% 가산 : 9,401 $kgCO_2e/kg$ × 1.1= 10,341 $kgCO_2e$

5. 탄소배출량(제품의 복잡성 보정)

1) 4결과값 × Scaling-up Factor : 10,341 $kgCO_2e$ × 1.3 = 13,443 $kgCO_2e$

6. 탄소배출량(보수적인 최종값)

1) 5결과값 × Buffer Factor : 13,443 $kgCO_2e$ × 1.3 = **17,476 $kgCO_2e$**

37) 탄소중립지침서 p.62 3.5절 참조
38) 탄소중립지침서 p.66 표3.6 참조

3.9 탄소배출량 계산 결과

1. 순 탄소배출량(Upfront Carbon)

1) A단계 탄소배출량 : 645.04 tCO_2e

2. 총 탄소배출량(Whole Life Carbon)

1) A-C단계 탄소배출량 : 683.726 tCO_2e
2) D단계 탄소배출량 : -101.338 tCO_2e
3) 수직수평 배관 탄소배출량 : 17.476 tCO_2e

3. 단위면적당 탄소배출량

1) A단계 탄소배출량 : 645.04 tCO_2e ÷ 1,337 m^2 = **482.5 $kgCO_2e/m^2$**
2) A-C단계 탄소배출량 : 683.726 tCO_2e ÷ 1,337 m^2 = **511.4 $kgCO_2e/m^2$**
3) A-D단계 탄소배출량(설비 포함) : 599.864 tCO_2e ÷ 1,337 m^2 = **448.7 $kgCO_2e/m^2$**

4. 탄소배출량 분포(A-C단계)

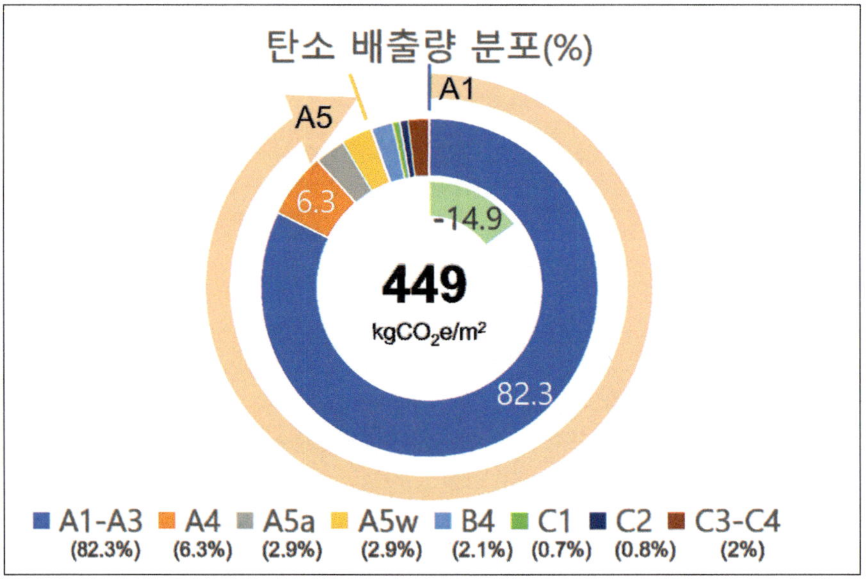

3.10 산정근거 엑셀

1. 강재 물량(형강)

보 부재

층	부재명	단면	H	B	T_w	T_f	길이[m]	중량[kg]
4층	SG1, SG2	H-350x175x7x11	350	175	7	11	68	3,750
	CSG1	H-350x175x7x11	350	175	7	11	13	710
	SG1A	H-390x300x10x16	390	300	10	16	10	1,070
	SG4, SG4A	H-488x300x11x18	488	300	11	18	35	4,512
	SB1,CSB1	H-300x150x6.5*9	300	150	7	9	136	5,006
	CSB2, SB2	H-350x175x7x11	350	175	7	11	17	851
	SB2A	H-400x200x8x13	400	200	8	13	40	2,633
	SB4	H-500x200x10x16	500	200	10	16	15	1,344
	SG5, SB5	H-600x200x11x17	600	200	11	17	27	2,825
	SG6	H-800x300x14x26	800	300	14	26	40	8,379
	4층 계							31,079
3층	SG1, SG2	H-350x175x7x11	350	175	7	11	54	2,981
	CSG1	H-350x175x7x11	350	175	7	11	13	710
	SG1A	H-390x300x10x16	390	300	10	16	10	1,070
	SG3	H-700x300x13x24	700	300	13	24	40	7,382
	SG4	H-488x300x11x18	488	300	11	18	36	4,640
	SB1,CSB1	H-300x150x6.5*9	300	150	7	9	42	1,525
	CSB2, SB2	H-350x175x7x11	350	175	7	11	76	3,757
	SB2A	H-400x200x8x13	400	200	8	13	15	1,010
	SB3	H-450x200x9x14	450	200	9	14	15	1,140
	SB4	H-500x200x10x16	500	200	10	16	10	932
	3층 계							25,146
2층	SG1, SG2	H-350x175x7x11	350	175	7	11	54	2,981
	CSG1	H-350x175x7x11	350	175	7	11	13	710
	SG1A	H-390x300x10x16	390	300	10	16	10	1,070
	SG3	H-700x300x13x24	700	300	13	24	40	7,382
	SG4	H-488x300x11x18	488	300	11	18	36	4,640
	SB1,CSB1	H-300x150x6.5*9	300	150	7	9	42	1,525
	CSB2, SB2	H-350x175x7x11	350	175	7	11	76	3,757
	SB2A	H-400x200x8x13	400	200	8	13	15	1,010
	SB3	H-450x200x9x14	450	200	9	14	15	1,140
	SB4	H-500x200x10x16	500	200	10	16	10	932
	2층 계							25,146
1층	SG1, SG2	H-350x175x7x11	350	175	7	11	49	2,420
	SG1A	H-390x300x10x16	390	300	10	16	10	1,070
	SG3	H-700x300x13x24	700	300	13	24	40	7,382
	SG4	H-488x300x11x18	488	300	11	18	36	4,640
	CSB2, SB2	H-350x175x7x11	350	175	7	11	47	2,309
	SB2A	H-400x200x8x13	400	200	8	13	23	1,492
	SB3	H-450x200x9x14	450	200	9	14	15	1,140
	SB4	H-500x200x10x16	500	200	10	16	5	448
	SG5	H-600x200x11x17	600	200	11	17	5	572
	1층 계							21,473
합계								102,843

가새, 중간보

층	부재명	단면	H	B	T_w	T_f	길이[m]	중량[kg]
4층	BG1	H-200x200x8x12	200	200	8	12	20	998
	BT1	H-200x200x8x12	200	200	8	12	72	3,569
3층	BG1	H-200x200x8x12	200	200	8	12	20	998
	BT1	H-200x200x8x12	200	200	8	12	72	3,569
2층	BG1	H-200x200x8x12	200	200	8	12	20	998
	BT1	H-200x200x8x12	200	200	8	12	72	3,569
1층	BG1	H-200x200x8x12	200	200	8	12	20	998
	BT1	H-200x200x8x12	200	200	8	12	72	3,569
합계								18,267

기둥 부재

층	부재명	단면	H	B	T_w	T_f	길이[m]	중량[kg]
4층	S1	H-400x400x13x21	400	400	13	21	89	15,274
	S2, S4	H-300x300x10x15	300	300	10	15	37	3,478
	S3	H-250x250x9x14	250	250	9	14	22	1,607
3층	S1	H-400x400x13x21	400	400	13	21	89	15,274
	S2, S4	H-300x300x10x15	300	300	10	15	37	3,478
	S3	H-250x250x9x14	250	250	9	14	22	1,607
2층	S1	H-400x400x13x21	400	400	13	21	89	15,274
	S2, S4	H-300x300x10x15	300	300	10	15	37	3,478
	S3	H-250x250x9x14	250	250	9	14	22	1,607
1층	S1	H-400x400x13x21	400	400	13	21	89	15,274
	S2, S4	H-300x300x10x15	300	300	10	15	37	3,478
	S3	H-250x250x9x14	250	250	9	14	22	1,607
합계								81,436

총 강재 물량: 102,843+18,267+ 81,436 = **202,546 kg**

2. 콘크리트 물량

슬래브

층	슬래브 면적[m^2]	슬래브 두께[m]	단위중량[kg/m^3]	중량[kg]
4층	364	0.137	2,300	114,696
3층	337	0.137	2,300	106,189
2층	337	0.137	2,300	106,189
1층	337	0.137	2,300	106,189
기초 매트슬래브	364	0.350	2,300	293,020
물량 합계				**726,283**

3. 철근 물량

슬래브

층	재료	철근 배근	철근 총길이[m]	단위중량[kg/m]	중량[kg]
4층	골방향	HD13@200	3,692	0.995	3,674
	골직각방향	HD10@250	1,470	0.560	823

3층	골방향	HD13@200	2,840	0.995	2,826
	골직각방향	HD10@250	1,134	0.560	635
2층	골방향	HD13@200	2,840	0.995	2,826
	골직각방향	HD10@250	1,134	0.560	635
1층	골방향	HD13@200	2,840	0.995	2,826
	골직각방향	HD10@250	1,134	0.560	635
기초※	$364\ m^2 * 0.35\ m * 90\ kg/m^3$				11,466
물량 합계					**26,345**

※ 기초 철근은 ISE 예제의 값을 사용함

4. 데크플레이트 물량

층	폼데크	바닥 면적[m^2]	단위중량[kg/m^2]	중량[kg]
4층	아연도금강판 데크 (Z12,1 mm)	355	12.8	4,544
3층		355	12.8	4,544
2층		313	12.8	4,006
1층		313	12.8	4,006
물량 합계				**17,101**

5. 조적조 물량

종류	면적 [m^2]	벽돌수량[장/m^2]	단위중량 [kg/1000매]	조적조 물량[kg]
시멘트벽돌 (표준형1.0B쌓기)	876	149	128	**16,700**

6. 내화피복 물량

기둥, 보, 데크플레이트 내화 페인트

평균 도포량 [l/m^2]	비중[kg/l]	내화면적 [m^2]	내화피복 물량[kg]
1.45	1.28	4,706.97	**8,736**

7. 석고보드 물량

석고보드(내장재)	내장 면적 [m^2]	천정면적 [m^2]	단위중량[kg/m^2]	석고보드 물량[kg]
석고보드(두께 9.5T)	110	1,376	5.4	**8,024**

8. 커튼월 물량

커튼월(내장재)	유리 두께[m]	커튼월 단면적 [m^2]	단위중량[kg/m^3]	커튼월 물량[kg]
24 mm 복층유리 (6*12*6)	0.012	1,658	2,500	**49,728**

9. 석재 물량

석재(외장재)	두께[m]	단면적 [m^2]	단위중량[kg/m^3]	석재 물량[kg]
30 mm 화강석	0.03	444	2,560	**34,099**

10. 비계 물량

과정	산정	비고
건물외벽 길이[m]	82.0	(=25 × 2 + 16 × 2)
1개층 높이[m]	7.4	-
외부비계[m^2]	2,640.3	(=(82 m + 0.9 m × 8) × 7.4 m × 4(층))
비계 중량[kg/m^2]	94.5	(=2,700 kg/m^3 × 0.035 m)
비계 물량 [kg]	**249,510**	(=2,640 m^2 × 94.5 kg/m^2)
※ 외부 비계 설치 시 외벽에서 0.9 m 이격하여 설치함, 시스템비계의 사이즈 0.035 m 기준임		

11. 설비배관 물량

종류	주관			분기관			길이[m]		설비 물량 [kg]
	직경	두께	단위중량 [kg/m]	직경	두께	단위중량 [kg/m]	주관	분기관	
구리배관	100	2.0	4.96	38	1.2	1.10	180	200	**1,470**
강재배관	25	1.2	0.91	-	-	-	180	-	**229**
PVC	150	8.9	6.71	-	-	-	120	-	**966**

3.11 프로그램을 이용한 탄소배출량 계산 결과

Description	Component Lifespan [years]	Temporary Works	% of Temp Works Wasted	Volume [m³] or Mass [kg]?	Material Quantity [m³, kg]	Reinforcement [kg/m³]	Element Embodied Carbon [tCO_2e]	A1-A3	A4	A5w	B4	C2-C4	D
강재(형강)	60	No		Mass [kg]	202,546		126.2	114.8	6.5	1.3		3.6	-57.3
콘크리트(C32)	60	No		Mass [kg]	726,283	Mass Concrete (0)	172.0	127.1	23.2	8.6		13.1	-0.9
강재(철근)	60	No		Mass [kg]	26,345		12.0	10.4	0.8	0.6		0.1	-21.6
데크(아연도금강판)	60	No		Mass [kg]	17,101		49.0	45.7	0.5	2.4		0.3	-21.5
조적조(비구조)	60	No		Mass [kg]	16,700		5.5	3.6	0.5	1.1		0.3	
내화피복(페인트)	60	No		Mass [kg]	8,736		23.8	21.0	0.3	2.4		0.2	
내장재(석고보드)	20	No		Mass [kg]	8,024		13.7	3.1	0.3	1.0	9.1	0.1	
외장재(유리커튼월)	60	No		Mass [kg]	49,728		78.0	71.6	1.6	3.9		0.9	
외장재(석재)	50	No		Mass [kg]	34,099		11	3.2	1.1	0.5	5.4	0.6	
시스템비계	60	No		Mass [kg]	249,510		179	162	8	9			

CO_2e

Substructure & Superstructure

A1 - A5:	656 tCO_2 e	491 $kgCO_2$ e/m²
Biogenic Carbon:	0 tCO_2 e	0 $kgCO_2$ e/m²
A-C:	694 tCO_2 e	519 $kgCO_2$ e/m²
Module D:	-101 tCO_2 e	-76 $kgCO_2$ e/m²

	A5a	C1
Global Values [tCO_2e]	19.6	4.5

	A	B	C	D	Biogenic Carbon
Total [tCO_2e]	656	15	24	-101	0

4

탄소중립 설계 예제집

철근콘크리트구조 (주거시설)

04 철근콘크리트구조(주거시설)

4.1 건물의 개요

- 건 물 종 류 : 지상 4층 주거용 공동주택
- 구 조 형 식 : 철근콘크리트 구조
- 건 축 면 적 : 247.86 m^2
- 연 면 적 : 653.03 m^2
- 골 조 모 델 링

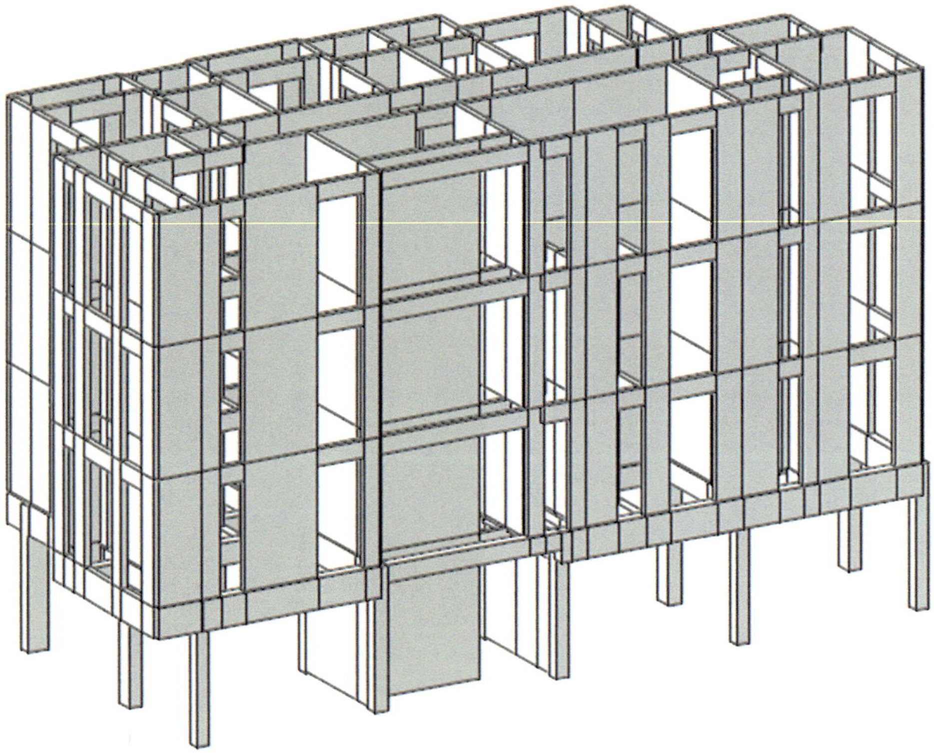

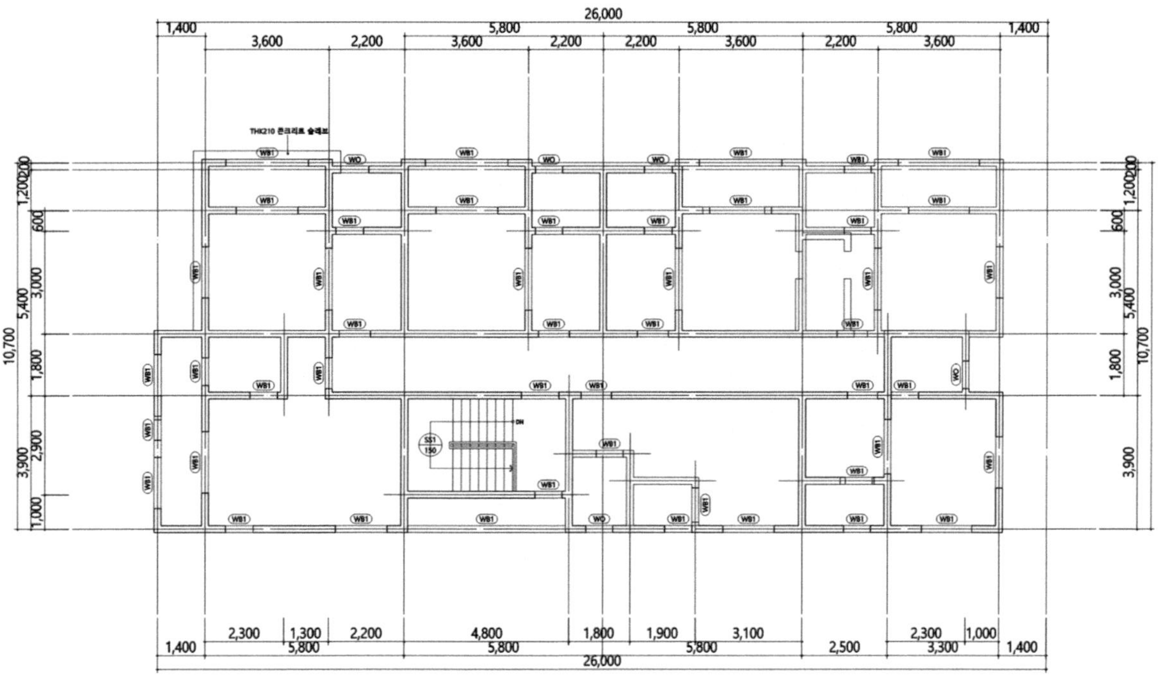
26,000
1,400
5,800
5,800
5,800
1,400
3,600
2,200
3,600
2,200
2,200
3,600
2,200
3,600
THK210 콘크리트 슬래브
10,700
5,400
3,900
1,200
600
3,000
1,800
2,900
1,000
2,300
1,300
2,200
4,800
1,800
1,900
3,100
2,500
2,300
1,000
3,300
26,000

[구조 평면도]

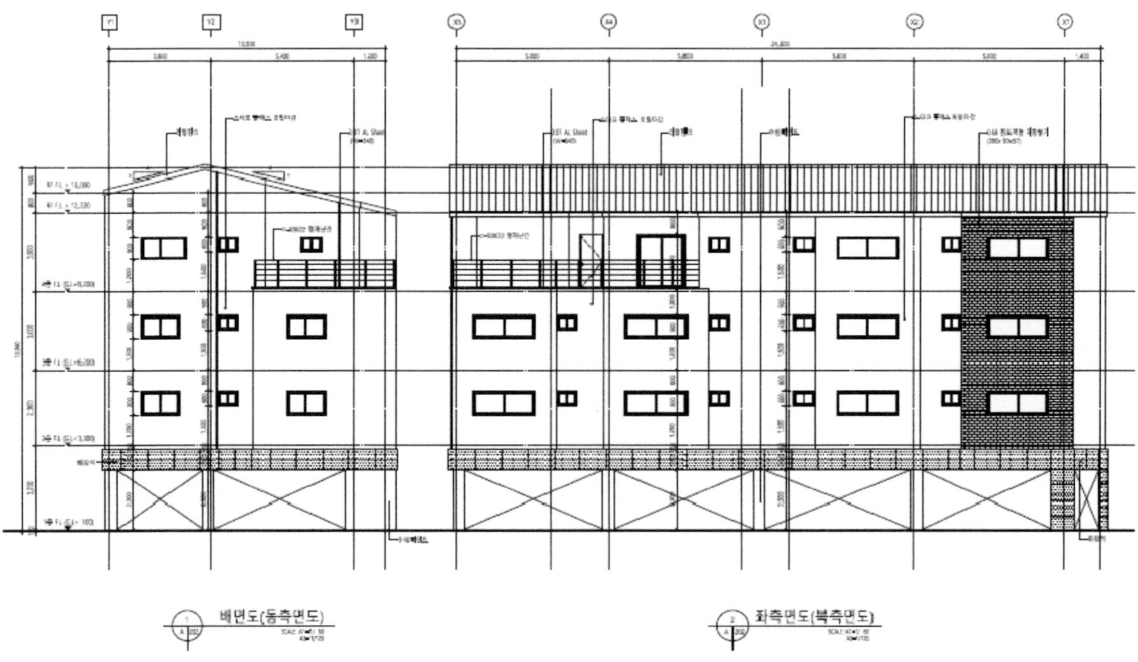
배면도(동측면도)
좌측면도(북측면도)

[입면도]

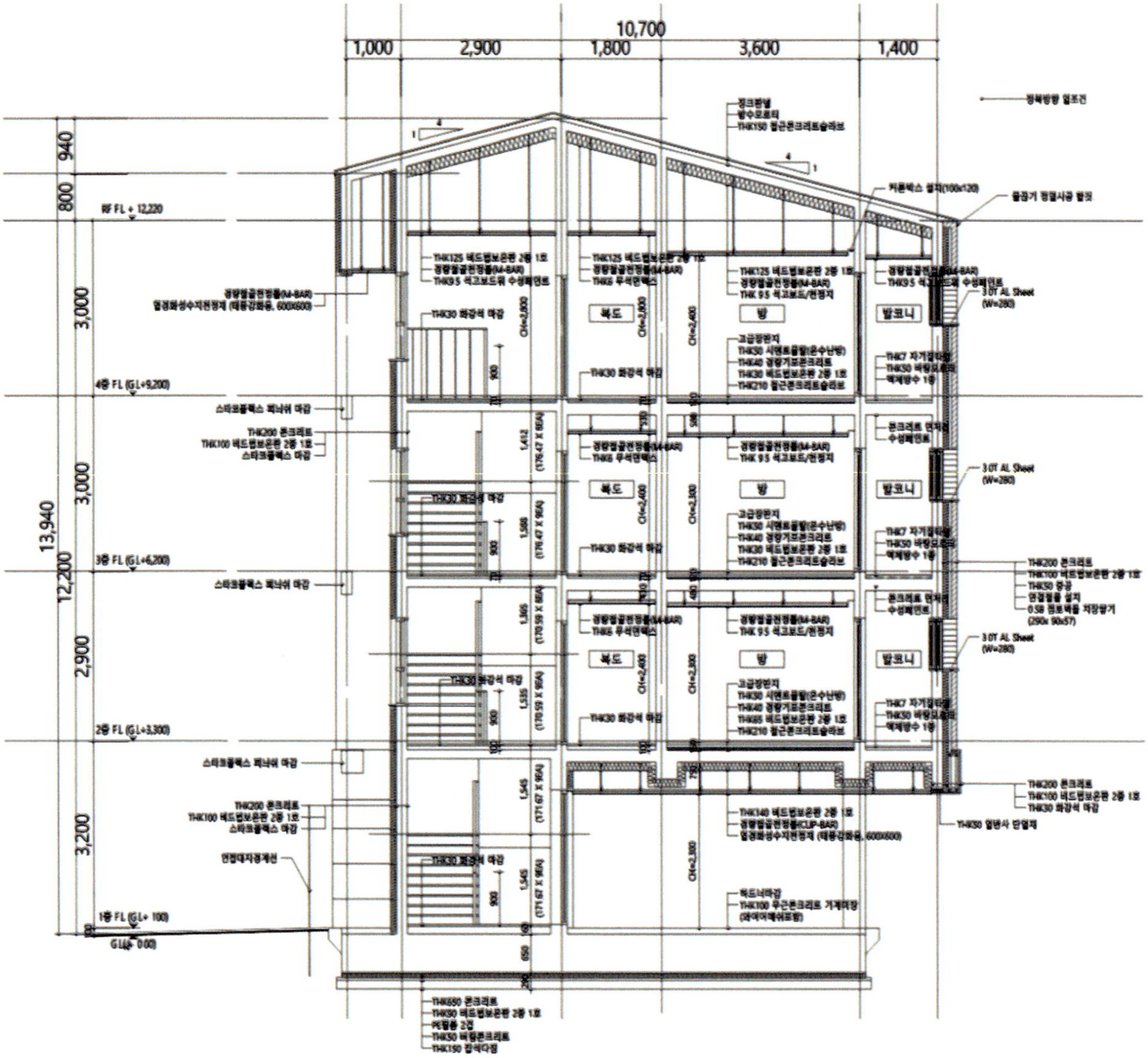

[단면도]

4.2 참고 사항

4.2.1 물량 데이터 참고

- 현장 설계명세서(설계 물량, 장비 에너지 사용, 인부 투입)
- 환경성적표지
- 탄소중립 설계 지침서

4.2.2 해당 예제 탄소배출량 계산을 위한 가정 및 기반

- 모듈A1-3 : 자재/부재별로 나누어 물량을 계상한다.
  : 탄소배출값은 기본적으로 국제 탄소배출계수를 근거로 한다.
- 모듈A4 : 공장은 현장에서 공장까지의 거리 300 km로 가정한다.
  : 수송단계는 자재/부재를 공장제작 후 현장으로 운송하는 것으로 가정한다.
- 모듈A5a : 공장 및 현장 에너지, 인부이동을 고려할 데이터가 없기에 공사비 추정 탄소배출량 산정식을 사용하여 계산한다.
- 모듈A5w : 현장에서 발생하는 폐기물을 고려한다.
- 모듈B4 : 본 예제의 건물 수명은 60년으로 가정한다.
  교체과정(B4)의 교체횟수는 자재/부재의 평균수명을 기반으로 계산한다.
- 모듈C1 : 시공사로부터 제공받은 데이터가 없어 탄소중립 설계 지침서 3.2.5절을 참고하여 기본가정을 사용하여 계산한다.
- 모듈C2 : 가장 가까운 폐기물 처리시설로 50 km로 가정한다.
- 모듈C3-4 : 탄소중립 설계 지침서의 폐기시나리오에 따른 폐기물 별 재활용률을 사용하며 3.2.5절의 기본 탄소배출계수를 사용하여 계산한다.
- 가시설물 : 거푸집은 본 예제집에서는 80%는 재활용품, 20% 새제품 활용 및 80% 재사용 가능함을 기준으로 계상한 것으로 실제 프로젝트의 상황을 반영할 필요가 있다.
  (국토교통부 KDS 21 50 00(2016) 거푸집 및 동바리 설계기준에 따라 단위중량을 약 40 kg/m^{2}로 가정한다.)
  : 동바리, 비계와 같은 경우에 본 예제집에서는 렌트를 기준으로 5% 새제품 활용 및 95% 재사용을 기준으로 계산하였지만, 새로운 제품을 구매하여 사용하고 폐기할 경우에 이 값은 본 예제결과보다 추가적인 탄소배출량이 나올 수 있다. 현장여건을 고려해서 이 부분을 반영할 필요가 있다.

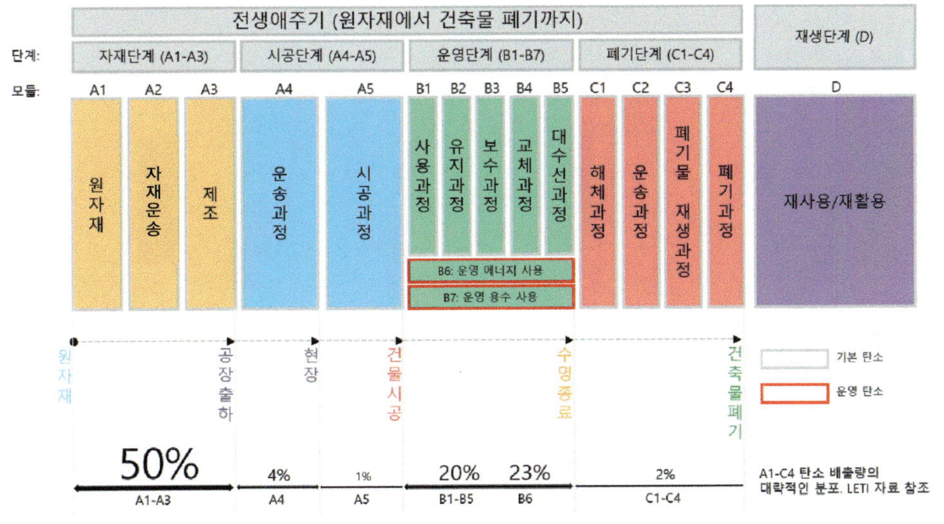

4.3 A단계 탄소배출량 계산

4.3.1 자재 생산(A1-A3)[39]

1. 물량 산정[40]

1) 강재(철근) : 77,594 kg
2) 콘크리트 : 721.63 m^3 = 1,659,749 kg (단위중량: 2,300 kg/m^3)
3) 모르타르 바름 : 30.33 m^3 = 63,693 kg (단위중량: 2,100 kg/m^3)
4) 석고보드 : 1341.68 m^2 = 7,258 kg (단위중량: 5.41 kg/m^2)
5) 강화유리 : 102.24 m^2 = 3,067 kg (두께 12 mm, 단위중량: 30 kg/m^2)
6) 복층유리 : 151.44 m^2 = 9,086 kg (두께 24 mm, 단위중량: 60 kg/m^2)
7) 거푸집(가설공사) : 4,703.19 m^2 = 188,128 kg (12 mm 거푸집 가정, 단위중량: 40 kg/m^2)
8) 동바리(가설공사) : 9,486 kg
9) 비계(가설공사) : 88,960 kg

2. 탄소배출계수[41]

1) 강재(철근) : 1.960 $kgCO_2e/kg$ (Global Reinforcement bars)
2) 콘크리트 : 0.175 $kgCO_2e/kg$ (Global Average)
3) 모르타르 바름 : 0.149 $kgCO_2e/kg$ (Average UK cement mix)
4) 석고보드 : 0.39 $kgCO_2e/kg$ (Min. 60% recycled content)
5) 강화유리 : 1.440 $kgCO_2e/kg$ (General)
6) 복층유리 : 1.670 $kgCO_2e/kg$ (General)
7) 거푸집(가설공사) : 0.681 $kgCO_2e/kg$ (Global Formwork plywood, 100% FSC/PEFC)
8) 동바리(가설공사) : 2.5 $kgCO_2e/kg$ (Global Closed sections)
9) 비계(가설공사) : 13 $kgCO_2e/kg$ (Worldwide Consumption 31% recycled content)

3. 탄소배출량

1) 강재(철근) : 77,594 kg × 1.96 $kgCO_2e/kg$ ≒ 152,084 $kgCO_2e$ = 152.083 tCO_2e
2) 콘크리트 : 1,659,749 kg × 0.175 $kgCO_2e/kg$ ≒ 290,456 $kgCO_2e$ = 290.456 tCO_2e
3) 모르타르 바름 : 63,693 kg × 0.149 $kgCO_2e/kg$ ≒ 9,490 $kgCO_2e$ = 9.490 tCO_2e
4) 석고보드 : 7,258 kg × 0.39 $kgCO_2e/kg$ ≒ 2,831 $kgCO_2e$ = 2.831 tCO_2e
5) 강화유리 : 3,067 kg × 1.44 $kgCO_2e/kg$ ≒ 4,416 $kgCO_2e$ = 4.416 tCO_2e
6) 복층유리 : 9,086 kg × 1.67 $kgCO_2e/kg$ ≒ 15,174 $kgCO_2e$ = 15.174 tCO_2e

- 소계 : **474.451 tCO_2e**

39) 탄소중립지침서 3.2.2절 참조

7) 거푸집(가설공사) : 188,128 kg × 0.2 × 0.681 $kgCO_2e/kg$ ≒ 25,623 $kgCO_2e$ = 25.623 tCO_2e
8) 동바리(가설공사) : 9,486 kg × 0.05 × 2.5 $kgCO_2e/kg$ ≒ 1,186 $kgCO_2e$ = 1.186 tCO_2e
9) 비계(가설공사) : 88,960 kg × 0.05 × 13 $kgCO_2e/kg$ ≒ 57,824 $kgCO_2e$ = 57.824 tCO_2e

- 소계 : **84.633 tCO_2e**

4. 총계

474.451 tCO_2e + 84.633 tCO_2e = 559.084 tCO_2e

4.3.2 자재/부재 운송(A4)[42]

1. 운송 물량

1) 강재(철근) : 77,594 kg
2) 콘크리트 : 721.63 m^3 = 1,659,749 kg (단위중량: 2,300 kg/m^3)
3) 모르타르 바름 : 30.33 m^3 = 63,693 kg (단위중량: 2,100 kg/m^3)
4) 석고보드 : 1341.68 m^2 = 7,258 kg (단위중량: 5.41 kg/m^2)
5) 강화유리 : 102.24 m^2 = 3,067 kg (두께 12 mm, 단위중량: 30 kg/m^2)
6) 복층유리 : 151.44 m^2 = 9,086 kg (두께 24 mm, 단위중량: 60 kg/m^2)

2. 가설공사 물량

1) 거푸집 : 4,703.19 m^2 = 188,128 kg (12 mm 거푸집 가정, 단위중량: 40 kg/m^2)
2) 동바리 : 9,486 kg
3) 비계 : 88,960 kg

3. 탄소배출계수

현지 운송 기본가정 탄소배출계수[43] : 0.032 $kgCO_2e/kg$

4. 탄소배출량

(운송 물량의 합) × (탄소배출계수)
= (77,594 + 1,659,749 + 63,693 + 7,528 + 3,067 + 9,086 + 188,128 + 9,486 + 88,960) kg
× 0.032 $kgCO_2e/kg$
= 67,433 $kgCO_2e$ ≒ **67.433 tCO_2e**

---

40) (동바리, 비계는 95% 재사용, 거푸집은 80% 재사용)
41) 탄소중립지침서 p.70~71 참조
42) 탄소중립지침서 3.2.3절 참조
43) 탄소중립지침서 p.137 참조

4.3.3 시공 과정(A5a)[44)]

1. 공장 및 현장 에너지, 인부이동

1) 전체 건물 공사비 : 1,553,332,000 원

2) 공사비 추정 탄소배출계수[45)] : 1,400 $kgCO_2e$/1.5억 원

3) 탄소배출량 : 1,553,332,000 원 × 1,400 $kgCO_2e$/1.5억 원
≒ 14,498 $kgCO_2e$ = **14.498 tCO_2e**

2. 시공과정 탄소배출량

에너지, 인부이동으로 인한 탄소배출량
= 14.498 tCO_2e

4.3.4 폐기물 발생 및 처리(A5w)[46)]

1. 자재 폐기비율에 따른 폐기물 계수[47)]

1) 강재 철근의 폐기물 계수 : 0.053

2) 콘크리트의 폐기물 계수 : 0.053

3) 석고보드 물량 폐기물 계수 : 0.290

4) 유리 물량 폐기물 계수 : 0.053

5) 거푸집 물량 폐기물 계수 : 0.2

6) 동바리 물량 폐기물 계수 ; 0.05

7) 비계 물량 폐기물 계수 ; 0.05

2. 자재 탄소배출계수(A1-A3)

1) 강재(철근) : 1.960 $kgCO_2e$/kg (Global Reinforcement bars)

2) 콘크리트 : 0.175 $kgCO_2e$/kg (Global Average)

3) 모르타르 바름 : 0.149 $kgCO_2e$/kg (Average UK cement mix)

4) 석고보드 ; 0.39 $kgCO_2e$/kg (Min. 60% recycled content)

5) 강화유리 ; 1.440 $kgCO_2e$/kg (General)

6) 복층유리 ; 1.670 $kgCO_2e$/kg (General)

---

44) 탄소중립지침서 p.40 참조
45) 탄소중립지침서 p.41 참조
46) 탄소중립지침서 p.37 참조
47) 탄소중립지침서 p.138 참조
48) 탄소중립지침서 p.43 참조
49) 가설공사 자재의 경우 재사용 되는 물량의 경우 현장 반출 탄소 배출량과 폐기물량에 대한 탄소 배출량 산정

3. 가설공사 탄소배출계수

1) 거푸집(목재-판재) : 0.681 $kgCO_2e/kg$ (Global Formwork plywood, 100% FSC/PEFC)
2) 동바리(강재-강관) : 2.5 $kgCO_2e/kg$ (Global Closed sections)
3) 비계(강재-판재) : 13 $kgCO_2e/kg$ (Worldwide Consumption 31% recycled content)

4. 현장 운송 탄소배출계수(A4) : 0.032 $kgCO_2e/kg$

5. 현장 반출 탄소배출계수(C2) : 0.005 $kgCO_2e/kg$

6. 건설 폐기물 재생 및 처리 단계 탄소배출계수(C3-C4)[48] : 0.013 $kgCO_2e/kg$

7. 탄소배출계수 산정[49]

1) 강재(철근) : 0.053 × (1.960 + 0.032 + 0.005 + 0.013) ≒ 0.1065 $kgCO_2e/kg$
2) 콘크리트 : 0.053 × (0.175 + 0.032 + 0.005 + 0.013) ≒ 0.0119 $kgCO_2e/kg$
3) 모르타르 바름 : 0.053 × (0.149 + 0.032 + 0.005 + 0.013) ≒ 0.0105 $kgCO_2e/kg$
4) 석고보드 : 0.29 × (0.39 + 0.032 + 0.005 + 0.013) ≒ 0.1276 $kgCO_2e/kg$
5) 강화유리 : 0.053 × (1.44 + 0.032 + 0.005 + 0.013) ≒ 0.079 $kgCO_2e/kg$
6) 복층유리 : 0.053 × (0.167 + 0.032 + 0.005 + 0.013) ≒ 0.0115 $kgCO_2e/kg$
7) 거푸집 (목재-판재) : 0.2 × (0.005 + 0.013) = 0.0036 $kgCO_2e/kg$
8) 동바리 (강재-강관) : 0.05 × (0.005 + 0.013) = 0.0009 $kgCO_2e/kg$
9) 비계 (강재-판재) : 0.05 × (0.005 + 0.013) = 0.0009 $kgCO_2e/kg$

8. 탄소배출량

1) 강재(철근) : 77,594 kg × 0.1065 $kgCO_2e/kg$ ≒ 8,264 $kgCO_2e$ = 8.264 tCO_2e
2) 콘크리트 : 1,659,749 kg × 0.0119 $kgCO_2e/kg$ ≒ 19,751 $kgCO_2e$ = 19.751 tCO_2e
3) 모르타르 바름 : 63,693 kg × 0.0105 $kgCO_2e/kg$ ≒ 669 $kgCO_2e$ = 0.669 tCO_2e
4) 석고보드 : 7,258 kg × 0.1276 $kgCO_2e/kg$ ≒ 926 $kgCO_2e$ = 0.926 tCO_2e
5) 강화유리 : 3,067 kg × 0.079 $kgCO_2e/kg$ ≒ 242 $kgCO_2e$ = 0.242 tCO_2e
6) 복층유리 : 9,086 kg × 0.0115 $kgCO_2e/kg$ ≒ 104 $kgCO_2e$ = 0.104 tCO_2e
7) 거푸집 (목재-판재) : 188,128 kg × (0.0036 $kgCO_2e/kg$ + 0.8 × 0.005 $kgCO_2e/kg$) ≒ 1,430 $kgCO_2e$ = 1.43 tCO_2e
8) 동바리 (강재-강관) : 9,486 kg × (0.0009 $kgCO_2e/kg$ + 0.95 × 0.005 $kgCO_2e/kg$) ≒ 54 $kgCO_2e$ = 0.054 tCO_2e
9) 비계 (강재-판재) : 88,960 kg × (0.0009 $kgCO_2e/kg$ + 0.95 × 0.005 $kgCO_2e/kg$) ≒ 503 $kgCO_2e$ = 0.503 tCO_2e

- 총합 : 8.264 + 19.751 + 0.669 + 0.926 + 0.242 + 0.104 + 1.430 + 0.054 + 0.503 = **31.943 tCO_2e**

04 철근콘크리트구조(주거시설)

4.3.5 탄소배출량(A1-A5)

모듈별 탄소배출량	
1) 자재 생산(A1-A3)	: 559.084 tCO_2e
2) 공장 및 건설 현장까지의 운송(A4)	: 67.433 tCO_2e
3) 시공 과정(A5a)	: 14.498 tCO_2e
4) 폐기물 발생 및 처리(A5w)	: 31.943 tCO_2e
- 총합	: **672.96 tCO_2e**

4.4 B단계 탄소배출량 계산[50)]

자재의 평균수명 고려한 B4 단계 탄소배출량	
외장재 유리 교체횟수	: 60년(건물 수명) / 50년(유리 수명) = 1.2 (1회 교체 필요)
1) 자재 생산(A1-A3)	: 19.59 tCO_2e
2) 공장 및 건설 현장까지의 운송(A4)	: 0.389 tCO_2e
3) 폐기물 발생 및 처리(A5w)	: 0.346 tCO_2e
4) 폐기물 처리시설 및 매립지까지의 운송(C2)	: 0.061 tCO_2e
5) 폐기물 재생 및 처리(C3-C4)	: 0.158 tCO_2e
내장재 석고보드 교체횟수	: 60년(건물 수명) / 20년(석고보드 수명) = 3 (2회 교체 필요)
1) 자재 생산(A1-A3)	: 5.662 tCO_2e
2) 공장 및 건설 현장까지의 운송(A4)	: 0.465 tCO_2e
3) 폐기물 발생 및 처리(A5w)	: 1.852 tCO_2e
4) 폐기물 처리시설 및 매립지까지의 운송(C2)	: 0.073 tCO_2e
5) 폐기물 재생 및 처리(C3-C4)	: 0.189 tCO_2e
- 총합	: **28.785 tCO_2e**

※ 아래의 지침서에 따라서 외장재/내장재 평균수명을 고려하여 작성함

50) 탄소중립지침서 p.67 참조

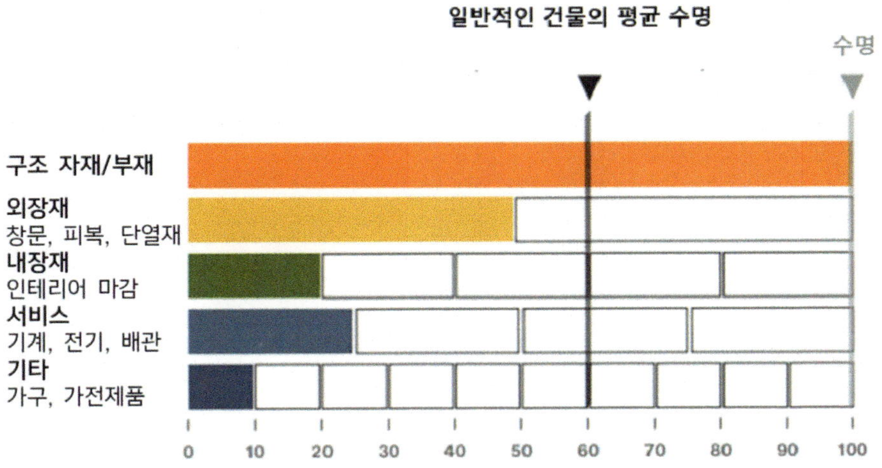

구조적/비구조적 요소의 평균 수명

4.5 C단계 탄소배출량 계산

4.5.1 해체과정(C1)[51)]

1. 건물의 총 내부면적 : 653.03 m^2

2. 탄소배출계수 : 3.4 $kgCO_2e/m^2$ (시공사의 신뢰성있는 정보가 제공되지 않을 시)

3. 탄소배출량 : 653.03 m^2 × 3.4 $kgCO_2e/m^2$ ≒ 2,220 $kgCO_2e$ = 2.220 tCO_2e

4.5.2 폐기물 처리시설 및 매립지까지의 운송(C2)[52)]

1. 운송 물량

1) 강재(철근) : 77,594 kg
2) 콘크리트 : 721.63 m^3 = 1,659,749 kg (단위중량: 2,300 kg/m^3)
3) 모르타르 바름 : 30.33 m^3 = 63,693 kg (단위중량: 2,100 kg/m^3)
4) 석고보드 : 1341.68 m^2 = 7,258 kg (단위중량: 5.41 kg/m^2)
5) 강화유리 : 102.24 m^2 = 3,067 kg (두께 12 mm, 단위중량: 30 kg/m^2)
6) 복층유리 : 151.44 m^2 = 9,086 kg (두께 24 mm, 단위중량: 60 kg/m^2)

2. 탄소배출계수 : 0.005 $kgCO_2e/kg$ (다른 곳에서 재사용/재활용)

3. 탄소배출량 : (77,594 + 1,659,749 + 63,693 + 7,258 + 3,067 + 9,086) kg × 0.005 $kgCO_2e$
≒ 9102 $kgCO_2e$ = 9.102 tCO_2e

51) 탄소중립지침서 p.43 참조
52) 탄소중립지침서 p.37 참조

4.5.3 폐기물 재생 및 처리(C3-C4)[53)]

1. 자재 물량

1) 강재(철근) : 77,594 kg
2) 콘크리트 : 721.63 m^3 = 1,659,749 kg (단위중량: 2,300 kg/m^3)
3) 모르타르 바름 : 30.33 m^3 = 63,693 kg (단위중량: 2,100 kg/m^3)
4) 석고보드 : 1341.68 m^2 = 7,258 kg (단위중량: 5.41 kg/m^2)
5) 강화유리 : 102.24 m^2 = 3,067 kg (두께 12 mm, 단위중량: 30 kg/m^2)
6) 복층유리 : 151.44 m^2 = 9,086 kg (두께 24 mm, 단위중량: 60 kg/m^2)

2. 탄소배출계수 : 0.013 $kgCO_2e/kg$ (EPD 데이터를 사용할 수 없는 경우)

3. 탄소배출량 : (77,594 + 1,659,749 + 63,693 + 7,258 + 3,067 + 9,086) kg × 0.013 $kgCO_2e/kg$
≒ 23,666 $kgCO_2e$ = **23.666 tCO_2e**

4.5.4 탄소배출량(C1-C4)

모듈별 탄소배출량

1) 해체과정(C1) : 2.220 tCO_2e
2) 폐기물 처리시설 및 매립지까지의 운송(C2) : 9.102 tCO_2e
3) 폐기물 재생 및 처리(C3-C4) : 23.666 tCO_2e

\- 총합 : **34.988 tCO_2e**

4.6 A-C단계 탄소배출량

단계별 탄소배출량

1) A단계 탄소배출량 : 672.96 tCO_2e
2) B단계 탄소배출량 : 28.785 tCO_2e
3) C단계 탄소배출량 : 34.988 tCO_2e
\- 총합 : **736.733 tCO_2e**

53) 탄소중립지침서 p.37 참조

4.7 D단계 탄소배출 저감량

1. 자재/부재 물량

1) 강재(철근) : 77,594 kg (Global Reinforcement bars)
2) 콘크리트 : 1,659,747 kg + 63,693 kg = 1,723,440 kg (In situ and precast)

2. 탄소배출계수

1) 강재(철근) : -0.819 $kgCO_2e/kg$ (Global Reinforcement bars)
2) 콘크리트 : -0.00123 $kgCO_2e/kg$ (In situ and precast)

3. 탄소배출량

1) 강재(철근) : 77,594 kg × -0.819 $kgCO_2e/kg$ ≒ -63,549 $kgCO_2e$ = -63.549 tCO_2e
2) 콘크리트 : 1,723,440 kg × -0.00123 $kgCO_2e/kg$ ≒ 2,120 $kgCO_2e$ = -2.12 tCO_2e

- 총합 : **-65.669 tCO_2e**

4.8 설비 탄소배출량[54)]

1. 자재/부재 물량

1) 강관(스테인레스) : 496 kg (KSD 3595)
2) 관(PVC) : 123 kg (PVC VG1)

2. 탄소배출계수[55)]

1) 강관(스테인레스) : 3.204 $kgCO_2e/kg$ (스테인레스-페라이트계)
2) 관(PVC) : 3.23 $kgCO_2e/kg$ (Global)

3. 탄소배출량(A1)

1) 강관(스테인레스) : 496 kg × 3.204 $kgCO_2e/kg$ ≒ 1,589 $kgCO_2e$
2) 관(PVC) : 123 kg × 3.23 $kgCO_2e/kg$ ≒ 397 $kgCO_2e$

- 소계 : 1,986 $kgCO_2e$

4. 탄소배출량(A1+수리·교체)

1) 3결과값 + 10% 가산 : 1,986 kg × 1.1 ≒ 2,185 $kgCO_2e$

54) 탄소중립지침서 3.5절 참조

5. 탄소배출량(제품의 복잡성 보정)

1) 4결과값 × Scaling-up Factor : 2,185 $kgCO_2e$ × 1.3 ≒ 2,841 $kgCO_2e$

6. 탄소배출량(보수적인 최종값)

1) 5결과값 × Buffer Factor : 2,841 $kgCO_2e$ × 1.3 ≒ **3,693 $kgCO_2e$ = 3.693 tCO_2e**

4.9 탄소배출량 계산 결과

1. 순 탄소배출량(Upfront Carbon)

1) A단계 탄소배출량 : **672.95 tCO_2e**

2. 총 탄소배출량(Whole Life Carbon)

1) A-C단계 탄소배출량 : **736.733 tCO_2e**
2) D단계 탄소배출량 : **-65.669 tCO_2e**
3) 설비 탄소배출량 : **3.693 tCO_2e**

3. 단위면적당 탄소배출량

1) A단계 탄소배출량 : 672.95 tCO_2e ÷ 653.03 m^2 = **1.031 tCO_2e/m^2**
2) A-C단계 탄소배출량 : 736.733 tCO_2e ÷ 653.03 m^2 = **1.128 tCO_2e/m^2**
3) A-D단계 탄소배출량(설비포함) : 674.747 tCO_2e ÷ 653.03 m^2 = **1.033 tCO_2e/m^2**

4. 탄소배출량 분포(A-C단계)

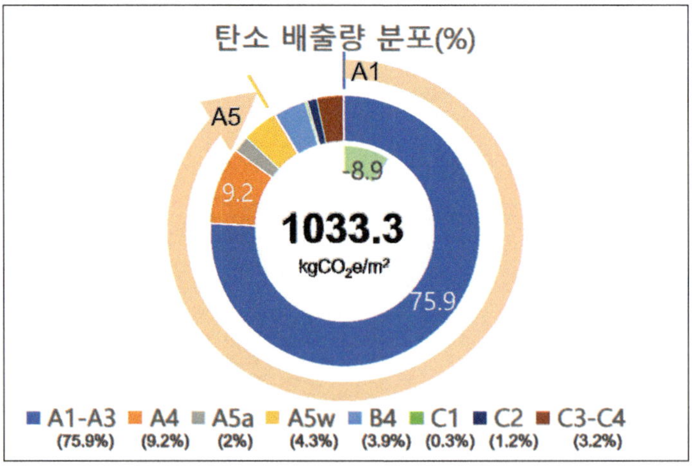

55) 탄소중립지침서 p.66, p.76 참조

4.10 산정근거 엑셀

※ 해당 예제의 경우, 실제 프로젝트에 사용된 배관 물량에 관한 데이터가 존재하여 실제 사용된 데이터를 근거로 산정한다.

1. 강재 물량

구 분	단면적(cm^2)	사용길이(m)	철근 물량(kg)	비 고
H16	1.985	537.4	838	기초
H19	2.864	5,284.8	11,891	기초
H10	0.713	1,209.6	677	기둥
H19	2.864	1,147	2,581	기둥
H10	0.713	3,346.6	1,874	보
H13	1.266	952.5	948	보
H16	1.985	3,279.6	5,116	보
H19	2.864	2,804.6	6,310	보
H10	0.713	13,643.6	7,640	슬라브
H13	1.266	6,135.7	6,105	슬라브
H19	2.864	19.7	44	슬라브
H10	0.713	33,910.4	18,990	옹벽
H13	1.266	8,339.3	8,298	옹벽
H16	1.985	3,329.9	5,195	옹벽
H10	0.713	636.8	357	계단
H13	1.266	733.1	730	계단
총 합			**77,594**	

※ 철근 규격별 단위 중량

구 분	H10	H13	H16	H19
단위중량(kg/m)	0.56	0.995	1.56	2.25

2. 콘크리트 물량

구 분	콘크리트 물량(m^3)	거푸집 물량(m^2)
기초	165.18	48.04
기둥	11.29	98.79
보	23.625	140.1
슬라브	189.416	968.78
옹벽	323.547	3,388.2
계단	8.572	59.28
총 합	**721.63**	**4,703.19**

3. 내 · 외장재 물량

1) 모르타르 바름

구 분	단면적(m^2)	두께(m)	모르타르 바름 물량(m^3)
내벽	450.066	0.018	8.102
외벽	84.226	0.018	1.517
바닥1	377.092	0.05	18.855
바닥2	26.52	0.07	1.856
총 합			**30.33**

2) 석고보드 물량

구 분	규격	석고보드 물량(m^2)
석고보드, 평보드	9.5*900*1800	1329.08
	9.5*900*2400	12.6
총 합		**1,341.68**

3) 유리 물량

① 강화 유리

구 분	단면적(m^2)	개수	강화 유리 물량(m^2)
AW09	3.36	3	10.08
AW10	3.78	24	90.72
AW12	0.48	3	1.44
총 합			**102.24**

② 복층 유리

구 분	단면적(m^2)	개수	강화 유리 물량(m^2)
AHD01	4.83	1	4.83
AW01	0.9	2	1.8
AW02	1.2	15	18
AW03	1.8	3	5.4
AW04	2.25	14	31.5
AW05	4.050	1	4.05
AW06	4.32	10	43.2
AW07	2.7	5	13.5
AW08	1.44	15	21.6
AW11	7.56	1	7.56
총 합			**151.44**

4. 시스템 비계 물량

1) 건물 외벽길이 : (24.6 + 10.7) × 2 = 70.6 m
2) 건물 높이 : 12.1 m
3) 외부 비계 : {70.6 m + 0.9 m × 8(모서리 수)} × 12.1 m = 941.38 m^2
4) 비계 중량 : 2,700(kg/m^3) × 0.035 m = 94.5 kg/m^2
5) 비계 물량 : 941.38 m^2 × 94.5 kg/m^2 = 88,960 kg

5. 동바리 물량 계산식

1) 건물 총 면적(m^2) : 219.72 m^2 × 3(1-3층) + 195.84 m^2(4층) = 855 m^2
2) 동바리 물량(kg) : 855 m^2 × 0.9(면적의 90%) × 1.072본/m^2 × 11.5 kg/본 = 9486 kg

※ 해당 예제의 계단실 외의 슬래브는 공장생산으로 동바리를 사용하지 않는다.
※ 해당 예제의 동바리는 강관으로 규격은 V2, 중량은 11.5 kg/본으로 가정한다.
※ 해당 예제의 비계는 쌍줄비계로 외부 비계 설치 시 외벽에서 0.9 m 이격하여 설치한다.
※ 해당 예제의 비계는 시스템비계로 두께는 0.035 m[56] 가정한다.

6. 수직 배관 물량

1) 강관(스테인레스)

구 분	길이 (m)	단위 중량 (kg/m)	배관 물량 (kg)
Φ13 mm,KSD 3595	1340.13	0.301	403.4
Φ20 mm,KSD 3595	8.58	0.529	4.5
Φ25 mm,KSD 3595	56.43	0.687	38.8
Φ40 mm,KSD 3595	39.6	1.24	49.1
총 합			**495.8**

2) 관(PVC)

구 분	길이 (m)	단위 중량 (kg/m)	배관 물량 (kg)
VG1, D75	22.05	2.2	48.5
VG1, D100	22.05	3.4	75
총 합			**123.5**

56) 가설공사 표준안전 작업지침

4.11 프로그램을 이용한 탄소배출량 계산 결과

Description	Component Lifespan [years]	Temporary Works	% of Temp Works Wasted	Volume [m³] or Mass [kg]?	Material Quantity [m³, kg]	Reinforcement [kg/m³]	Element Embodied Carbon [tCO_2e]	A1-A3	A4	A5w	B4	C2-C4
강재(철근	60	No		Mass [kg]	77,594		176,6	152,1	14,2	8,9		1,4
콘크리트	60	No		Mass [kg]	1,659,749	Mass Concrete (0)	370,4	290,5	53,1	18,5		8,3
모르타르 바름	60	No		Mass [kg]	63,693	Mass Concrete (0)	11,5	9,5	0,3	0,6		1,1
석고보드	20	No		Mass [kg]	7,258		12,4	2,8	0,2	0,9	8,2	0,1
강화유리	50	No		Mass [kg]	3,067		9,6	4,4	0,1	0,2	4,8	0,1
복층유리	50	No		Mass [kg]	9,086		32,6	15,2	0,3	0,8	16,3	
거푸집	60	No		Mass [kg]	188,128		35,0	25,6	6,0			3,4
동바리	60	No		Mass [kg]	9,486		1	1	0			
비계	60	No		Mass [kg]	88,960		61	58	3			0

CO_2e

Substructure & Superstructure

A1 - A5:	681 tCO_2 e	1,043 $kgCO_2$ e/m²
Biogenic Carbon:	0 tCO_2 e	0 $kgCO_2$ e/m²
A-C:	727 tCO_2 e	1,114 $kgCO_2$ e/m²
Module D:	-59 tCO_2 e	-91 $kgCO_2$ e/m²

	A5a	C1
Global Values [tCO_2e]	14.5	2.2

	A	B	C	D	Biogenic Carbon
Total [tCO_2e]	681	29	17	-59	0

5

탄소중립 설계 예제집

모듈러구조 (학교)

05

모듈러구조(학교)

5.1 건물의 개요

- 건 물 종 류: 지상 5층 학교 기숙사
- 구 조 형 식: 모듈러 구조
- 건 축 면 적: 629.72 m^2
- 연 면 적: 3148.6 m^2
- 골조모델링

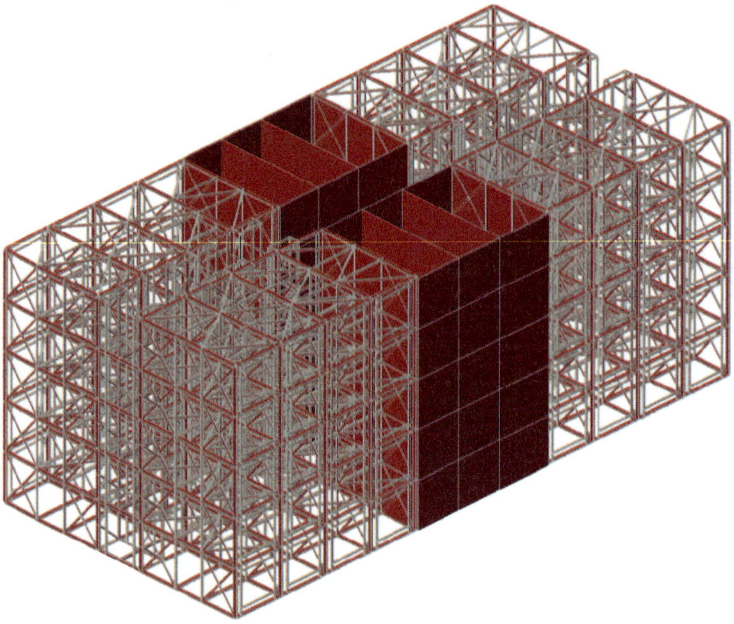

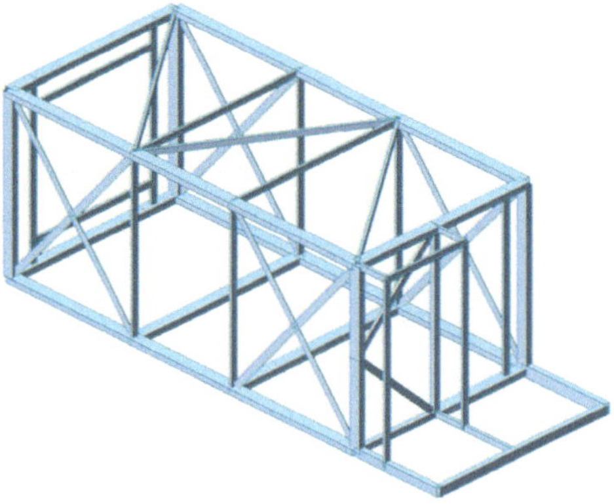

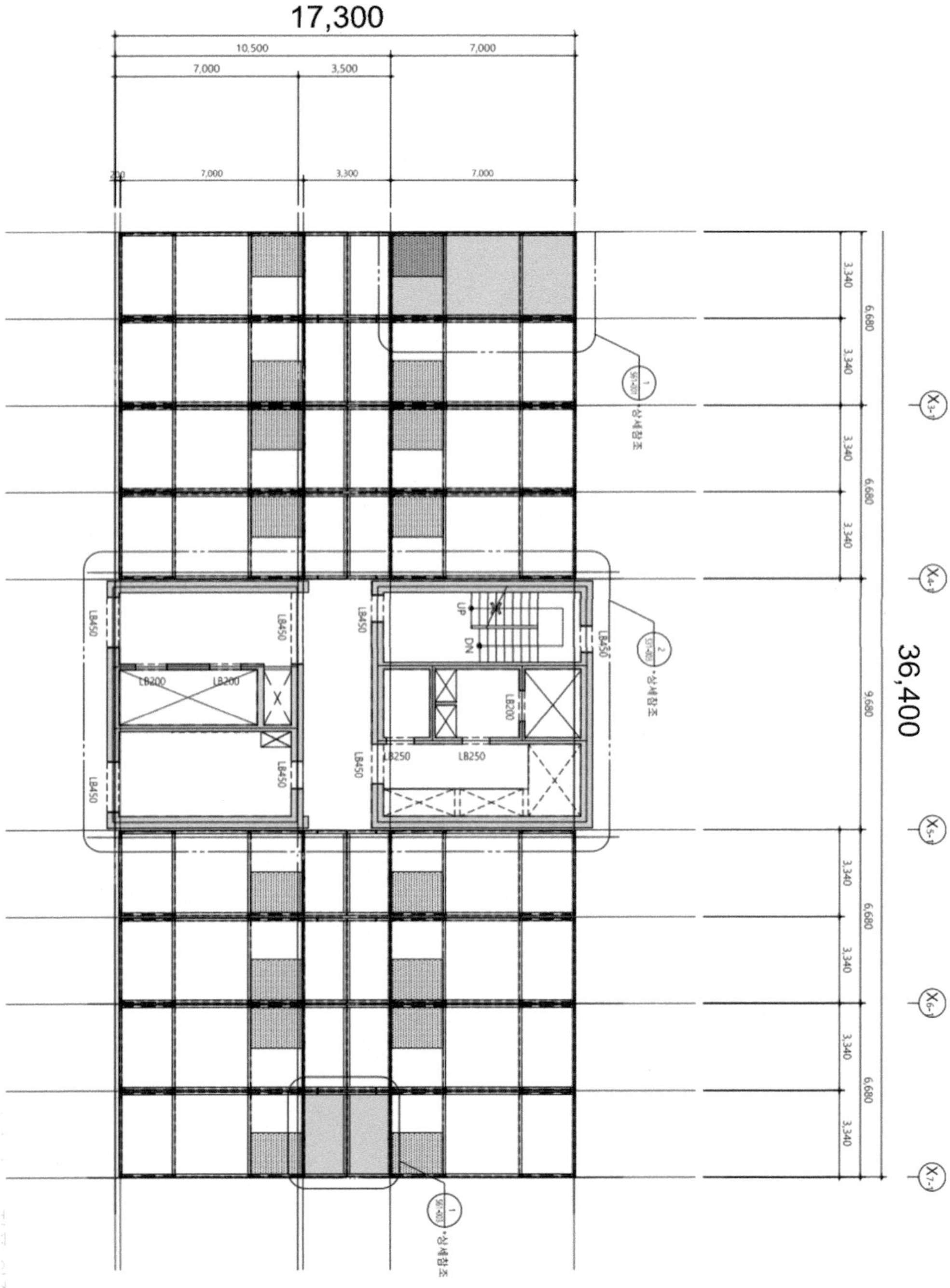
17,300
10,500
7,000
7,000
3,500
7,000
3,300
7,000
36,400
3,340
6,680
9,680
LB450
LB200
LB250
UP
DN
상세참조

[기준층 평면도]

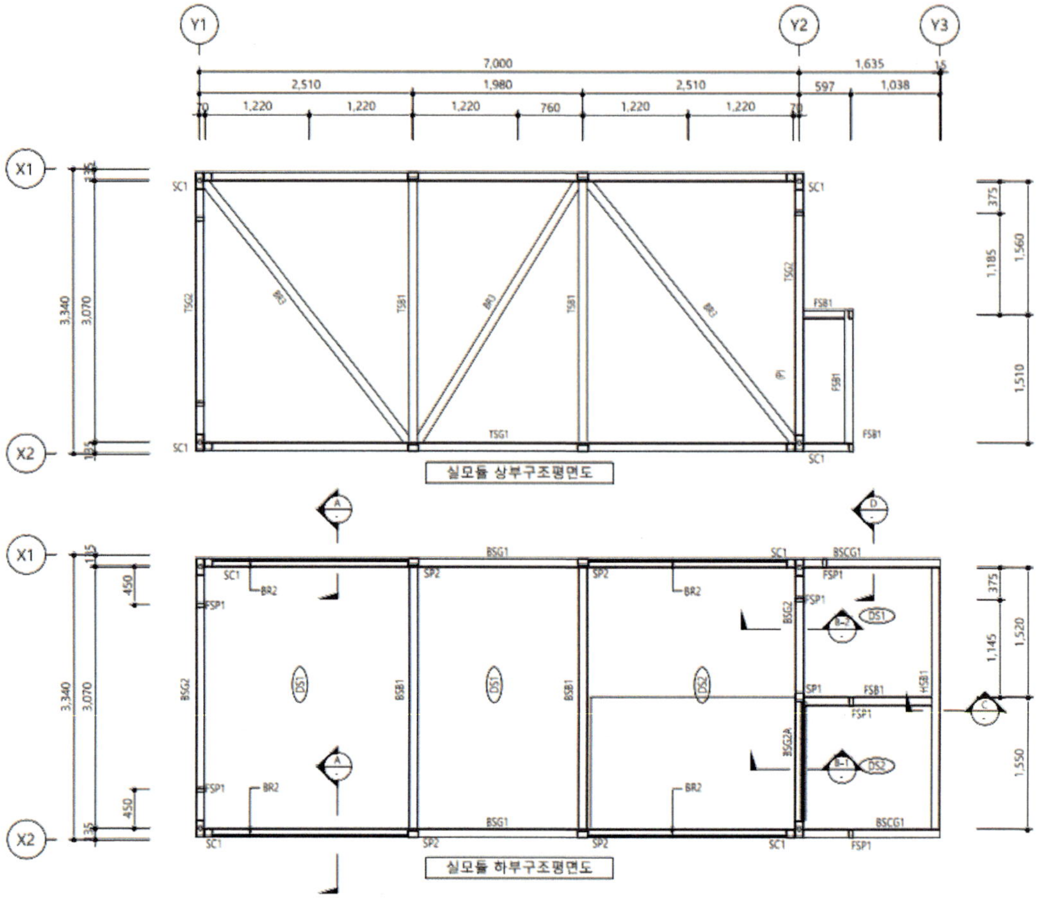

[모듈러 평면도]

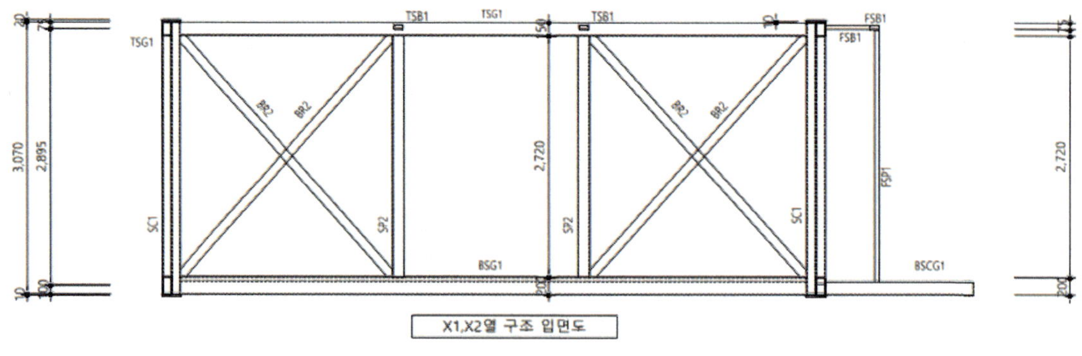

[모듈러 입면도]

5.2 참고 사항

5.2.1 물량 데이터 참고

· 모듈러공장 및 현장 설계명세서(설계 물량, 장비 에너지 사용, 인부 투입)

· RC구조 예제 물량 데이터

· 공장 및 현장 제공 데이터(자재 수송거리 및 차량)

· 탄소중립 설계 지침서

5.2.2 해당 예제 탄소배출량 계산을 위한 가정 및 기반

· 모듈A1-A3 : 자재/부재별로 나누어 물량을 계산한다.

: 모든 자재는 국내에서 생산된 것으로 가정한다.

: 본 예제의 자재/부재 물량 산정 시 할증량은 고려하지 않고 실제 사용된 물량을 기준으로 계산하였다.

· 모듈A4 : 공장은 현장에서 공장까지의 거리 300 km로 가정한다.

: 수송단계는 모듈러를 공장 제작후 현장으로 운송에서 발생하는 운송, 모듈러 건축물을 공장제작 완료후 현장으로 운송하는 모듈러 수송으로 구분해서 분류한다.

· 모듈A5a : 공장 및 현장 에너지, 인부이동을 고려할 데이터가 없기에 공사비 추정 탄소배출량 산정식을 사용하여 계산한다. 또한 공사비의 경우, 국토교통부에서 조사한 2022년 표준공사비를 참고하여 평당(3.3 m^2당) 700만 원으로 가정하였다.

· 모듈A5w : 공장에서 발생하는 폐기물과 현장에서 발생하는 폐기물을 고려한다.

· 모듈B4 : 본 예제의 건물 수명은 60년으로 가정한다.
교체과정(B4)의 교체횟수는 자재/부재의 평균수명을 기반으로 계산한다.

· 모듈C1 : 시공사로부터 제공받은 데이터가 없는 상황으로 가정한다.

· 모듈C2 : 현장에서 폐기물 처리시설까지 거리를 50 km로 가정한다.

· 가시설물 : 거푸집은 본 예제집에서는 80%는 재활용품, 20% 새제품 활용 및 80% 재사용 가능함을 기준으로 계상한 것으로 실제 프로젝트의 상황을 반영할 필요가 있다. (국토교통부 KDS 21 50 00(2016) 거푸집 및 동바리 설계기준에 따라 단위중량을 약 40 kg/m^2로 가정한다.)

: 동바리는 본 예제집에서는 95% 재사용, 5% 폐기조건을 기준으로 계상하였지만, 새로운 제품을 구매하여 사용하고, 폐기할 경우에 이 값은 본 예제결과보다 추가적인 탄소배출량이 나올 수 있다. 현장여건을 고려해서 이 부분을 반영할 필요가 있다.

· 해당 예제의 경우, 설비 및 마감재 데이터가 부재하므로, 설비 데이터는 본 예제집의 주거용 RC 건축물의 탄소배출량 산출 예제집의 설비물량을 참조하여 작성하였고, 마감재는 유사 프로젝트 마감물량을 참조하여, 본 프로젝트에서 마감물량을 가정하여 계산하였으나, 실제 구조물의 탄소 배출량 평가 시 현장 사용 물량을 토대로 계산해야 한다.

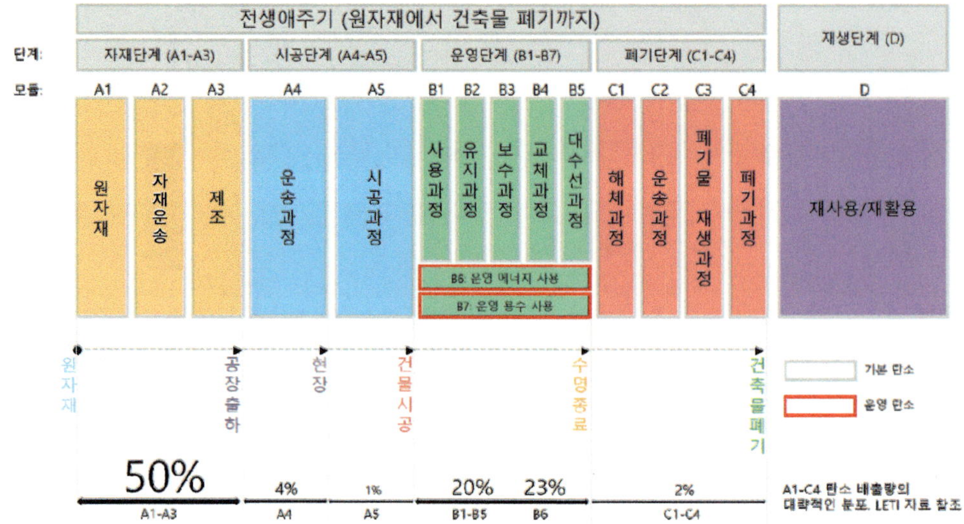

5.3 A단계 탄소배출량 계산

5.3.1 자재 생산(A1-A3)[57)]

1. 물량 산정[58)]

1) 강재(각관)	: 172,634 kg
2) 콘크리트(C32)	: 1,111 m^3 = 2,555,300 kg (단위중량: 2,300 kg/m^3)
3) 강재(철근)	: 26,421 kg
4) 내화피복	: 8,837 kg
5) 거푸집(가설공사)	: 2,805 m^2 = 112,200 kg (12 mm 합판 거푸집 가정)
6) 동바리(강관)	: 9,287 kg
7) 유리(외장재)	: 4,628 kg

2. 탄소배출계수[59)]

1) 강재(각관)	: 2.5 $kgCO_2e/kg$ (Global Closed Sections)
2) 콘크리트(C32)	: 0.175 $kgCO_2e/kg$ (Global Average)
3) 강재(철근)	: 1.96 $kgCO_2e/kg$ (Global)
4) 내화피복	: 0.725 $kgCO_2e/kg$ (Cementitous spray)
5) 거푸집(가설공사)	: 0.681 $kgCO_2e/kg$ (Global Formwork plywood, 100% FSC/PEFC)
6) 동바리(강관)	: 2.5 $kgCO_2e/kg$ (Global Closed Sections)
7) 유리(외장재)	: 1.44 $kgCO_2e/kg$ (General)

57) 탄소중립지침서 p.27 참조

3. 탄소배출량

1) 강재(각관) : 172,634 kg × 2.5 kgCO_2e/kg = 431.585 kgCO_2e ≒ 432 tCO_2e
2) 콘크리트(C32) : 2,555,300 kg × 0.175 kgCO_2e/kg = 447,177 kgCO_2e ≒ 447 tCO_2e
3) 강재(철근) : 26,421 kg × 1.96 kgCO_2e/kg = 51,785.16 kgCO_2e ≒ 51.8 tCO_2e
4) 내화피복 : 8,837 kg × 0.725 kgCO_2e/kg = 6,407 kgCO_2e ≒ 6.41 tCO_2e
5) 거푸집(가설공사) : 112,200 kg × 0.2 × 0.681 kgCO_2e/kg = 15,282 kgCO_2e ≒ 15.3 tCO_2e
6) 동바리(강관) : 9,287 kg × 0.05 × 2.5 kgCO_2e/kg = 1,161 kgCO_2e ≒ 1.16 tCO_2e
7) 유리(외장재) : 4,628 kg × 1.44 kgCO_2e/kg = 6,664 kgCO_2e ≒ 6.66 tCO_2e
- 총합 : **960 tCO_2e**

5.3.2 자재/부재 운송(A4)[60)]

1. 운송 물량

1) 강재(각관) : 172,634 kg
2) 콘크리트(C32) : 1,111 m^3 = 2,555,300 kg (단위중량: 2,300 kg/m^3)
3) 강재(철근) : 26,421 kg
4) 내화피복 : 8,837 kg
5) 거푸집(가설공사) : 2,805 m^2 = 112,200 kg (12 mm 합판 거푸집 가정)
6) 동바리(강관) : 9,287 kg
7) 유리(외장재) : 4,628 kg

2. 탄소배출계수[61)]

국내 운송 기본가정 탄소배출계수 : 0.032 kgCO_2e/kg

3. 탄소배출량

(운송 물량의 합) × (탄소배출계수)
= (172,634 + 2,555,300 + 26,421 + 8,837 + 112,200 + 9,287 + 4,628) kg × 0.032 kgCO_2e/kg
≒ 92,458 kgCO_2e = **92.5 tCO_2e**

58) (동바리는 95% 재사용, 거푸집은 80% 재사용)
59) 탄소중립지침서 p.70 [부록 표 2] 참조
60) 탄소중립지침서 p.35 참조
61) 탄소중립지침서 p.137 [부록 표 4] 참조

5.3.3 시공 과정(A5a)[62]

1. 공장 및 현장 에너지, 인부이동

1) 전체 건물 공사비 : 6,750,000,000 원 (67.5 억원)

2) 공사비 추정 탄소배출계수[63] : 500 $kgCO_2e$/1억5천만원 (모듈러 - 외부에서 제조하는 공법)

: 700 $kgCO_2e$/1억5천만원 (지상 및 지하구조물)

3) 탄소배출량 : 6,750,000,000 원 × 0.734 × 500 $kgCO_2e$/1억5천만원
= 16,515 $kgCO_2e$ ≒ 16.5 tCO_2e

: 6,750,000,000 원 × 0.266 × 700 $kgCO_2e$/1억5천만원
= 8,379 $kgCO_2e$ ≒ 8.38 tCO_2e

- 총합 : 16.5 + 8.38 ≒ **24.9 tCO_2e**

5.3.4 폐기물 발생 및 처리(A5w)[64]

1. 자재 폐기비율에 따른 폐기물 계수[65]

1) 강재(각관) : 0.010
2) 콘크리트(C32) : 0.053
3) 강재(철근) : 0.053
4) 내화피복 : 0.111
5) 거푸집(가설공사) : 0.2
6) 동바리(강관) : 0.05
7) 유리(외장재) : 0.053

2. 자재 탄소배출계수(A1-A3)[66]

1) 강재(각관) : 2.5 $kgCO_2e/kg$ (Global Closed Sections)
2) 콘크리트(C32) : 0.175 $kgCO_2e/kg$ (Global Average)
3) 강재(철근) : 1.96 $kgCO_2e/kg$ (Global)
4) 내화피복 : 0.725 $kgCO_2e/kg$ (Cementitous spray)
5) 거푸집(가설공사) : 0.681 $kgCO_2e/kg$ (Global Formwork plywood, 100% FSC/PEFC)
6) 동바리(강관) : 2.5 $kgCO_2e/kg$ (Global Closed Sections)
7) 유리(외장재) : 1.44 $kgCO_2e/kg$ (General)

62) 탄소중립지침서 p.40 참조
63) 탄소중립지침서 p.41 참조
64) 탄소중립지침서 p.37 참조

3. 현장 운송 탄소배출계수(A4) : 0.032 $kgCO_2e/kg$

4. 현장 반출 탄소배출계수(C2)[67] : 0.005 $kgCO_2e/kg$

5. 건설 폐기물 재생 및 처리 단계 탄소배출계수(C3-C4)[68] : 0.013 $kgCO_2e/kg$

6. 탄소배출계수 산정

1) 강재(각관) : 0.010 × (2.50 + 0.032 + 0.005 + 0.013) ≒ 0.0255 $kgCO_2e/kg$
2) 콘크리트(C32) : 0.053 × (0.175 + 0.032 + 0.005 + 0.013) ≒ 0.0119 $kgCO_2e/kg$
3) 강재(철근) : 0.053 × (1.96 + 0.032 + 0.005 + 0.013) ≒ 0.106 $kgCO_2e/kg$
4) 내화피복 : 0.111 × (0.725 + 0.032 + 0.005 + 0.013) ≒ 0.086 $kgCO_2e/kg$
5) 거푸집(가설공사) : 0.2 × (0.005 + 0.013) ≒ 0.0036 $kgCO_2e/kg$
6) 동바리(강관) : 0.05 × (0.005 + 0.013) ≒ 0.0009 $kgCO_2e/kg$
7) 유리(외장재) : 0.053 × (1.44 + 0.032 + 0.005 + 0.013) ≒ 0.0789$kgCO_2e/kg$

7. 탄소배출량

1) 강재(각관) : 172,634 kg × 0.0255 $kgCO_2e/kg$ = 4,402 $kgCO_2e$ ≒ 4.4 tCO_2e
2) 콘크리트(C32) : 2,555,300 kg × 0.0119 $kgCO_2e/kg$ = 30,408 $kgCO_2e$ ≒ 30.4 tCO_2e
3) 강재(철근) : 26,421 kg × 0.106 $kgCO_2e/kg$ = 2,800 $kgCO_2e$ ≒ 2.8 tCO_2e
4) 내화피복 : 8,837 kg × 0.086 $kgCO_2e/kg$ = 760 $kgCO_2e$ ≒ 0.76 tCO_2e
5) 거푸집(가설공사) : 112,200 kg × 0.0036 $kgCO_2e/kg$ = 404$kgCO_2e$ ≒ 0.404 tCO_2e
6) 동바리(강관) : 9,287 kg × 0.0009 $kgCO_2e/kg$ = 8.36 $kgCO_2e$ ≒ 0.00836 tCO_2e
7) 유리(외장재) : 4,628 kg × 0.0789 $kgCO_2e/kg$ = 365 $kgCO_2e$ ≒ 0.365 tCO_2e

- 총합 : **39.1 tCO_2e**

65) 탄소중립지침서 p.138 [부록 표 6] 참조
66) 가설공사 자재의 경우 재사용 되는 물량의 경우 현장 반출 탄소 배출량과 거푸집 폐기물량에 대한 탄소 배출량 산정
67) 탄소중립지침서 p.138 [부록 표 7] 참조
68) 탄소중립지침서 p.43 참조

5.3.5 탄소배출량(A1-A5)

모듈별 탄소배출량

1) 자재 생산(A1-A3)	: 960 tCO_2e
2) 공장 및 건설 현장까지의 운송(A4)	: 92.5 tCO_2e
3) 시공 과정(A5a)	: 24.9 tCO_2e
4) 폐기물 발생 및 처리(A5w)	: 39.1 tCO_2e
- 총합	: **1116.5 tCO_2e**

5.4 B단계 탄소배출량 계산[69]

자재의 평균수명 고려한 B4 단계 탄소배출량

외장재 유리 교체횟수	: 60년(건물 수명) / 50년(유리 수명) = 1.2 (1회 교체 필요)
1) 자재 생산(A1-A3)	: 6.66 tCO_2e
2) 공장 및 건설 현장까지의 운송(A4)	: 0.148 tCO_2e
3) 폐기물 발생 및 처리(A5w)	: 0.365 tCO_2e
4) 폐기물 처리시설 및 매립지까지의 운송(C2)	: 0.0231 tCO_2e
5) 폐기물 재생 및 처리(C3-C4)	: 0.0602 tCO_2e
- 총합	: **7.26 tCO_2e**

※ 아래의 지침서에 따라서 외장재/내장재 평균수명을 고려하여 작성함

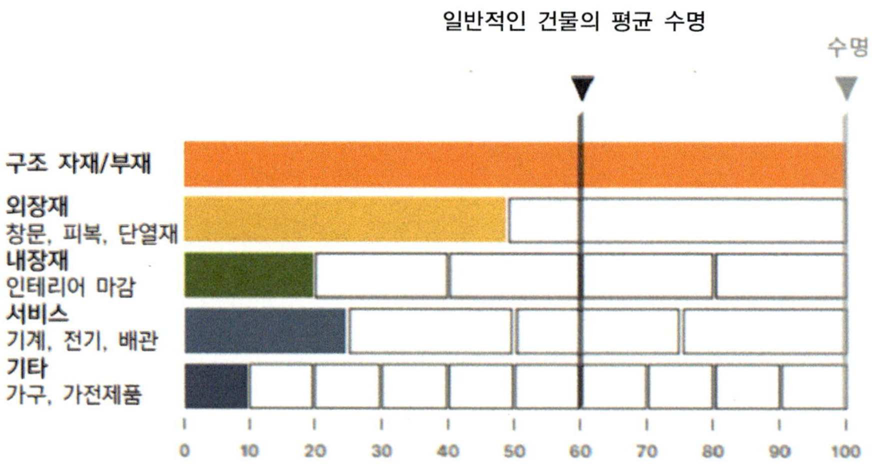

구조적/비구조적 요소의 평균 수명

69) 탄소중립지침서 p.67 참조

5.5 C단계 탄소배출량 계산

5.5.1 해체과정(C1)[70)]

1. 건물의 총 내부면적	: 3,148.6 m^2
2. 탄소배출계수[71)]	: 3.4 $kgCO_2e/m^2$ (시공사의 신뢰성있는 정보가 제공되지 않을 시)
3. 탄소배출량	: 3,148.6 m^2 × 3.4 $kgCO_2e/m^2$ = 10,705 $kgCO_2e$ ≒ **10.7 tCO_2e**

5.5.2 폐기물 처리시설 및 매립지까지의 운송(C2)[72)]

1. 운송 물량

1) 강재(각관)	: 172,634 kg
2) 콘크리트(C32)	: 2,555,300 kg
3) 강재(철근)	: 26,421 kg
4) 내화피복	: 8,837 kg
5) 유리(외장재)	: 4,628 kg

2. 탄소배출계수 : 0.005 $kgCO_2e/kg$ (다른 곳에서 재사용/재활용)

3. 탄소배출량

(172,634 + 2,555,300 + 26,421 + 8,837 + 4,628) kg × 0.005 $kgCO_2e$ = 13,839 $kgCO_2e$ = **13.8 tCO_2e**

70) 탄소중립지침서 p.43 참조
71) 탄소중립지침서 p.43 참조
72) 탄소중립지침서 p.43 참조

5.5.3 폐기물 재생 및 처리(C3-C4)[73)]

1. 자재 물량

1) 강재(각관) : 172,634 kg
2) 콘크리트(C32) : 2,555,300 kg
3) 강재(철근) : 26,421 kg
4) 내화피복 : 8,837 kg
5) 유리(외장재) : 4,628 kg

2. 탄소배출계수 : 0.013 $kgCO_2e/kg$ (EPD 데이터를 사용할 수 없는 경우)

3. 탄소배출량

(172,634 + 2,555,300 + 26,421 + 8,837 + 4,628) kg × 0.013 $kgCO_2e$ = 35,982 $kgCO_2e$ = **36 tCO_2e**

5.5.4 탄소배출량(C1-C4)

모듈별 탄소배출량

1) 해체과정(C1) : 10.7 tCO_2e
2) 폐기물 처리시설 및 매립지까지의 운송(C2) : 13.8 tCO_2e
3) 폐기물 재생 및 처리(C3-C4) : 36 tCO_2e

- 총합 : **60.5 tCO_2e**

5.6 A-C 단계 탄소배출량

단계별 탄소배출량

1) A단계 탄소배출량 : 1,116.5 tCO_2e
2) B단계 탄소배출량 : 7.26 tCO_2e
3) C단계 탄소배출량 : 60.5 tCO_2e

- 총합 : **1,184 tCO_2e**

73) 탄소중립지침서 p.43 참조

5.7 D단계 탄소배출 저감량[74)]

1. 자재/부재 물량

1) 강재(각관) : 172,634 kg (Global Closed Sections)
2) 콘크리트(C32) : 2,555,300 kg (Global Average)
3) 강재(철근) : 26,421 kg (Global)

2. 탄소배출계수[75)]

1) 강재(각관) : −1.53 $kgCO_2e/kg$ (Global Closed Sections)
2) 콘크리트(C32) : −0.00123 $kgCO_2e/kg$ (Global Average)
3) 강재(철근) : −0.819 $kgCO_2e/kg$ (Global)

3. 탄소배출량

1) 강재(각관) : 172,634 kg × −1.53 $kgCO_2e/kg$ = −264,130 $kgCO_2e$ ≒ −264 tCO_2e
2) 콘크리트(C32) : 2,555,300 kg × −0.00123 $kgCO_2e/kg$ = −3,143 $kgCO_2e$ ≒ −3.14 tCO_2e
3) 강재(철근) : 26,421 kg × −0.819 $kgCO_2e/kg$ = −21,638 $kgCO_2e$ ≒ −21.6 tCO_2e

- 총합 : **−289 tCO_2e**

5.8 설비 탄소배출량[76)]

1. 자재/부재 물량

1) 강관(스테인레스) : 2,392.9 kg (KS D 3595)
2) 관(PVC) : 598.2 kg (PVC VG1)

2. 탄소배출계수[77)]

1) 강관(스테인레스) : 3.204 $kgCO_2e/kg$ (스테인리스-페라이트계)
2) 관(PVC) : 3.23 $kgCO_2e/kg$ (Global)

3. 탄소배출량(A1)

1) 강관(스테인레스) : 2,392.9 kg × 3.204 $kgCO_2e/kg$ = 7,667 $kgCO_2e$
2) 관(PVC) : 598.2 kg × 3.23 $kgCO_2e/kg$ = 1,932 $kgCO_2e$

소계 : 9,599 $kgCO_2e$

74) 탄소중립지침서 p.45 참조
75) 탄소중립지침서 p.141 [부록 표 10] 참조
76) 탄소중립지침서 p.62 참조

4. 탄소배출량(A1+수리·교체)

1) 3결과값 + 10% 가산 : 9,599 $kgCO_2e$ × 1.1 = 10,559 $kgCO_2e$

5. 탄소배출량(제품의 복잡성 보정)

1) 4결과값 × Scaling-up Factor : 10,559 $kgCO_2e$ × 1.3 = 13,727 $kgCO_2e$

6. 탄소배출량(보수적인 최종값)

1) 5결과값 × Buffer Factor : 13,727 $kgCO_2e$ × 1.3 = **17,845 $kgCO_2e$**

5.9 탄소배출량 계산 결과

1. 순 탄소배출량(Upfront Carbon)

1) A단계 탄소배출량 : **1,117 tCO_2e**

2. 총 탄소배출량(Whole Life Carbon)

1) A-C단계 탄소배출량 : **1,184 tCO_2e**
2) D단계 탄소배출량 : **-289 tCO_2e**
3) 설비 탄소배출량 : **17.8 tCO_2e**

3. 단위연면적당 탄소배출량(Whole Life Carbon)

1) A단계 탄소배출량 : 1,117 tCO_2e ÷ 3,148.6 m^2 = **355 $kgCO_2e/m^2$**
2) A-C단계 탄소배출량 : 1,184 tCO_2e ÷ 3,148.6 m^2 = **376 $kgCO_2e/m^2$**
3) A-D단계 탄소배출량(설비포함) : 912.8 tCO_2e ÷ 3,148.6 m^2 = **285 $kgCO_2e/m^2$**

4. 탄소배출량 분포(A-C단계)

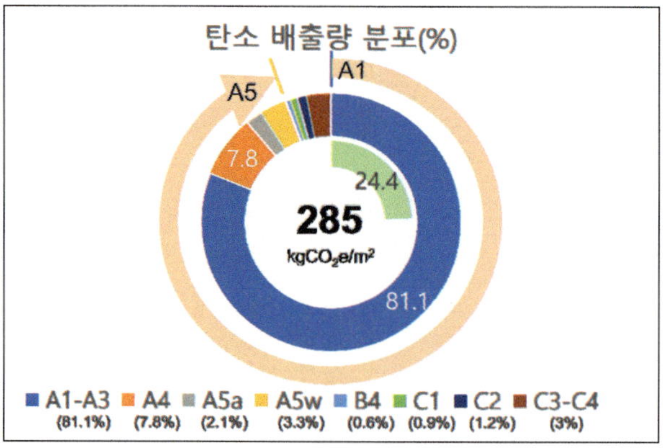

77) 탄소중립지침서 p.66, p.67 [표 3.6, 부록 표 3] 참조

5.10 산정근거 엑셀

√ 강재 모듈러 물량

구 분	A_s (m^2)	사용길이 (m)	형강물량 (kg)	비 고
ㅁ-200x100x9.0 (SM355)	0.004867	982.4	37,486	기둥부재
ㅁ-100x100x9.0(SM355)	0.003067	982.4	23,622	기둥부재
ㅁ-100x100x3.2 (SRT275)	0.001213	245.6	2,336	기둥부재
ㅁ-125x75x4.0 (SRT275)	0.001495	982.4	11,515	기둥부재
ㅁ-150x100x4.5 (SM355)	0.002117	1120	18,589	상부X축방향 보부재
ㅁ-150x100x4.5 (SM355)	0.002117	491.2	8,153	상부Y축방향 보부재
ㅁ-100x50x2.3 (SRT275)	0.0006552	982.4	5,046	상부,하부Y축방향 보부재
ㅁ-200x100x4.5 (SM355)	0.002567	1120	22,540	하부X축방향 보부재
ㅁ-200x100x4.5 (SM355)	0.002567	368.4	7,414	하부Y축방향 보부재
ㅁ-100x100x8.5 (SM355)	0.003111	122.8	2,995	하부Y축방향 보부재
BR1 ㅁ-100x50x3.2 (SRT275)	0.0008927	550.2	3,851	Y축벽가새부재
ㅁ-100x50x2.3 (SRT275)	0.0006552	926.4	4,759	상부가새부재
ㅁ-100x50x2.3 (SRT275)	0.0006552	1473.6	7,570	기둥부재
ㅁ-150x100x4.5 (SM355)	0.002117	261.6	4,342	하부X축방향 보부재
ㄷ-150x100x4.5 (SS275)	0.0015345	245.6	2,955	하부Y축방향 보부재
ㅁ-100x50x2.3 (SRT275)	0.0006552	1842.2	9,463	상하부 보부재, 기둥부재
총 합			**172,634**	

1. 내화 페인트 물량 계산식

1) 내화 페인트 비중 : 1.30 kg/L
2) 피복면적 : 1,514 m^2
3) 면적당 페인트량 : 4.49 L/m^2
4) 도포물량 : 4.49 L/m^2 × 1.30 kg/L × 1,514 m^2 = 8,837 kg

√ 철근콘크리트 물량

구 분	B (m)	H (m)	길 이 (m)	두 께 (m)	콘크리트 물량(m^3)	거푸집 물량(m^2)	수직 및 장변방향 철근개수	수평 및 단변방향 철근개수	철근 물량(kg)
기초	2.8	3		1.3	131	23	16	15	603
모듈러 슬래브	26.72	17.5		0.15	350	66	135	89	13,274
Core 슬래브	9.68	17.5		0.15	127	14.5	89	50	4,862
		15.5	55.6	0.45	387	1,723	187	105	4,891
Core 벽체		15.5	23.2	0.25	89.7	718	79	105	2,047
		15.5	8.4	0.2	25.9	260	29	105	744
총 합					**1,111**	**2,805**			**26,421**

1. 철근 개수 계산식 (F_y = 400MPa, D10 사용)

1) 슬래브 : 두께(m) × 1,000 mm(단위폭) × 0.002(최소철근비)
2) 벽체 : 두께(m) × 1,000 mm(단위폭) × 0.0012(수직철근)
: 두께(m) × 1,000 mm(단위폭) × 0.0020(수평철근)

2. 거푸집 물량 계산식

1) 슬래브 : B(m) × H(m) + thk(m) × (B+H)(m) × 2
2) 벽체 : B(m) × H(m) × 2

3. 동바리 물량 계산식

1) 계단실 연면적(m^2) : 837 m^2
2) 동바리 물량(kg) : 837 m^2 × 0.9(면적의 90%) × 1.072본/m^2 × 11.5 kg/본 = 9,287 kg

※ 해당 예제의 계단실 외의 슬래브는 공장생산으로 동바리를 사용하지 않는다.
※ 해당 예제의 동바리는 강관으로 규격은 V2, 중량은 11.5 kg/본으로 가정한다.

√ 설비 및 마감재 물량

1. 배관 물량 계산식

1) 강관(스테인레스) : 0.76 m^2/kg × 3148.6 m^2 = 2,392.9 kg
2) 관(PVC) : 0.19 m^2/kg × 3148.6 m^2 = 598.2 kg

※ 해당 예제의 경우, 배관 물량에 관한 데이터가 부재하여 본 예제집의 주거용 RC 건축물의 탄소배출량 산출 예제집의 배관 물량 데이터를 참조하여 '면적당 배관 물량(m^2/kg)'으로 산정하였으나, 실제 프로젝트에서는 구조물의 배관 물량 계산 시 실제 사용된 데이터를 근거로 산정해야 한다.

2. 유리(외장재)

1) 유리 두께 : 0.005 m
2) 유리 비중 : 2,450 kg/m^3
3) 면적당 유리 사용 : 0.12 m^2/m^2
4) 건물 연면적 : 3148.6 m^2
2) 유리 물량 : 0.005 m × 2,450 kg/m^3 × 0.12 m^2/m^2 × 3148.6 m^2= 4,628 kg

※ 해당 예제의 경우, 외장재에 사용된 유리 물량에 관한 데이터가 부재하여 유사 프로젝트를 참조하여 '면적당 유리 물량(m^2/m^2)을 0.12 m^2/m^2로 가정하여 산정하였으나, 실제 프로젝트에서는 외장재 계산시 정확히 사용된 데이터를 근거로 산정해야 한다.

5.11 프로그램을 이용한 탄소배출량 계산 결과

Description	Component Lifespan [years]	Temporary Works	% of Temp Works Wasted	Volume [m³] or Mass [kg]?	Material Quantity [m³, kg]	Reinforcement [kg/m³]	Element Embodied Carbon [tCO_2e]	A1-A3	A4	A5w	B4	C2-C4	D
강재(각관)	60	No		Mass [kg]	172,634		444.7	431.6	5.5	4.4		3.1	-264.1
콘크리트(C32)	60	No		Mass [kg]	2,555,300	Mass Concrete (0)	605.2	447.2	81.8	30.3		46.0	-3.1
강재(철근)	60	No		Mass [kg]	26,421		55.9	51.8	0.8	2.8		0.5	-21.6
내화피복	60	No		Mass [kg]	8,837		7.6	6.4	0.3	0.8		0.2	
거푸집(가설공사)	60	No		Mass [kg]	112,200		24.1	15.3	3.6	5.2			
동바리(강관)	60	No		Mass [kg]	9,287		1.5	1.2	0.3	0.1			
유리(외장재)	50	No		Mass [kg]	4,628		14.5	6.7	0.1	0.4	7.3	0.1	

CO_2e
Substructure & Superstructure

A1 – A5:	1,121 tCO_2 e	356 $kgCO_2$ e/m²
Biogenic Carbon:	0 tCO_2 e	0 $kgCO_2$ e/m²
A-C:	1,189 tCO_2 e	378 $kgCO_2$ e/m²
Module D:	-289 tCO_2 e	-92 $kgCO_2$ e/m²

	A5a	C1
Global Values [tCO_2e]	24.9	10.7

	A	B	C	D	Biogenic Carbon
Total [tCO_2e]	1121	7	61	-289	0

맺음말

본 예제집에서는 각각의 건물에 대해 탄소 배출량을 평가하는 과정에서 많은 부분을 가정하고 산정하는 자재의 종류 등을 간략화하는 등 실제 건물의 구성을 완벽하게 반영했다고 할 수 없다.

이는 특정 건물(구조형식)에 대해 너무 상세한 분석을 하게 되면 탄소 배출량 평가를 수행하는 기술자들이 과정을 쉽게 이해할 수 있도록 도움을 주고자 하는 본 예제집의 취지에 맞지 않을 뿐만 아니라, 예제와 비슷한 규모나 구조시스템을 가지는 건물에 대해 선입견을 가지게 될 것을 우려했기 때문이다.

탄소중립 이슈는 앞으로 더욱 중요하게 다루어질 국제적인 의제이고 국내에서도 탄소 배출 저감을 위한 노력은 지속될 것으로 보인다. 대한건축학회 탄소중립위원회는 앞으로도 많은 건설 기술인 여러분들의 적극적인 의견을 수렴하여 「탄소중립 설계 지침서」 및 「탄소중립 설계 예제집」을 보완하고 수정해 나갈 예정이다.

해설

[해설 1] 재료부분의 탄소배출량 산정 (A1-A3단계)

• 산정방법1

자재 사용물량에 자재의 탄소배출계수를 곱하여 탄소배출량(kgCO_2e)을 산정한다.

* 탄소배출계수와 사용물량의 단위간 차이가 있을 시 단위환산을 한다.

1) 사용물량(kg) X 자재의 탄소배출계수(kgCO_2e/kg)
2) 사용물량(m^3) X 자재의 탄소배출계수(kgCO_2e/m^3)
3) 사용물량(m^3) X 단위변환(2,300 kg/m^3) X 자재의 탄소배출계수(kgCO_2e/kg)

• 콘크리트 탄소배출계수

부록 표2: 건설자재의 탄소배출계수ECF_{A13}(KgCO_2e/Kg)(ISE Database 국제 탄소배출계수)

자재	종류	세부사항	탄소배출계수 (ECF_{A13})	Typical lower bound	Typical upper bound
Concrete	In situ concrete (unreinforced)[a]	UK C16/20	0.087 25% GGBS[b]	0.050 (70% GGBS)	0.113 (0% SCM[b])
		UK C20/25	0.093 25% GGBS[b]	0.053 (70% GGBS)	0.113 (0% SCM[b])
		UK C25/30	0.100 25% GGBS[b]	0.053 (70% GGBS)	0.113 (0% SCM[b])
		UK C32/40	0.120 25% GGBS[b]	0.053 (70% GGBS)	0.113 (0% SCM[b])
		UK C40/50	0.138 25% GGBS[b]	0.053 (70% GGBS)	0.113 (0% SCM[b])
		Global Average (excludes China) C32/40c	0.175[d] (mean)	0.139[d] (20th percentile)	0.210d (80th percentile)
	Mortar/screed	1:4 cement:sand mix[e] wit	0.149	-	-
		h average UK cement mix[f]			
	Precast concretea	UK C40/50, unreinforced[g]	0.178 (Average UK cement mix)	0.090 (70% GGBS)	0.191 (0% SCM)
		UK 150mm reinforced hollow core slabs: British Precast Flooring Federation average	50.2kgCO_2e/m^2	-	-

- **강재 탄소배출계수**

부록 표2: 건설자재의 탄소배출계수ECF$_{A13}$(KgCO_2e/Kg)(ISE Database 국제 탄소배출계수)

자재	종류	세부사항	탄소배출계수 (ECF$_{A13}$)	Typical lower bound	Typical upper bound
Steel	Reinforcement bars	UK CARES sector average (EAF production)	0.760	-	-
		Global	1.960	0.395 (EAF production)	0.970 (BOF production)
	PT strand	Assume the same as reinforcement bars		-	-
	Structural sections and plate	UK Rolled open sections	1.740 (consumption average)	0.567 (EAF production)	2.450 (BOF production)
		Global Rolled open sections	1.580	-	-
		UK & Global Closed sections	2.500	-	-
		UK & Global Plate	2.450	-	-
	Galvanised profiled sheet	UK TATA ComFlor®	2.830 (average of three EPDs)	2.810 (ComFlor® 51+ 0.9mm)	2.850 (ComFlor® 60 1mm)
		Global Hot dip galvanised steel	2.670	-	-

[해설 2] 시공 프로세스 관련 (A4-A5단계)

- 현장 설계명세서(설계 물량, 장비 에너지 사용, 인부 투입)
- 공장 및 현장 제공 데이터(자재 수송거리 및 차량, 공장 에너지 사용, 현장 주요 장비 사용, 인부 이동거리, 현장 폐기물 발생, 외부 철제계단물량)
- 공장 및 현장사무소 방문 인터뷰(현장에 대한 전반적 이해)

[해설 3] 운송단계 탄소배출량 산정(A4)

- **산정방법1**

운송장비의 연료 사용량 또는 사용가능한 EPD 값이 있을 시

1. 사용되는 연료에 따른 탄소배출계수를 이용하여 탄소배출량(kgCO_2e)을 산정한다.
   - 운송장비의 연료사용량(L) X 연료의 탄소배출계수(kgCO_2e/L)
2. EPD 인증을 받은 탄소배출계수를 사용하여 탄소배출량(kgCO_2e)을 산정한다.
   - 운반장비의 이동거리(km) X 장비의 탄소배출계수(kgCO_2e/km)

- **산정방법2**

운송거리 및 운송장비의 탄소배출계수 값이 없을 시

운송 시나리오에 따른 탄소배출계수를 사용해 탄소배출량(kgCO_2e)을 산정한다.

1) 현지에서 제조되었을 시: 0.005 kgCO_2e/kg (운송거리 50 km 기준)
2) 국내에서 제조되었을 시: 0.032 kgCO_2e/kg (운송거리 300 km 기준)
3) 해외에서 제조되었을 시: 0.183 kgCO_2e/kg (육상 200 km, 해상 10000 km 기준)

단, 적재량이 최대일 시 지침의 부록 표4, 표5를 참고하여 탄소배출계수를 계산하여 탄소배출량(kgCO_2e)을 산정한다.

[해설 4] 현장 활동에 따른 탄소배출량 산정(A5a)

- **산정방법1**

에너지 사용량과 인부 이동에 관한 데이터가 있을 시

1. 사용된 에너지 종류에 따른 탄소배출계수를 이용하여 탄소배출량(kgCO_2e)을 산정한다.
   1) 장비의 전력사용량(kWh) X 전력 탄소배출계수(kgCO_2e/kWh)
   2) 장비의 연료사용량(L) X 연료의 탄소배출계수(kgCO_2e/L)
2. 인부 이동수단에 따른 탄소배출계수를 이용하여 탄소배출량을 산정한다.
   1) 인부의 이동거리(km) X 이동수단의 탄소배출계수(kgCO_2e/km)

- **산정방법2**

에너지 사용량과 인부 이동에 관한 데이터가 없을 시

1. 현장 고유 데이터가 없을 경우, 공사비에 기초하여 지침의 추정값을 사용하여 탄소배출량 (kgCO_2e)을 산정한다.
   1) 전체 건물 고려: 공사비 1억 5천만 원당 1,400 kgCO_2e
   2) 지상 및 지하구조물만 고려: 공사비 1억 5천만 원당 700 kgCO_2e
   3) 외부에서 제조하는 공법을 사용한 프로젝트: 공사비 1억 5천만 원당 500 kgCO_2e

예) 건물 전체 공사비가 150억에 탄소배출량을 산정할 현장 고유 데이터가 부재 시
1,400 kgCO2e ÷ 1억 5천만 원 × 150억 원 = 140,000 kgCO_2e = 140 tCO_2e

[해설 5] 해체과정(C1)

- **산정방법1**

시공사에서 신뢰성있는 정보가 제공되지 않을 경우

평가 대상 건축물의 총 내부면적을 계산하고 지침 식 3.6에서 제시되는 값을 사용하여 탄소배출량(kgCO_2e)을 산정한다.

1) 총 내부면적(m^2) X 3.4 kgCO_2e/m^2

[해설 6] 폐기물 처리시설 및 매립지까지의 운송(C2)

- **산정방법1**

폐기물 운송 거리 또는 운송 시 사용된 연료량 데이터가 있을 시

1. 사용되는 연료에 따른 탄소배출계수를 이용하여 탄소배출량(kgCO_2e)을 산정한다.
   1) 운송장비의 연료사용량(L) X 연료의 탄소배출계수(kgCO_2e/L)
2. EPD 인증을 받은 탄소배출계수를 사용하여 탄소배출량(kgCO_2e)을 산정한다.
   1) 운반장비의 이동거리(km) X 장비의 탄소배출계수(kgCO_2e/km)

- **산정방법2**

기본 탄소배출계수 사용 시

1. 폐기단계 시나리오에 따른 탄소배출계수를 사용해 탄소배출량(kgCO_2e)을 산정한다.
   1) 현장 재사용/재활용 시: 0 kgCO_2e/kg (도로 0 km 기준)
   2) 다른 곳에서 재사용/재활용 시: 0.005 kgCO_2e/kg (도로 50 km 기준)
   3) 매립/소각 시: 0.005 (도로 50 km 기준)

[해설 7] 폐기물 재생 및 처리(C3-C4)

- **산정방법1**

사용가능한 EPD 값이 있을 시

1. EPD 인증을 받은 탄소배출계수를 사용하여 탄소배출량(kgCO_2e)을 산정한다.
   1) 자재 물량(kg) X EPD 탄소배출계수(kgCO_2e/kg)

- **산정방법2**

사용가능한 EPD 값이 없을 시

1. 지침의 식 3.7에 제시된 탄소배출계수를 사용하여 탄소배출량(kgCO_2e)을 산정한다.
   1) 자재 물량(kg) X 0.013 kgCO_2e/kg

부록 표 9: 폐기물 처리 방법에 따른 탄소배출계수

폐기	명칭	탄소 배출량(kgCO_2e/kg)
매립	폐목 매립	0.0607
	폐지 매립	0.896
	혼합폐플라스틱 매립	0.0798
	폐유리 매립	0.007
	폐콘크리트 매립	0.007
	유해폐기물 매립	0.0887
	폐금속 매립	0.007
	비활성물질 위생매립	0.0123
	생활폐기물 위생매립	0.0399
소각	폐목 소각	0.0117
	폐지 소각	0.02.41
	혼합폐플라스틱 소각	2.35
	폐고무 소각	3.14
	폐유리 소각	0.0242
	폐금속 소각	0.0170
	일반폐기물 소각	0.123
	지정폐기물 소각	0.343
재활용	폐목 재활용	0.0139
	폐골판지 재활용	0.121
	폐지 재활용	0.121
	혼합폐플라스틱 재활용	0.0186
	폐유리 재활용	0.00976
	폐콘크리트 재활용	0.0138
	폐철금속 재활용	0.00379
	폐비철금속 재활용	0.0178
	폐유 재활용	0.0150
기타	폐수 처리	0.00128

[해설 8] 재활용 관련 (D단계)

- **고철의 재활용으로 인한 탄소배출량 저감원리**

강재를 생산하는 재료에서 철광석은 녹여서 쇳물로 만드는 제선공정, 쇳물에서 불순물을 제거해 강철로 만드는 제강공정을 필수로 거치게 된다. 하지만 고철은 압연용과 용해용으로 구분하여 재활용 할 수 있는데, 압연용은 제선, 제강공정을 거치지 않고, 용해용은 제선공정을 거치지 않기 때문에 철광석만 사용하는 경우보다 고철을 재활용하는 경우가 탄소배출량이 더 적게 나온다.

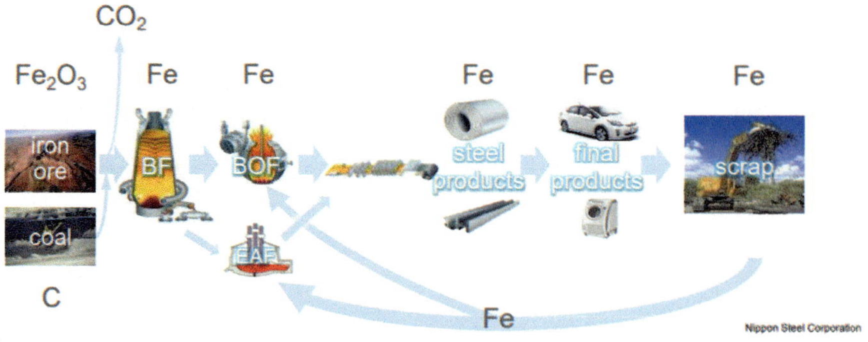

출처: https://www.jisf.or.jp/en/activity/lca/reference/documents/ToshioISOHARA_CREMEwebinar.pdf

- 재활용/재사용 탄소배출계수

부록 표 10: 폐기단계 시나리오별 모듈D 탄소배출계수(kgCO_2e/kg)(ISE Database 국제 탄소배출계수)

자재	종류	탄소배출계수 (ECF_D)	폐기단계 시나리오 가정
콘크리트	In situ and precast	-0.00123	90% 골재 재활용
강재	Reinforcement bars	-0.819	85% 재활용
	PT strands	-0.819	85% 재활용
	Open rolled sections	-0.283	85% 재활용
	Closed sections	-1.53	92% 재활용 7% 재사용
	Plate	-1.28	85% 재활용
	Hot dip galvanised steel	-1.26	85% 재활용
조적	ECF_{A13} 데이터에 해당하는 모듈 D 데이터는 쉽게 이용 불가능.		
석재	ECF_{A13} 데이터에 해당하는 모듈 D 데이터는 쉽게 이용 불가능.		
목재[a]	Softwood (100% FSC/PEFC)	-0.524	55% 재활용 44% 소각 1% 매립
알루미늄	Sheet	-8.69	85% 재활용
	Extruded	-8.69	85% 재활용
유리	ECF_{A13} 데이터에 해당하는 모듈 D 데이터는 쉽게 이용 불가능.		
석고보드	ECF_{A13} 데이터에 해당하는 모듈 D 데이터는 쉽게 이용 불가능.		

[a] *목재의 경우 모듈 D에 사용되는 폐기단계 시나리오는 모듈 C3-C4에 가정되는 시나리오와 일치해야 한다.*

[해설 9] 설비 관련

- **기본수준 산정방법1**

1. 제품의 특정 물성치에 대한 탄소 배출량 계산

Steps:
1-1.

Total weight of product (kg) × Proportion of material = Weight of the copper (kg)

1000 × 0.95 = 950

Steps:
1-2.

Weight of copper in product (kg) × Embodied carbon coefficient for copper ($kgCO_2e/kg$) = A1 : embodied carbon for cooper ($kgCO_2e$)

950 × 3.81 = 3,619.5 $kgCO_2e$

2. 제품의 전체 물성치에 대한 탄소배출량 계산(전체 95% 이외 물질 파악 힘들 시 강철로 가정)

Steps:
1-3.

Embodied carbon for cooper + Embodied carbon for remaining 5% of materials = Total A1 embodied carbon ($kgCO_2e/kg$)

3,619.5 + 148.5 (steel: 2.97) = 3,768 $kgCO_2e$

3. 업체에서 제공한 보수단계 정보 가산(없을 시, 10% 값으로 가정하여 가산)

Steps: 2.

A1 for the materials of the product ($kgCO_2e$) + A1 for the materials of any components that are replaced ($kgCO_2e$) = Total A1: Embodied carbon of the materials in the original product and any components that are replaced ($kgCO_2e$)

3768$kgCO_2e$ + 376.8$kgCO_2e$ = 4144.8 $kgCO_2e$

- **기본수준 산정방법1**

4. 제품의 복잡성에 따른 보정계수 계산

Steps: 3.

Total A1: Embodied carbon of the materials in the original product and any components that are replaced ($kg\,CO_2e$)	×	Scaling-up factor	=	Embodied carbon ($kg\,CO_2e$) excluding refrigerant leakage
4145kgCO₂e	×	1.3	=	5388.2 kgCO₂e

5. 3의 결과에 보수적인 값 산출을 위한 'Buffer Factor' 1.3 계산
(냉매 사용제품의 경우 냄매 계산식 가산, 없다면 계산 결과를 최종 탄소 배출량으로 사용)

Steps: 4&5.

Embodied carbon ($kg\,CO_2e$) excluding refrigerant leakage	×	Conservative buffer factor (1.3)	=	Final embodied carbon ($kg\,CO_2e$) with scale-up and buffer factors, excluding refrigerant leakage
$5388.2kgCO_2e$	×	1.3	=	$7004.7\ kgCO_2e$

부록: 탄소배출계수 데이터베이스

탄소 데이터는 다양한 출처에서 얻을 수 있다. 부록 표 1은 EU 수준 프로젝트의 간행물을 기반으로 한 출처 목록을 제공한다. 건축 전문가는 본 지침에 제공된 데이터와 다루지 않은 모듈 A1-A3 탄소배출계수에 대해 각 국가의 데이터베이스를 사용하는 것이 좋다.

부록 표 1: 전생애주기 평가 자료/제품 탄소배출계수 데이터베이스

지역	데이터베이스	참고	링크
유럽			
영국	ICE database	모듈 A1-A3을 포괄하는 광범위한 재료 데이터베이스	https://carbon.tips/ice3
영국	BRE Verified BS EN 15804 EPD	다양한 모듈이 포함된 특정 제품의 EPD	https://carbon.tips/breEPD
영국	BRE IMPACT	SimaPro에서 모델링된 350개의 BS EN 15804 호환 데이터 세트	https://carbon.tips/umx
유럽	European Aluminium EPD Programme	다양한 모듈이 있는 특정 알루미늄 제품의 EPD	https://carbon.tips/lca8
프랑스	Environmental and health reference data for building construction products	다양한 건축 제품에 대한 EPD (프랑스어)	https://carbon.tips/lca33
독일	Oekobaudat	다양한 건축 제품을 위한 EPD	https://carbon.tips/lca15
독일	IBU	특정 제품에 대한 EPD(독일어). 등록 필요	https://carbon.tips/lca17
이탈리아	EPD Italy	특정 제품에 대한 EPD	https://carbon.tips/lca19
노르웨이	EPD Norge	특정 제품에 대한 EPD	https://carbon.tips/lca18
스페인	DAP construcción	특정 제품에 대한 EPD	https://carbon.tips/lca21
스웨덴	International EPD	특정 제품에 대한 EPD	https://carbon.tips/lca22
스위스	Ecoinvent	유료 데이터베이스	https://carbon.tips/lca23

지역	데이터베이스	참고	링크
북미			
캐나다	CSZ EPD	특정 제품에 대한 EPD, 일부는 즉시 다운로드할 수 없음	https://carbon.tips/lca2
캐나다	CRMD	등록이 필요함. 적은 수의 탄소 배출량 데이터	https://carbon.tips/lca3
미국	ASTM EPD	특정 제품에 대한 EPD	https://carbon.tips/lca4
미국	EC3	특정 제품에 대한 EPD	https://carbon.tips/lca4hv
아시아			
터키	EPD Turkey	특정 제품에 대한 EPD	https://carbon.tips/lca27
오세아니아			
호주, 뉴질랜드	Autralasian EPD	특정 제품에 대한 EPD	https://carbon.tips/lca29
뉴질랜드	Branz CO_2NSTRUCT	일반 데이터베이스와 함께 특정 EPD의 데이터를 사용하는 계산 시트	https://carbon.tips/lca34
남아프리카			
라틴 아메리카	EPD Latin America	특정 제품에 대한 EPD	https://carbon.tips/lca31

부록 표 2: 건설자재의 탄소배출계수ECF_{A13}(KgCO_2e/Kg)(ISE Database 국제 탄소배출계수)

자재	종류	세부사항	탄소배출계수 (ECF_{A13})	Typical lower bound	Typical upper bound
Concrete	In situ concrete (unreinforced)[a]	UK C16/20	0.087 25% GGBS[b]	0.050 (70% GGBS)	0.113 (0% SCM[b])
		UK C20/25	0.093 25% GGBS[b]	0.053 (70% GGBS)	0.113 (0% SCM[b])
		UK C25/30	0.100 25% GGBS[b]	0.053 (70% GGBS)	0.113 (0% SCM[b])
		UK C32/40	0.120 25% GGBS[b]	0.053 (70% GGBS)	0.113 (0% SCM[b])
		UK C40/50	0.138 25% GGBS[b]	0.053 (70% GGBS)	0.113 (0% SCM[b])
		Global Average (excludes China) C32/40[c]	0.175[d] (mean)	0.139[d] (20th percentile)	0.210[d] (80th percentile)

자재	종류	세부사항	탄소배출계수 (ECF_{A13})	Typical lower bound	Typical upper bound
Steel	Mortar/screed	1:4 cement:sand mix[e] with average UK cement mix[f]	0.149	-	-
	Precast concretea	UK C40/50, unreinforced[g]	0.178 (Average UK cement mix)	0.090 (70% GGBS)	0.191 (0% SCM)
		UK 150 mm reinforced hollow core slabs: British Precast Flooring Federation average	50.2 $kgCO_2e/m^2$	-	-
	Reinforcement bars	UK CARES sector average (EAF production)	0.760	-	-
		Global	1.960	0.395 (EAF production)	0.970 (BOF production)
	PT strand	Assume the same as reinforcement bars		-	-
	Structural sections and plate	UK Rolled open sections	1.740 (consumption average)	0.567 (EAF production)	2.450 (BOF production)
		Global Rolled open sections	1.580	-	-
		UK & Global Closed sections	2.500	-	-
		UK & Global Plate	2.450	-	-
	Galvanised profiled sheet	UK TATA ComFlor®	2.830 (average of 3 EPDs)	2.810 (ComFlor® 51+0.9 mm)	2.850 (ComFlor® 60 1 mm)
		Global Hot dip galvanised steel	2.670	-	-

자재	종류	세부사항	탄소배출계수 (ECF_{A13})	Typical lower bound	Typical upper bound
Block work	Precast concrete blocks	UK Lightweight AAC blocks for building envelope (600 kg/m^3)	0.280	-	-
		UK Dense blocks for other uses	0.093	-	-
Brick	Single engineering brick	UK BDA generic brick	0.213	-	-
	Brick wall	UK Single skin wall with mortar 1:4 CEM I cement:sand mix	38.0 $kgCO_2e/m^2$	-	-
		UK Double skin wall with mortar 1:4 CEM I cement:sand mix	81.9 $kgCO_2e/m^2$	-	-
Stone	Granite	Generic[h]	0.093	-	-
	Limestone	Generic	0.090	-	-
	Sandstone	Generic	0.060	-	-
	Granular fill	UK Aggregates and sand from a mixture of land-won, marine, secondary and recycled, bulk,loose	0.008	-	-
		Global Aggregates and sand from virgin land-won resources, bulk, loose	0.004	-	-

자재	종류	세부사항	탄소배출계수 (ECF_{A13})	Typical lower bound	Typical upper bound
Timber	Studwork/ framing/flooring	Global Softwood, 100% FSC/PEFC	0.263	-	
	Manufactured structural timber	UK and Europe CLT, 100% FSC/PEFC	0.250 (European production average, 465 kg/m^3)	-	
		Global CLT, 100% FSC/PEFC	0.437	-	
		UK and Europe Glulam, 100% FSC/PEFC	0.280 (European production average, 470 kg/m^3)	-	
		Global Glulam, 100% FSC/PEFC	0.512	-	-
		Global LVL, 100% FSC/PEFC	0.390	-	-
	Sheet	Global Formwork plywood, 100% FSC/PEFC	0.681	-	-
		Global OSB, 100% FSC/PEFC	0.455	-	-
Aluminium	Sheet	European consumption 31% recycled content	6.58	-	-
		Worldwide consumption 31% recycled content	13.0	-	-
	Extruded profiles	European consumption 31% recycled content	6.83	-	-
		Worldwide consumption 31% recycled content	13.2	-	-
Glass	General	General	1.440	-	-
	Toughened	General	1.670	-	-
Plasterboard	Partitioning/ ceilings	Min. 60% recycled content	0.390	-	-
Intumescent coatings	Paint coating[j] for steel	Amotherm Steel WB	2.399	-	-
	Paint coating[j] for concrete	Amotherm Concrete WB	2.366	-	-
Cementitous coatings	Cementitious spray	Isolatek International product average[k]	0.725	-	-

부록 탄소배출계수 데이터베이스

Notes:

a The ICE database has a wide range of concrete mixes, including PFA (pulverised fuel ash) and GGBS (ground granulated blast furnace slag) cements.

b Supplementary cementitious materials (SCMs) are often used to replace Portland Cement, such as GGBS. 25% GGBS is the default assumption for UK concrete. In 2021 the average SCM in UK concretes was 25.8% and GGBS is the predominant SCM used in the UK due to diminishing use of PFA resulting from the phasing out of coal fired power.

c Concretes considered cover a 10% strength range. Data point valid on 1 March 2022. Data point will change as more data is added in line with the Embodied Carbon in Construction Calculator (EC3) tool20,44.

d Figures taken from 9,754 EFDs, primarily from the USA, and consistently being updated. Figures correct at 24 March 2022. Recommended default value has a relative standard deviation of 24.5%.

e The ICE database has many more cement:sand ratios to choose from.

f Taken from average UK sector cement EPD: 86.1% clinker, 0.04% GGBS, 3.4% fly ash, 4.8% gypsum, 5.1% limestone, 0.56% MACs, by weight.

g Includes energy for precasting and 30 miles travel for constituent materials.

h Data from life cycle analysis report from 2010 on UK quarrying activities33.

i Timber A1-A3 carbon factors presented do not include sequestered carbon. The ICE database also includes timber A1-A3 embodied carbon factors including sequestration.

j Vinyl versatate polymers in an aqueous dispersion.

k Average of four Isolatek International EPDs produced to ISO 2193045. Data is current at time of publication. Check sources to ensure accuracy at time of your calculation. Upper and lower bounds are presented where sufficient data is available to highlight range of ECF_{A13} for that product.

부록 표 3: 국내 건설자재 환경성적표지(EPD, Environmental product Declaration)(일람 : 2022. 09. 기준)

연번	기업명	제품군	인증제품명	총량	단위	제조전	제조	종료
1	(주)에스아이지	생산재	SIN-600	5.196	$kgCO_2e$/개	5.136	0.059	2022-09-01
2	(주)원광티에프에스	생산재	WKSC-636C	24.490	$kgCO_2e$/개	24.190	0.300	2022-09-01
3	제일산업	생산재	제일풀	0.187	$kgCO_2e$/kg	0.149	0.038	2022-09-01
4	주식회사 엘엑스하우시스	생산재	Z:IN Window Profile	1.525	$kgCO_2e$/kg	1.253	0.272	2022-09-26
5	삼성전자(주)	생산재	V5 Nand Flash 512Gb TLC	1.655	$kgCO_2e$/개	0.859	0.797	2022-09-26
6	삼성전자(주)	생산재	1TB eUFS 2.1	27.070	$kgCO_2e$/개	27.070	0.000	2022-09-26
7	(주)씨에프에스인터내셔널	생산재	CS FLOOR[600x600x30T, SP형]	7.975	$kgCO_2e$/개	7.082	0.893	2022-09-26
8	(주)씨에프에스인터내셔널	생산재	CF FLOOR[500x500x25T, SP형]	4.939	$kgCO_2e$/개	4.159	0.780	2022-09-26
9	한국신에츠실리콘(주)	생산재	SEALANT-72N	0.825	$kgCO_2e$/개	0.747	0.078	2022-09-26
10	한국신에츠실리콘(주)	생산재	SEALANT-90N	0.900	$kgCO_2e$/개	0.820	0.080	2022-09-26
11	한국신에츠실리콘(주)	생산재	SEALANT-556LS	0.995	$kgCO_2e$/개	0.922	0.073	2022-09-26
12	한국신에츠실리콘(주)	생산재	SEALANT-FC-295SG	473.529	$kgCO_2e$/개	438.426	35.102	2022-09-26
13	한국신에츠실리콘(주)	생산재	CAT-FC-295SG	61.397	$kgCO_2e$/개	58.568	2.829	2022-09-26
14	(주)하이사이클	생산재	커피자루원단	0.058	$kgCO_2e$/개	0.004	0.054	2022-09-26
15	현대제철(주)	생산재	형강(H형강)	0.540	$kgCO_2e$/kg	0.082	0.458	2022-09-26
16	현대제철(주)	생산재	철근	0.454	$kgCO_2e$/kg	0.061	0.392	2022-09-26
17	세화산업(주)	생산재	레디믹스트 콘크리트 [25-40-150]	267.321	$kgCO_2e/m^3$	266.428	0.893	2022-09-26
18	(주)윈하이텍	생산재	EXTRA DECK-1310 TYPE	50.110	$kgCO_2e/m^2$	48.951	1.159	2022-10-24
19	(주)윈하이텍	생산재	EXTRA DECK-1208 TYPE	41.978	$kgCO_2e/m^2$	40.916	1.062	2022-10-24
20	(주)윈하이텍	생산재	NOVA DECK-1208 TYPE	41.319	$kgCO_2e/m^2$	40.354	0.965	2022-10-24
21	주식회사 현대엘앤씨	생산재	현대L&C OA타일	5.451	$kgCO_2e/m^2$	3.902	1.548	2022-10-24
22	한일산업(주)	생산재	레디믹스트 콘크리트 [25-21-150]	239.645	$kgCO_2e/m^3$	237.296	2.349	2022-10-24
23	한일산업(주)	생산재	레디믹스트 콘크리트 [25-24-120]	217.988	$kgCO_2e/m^3$	216.086	1.902	2022-10-24
24	한일산업(주)	생산재	레디믹스트 콘크리트 [25-24-150]	248.766	$kgCO_2e/m^3$	246.594	2.172	2022-10-24
25	한일산업(주)	생산재	레디믹스트 콘크리트 [25-27-150]	289.168	$kgCO_2e/m^3$	287.233	1.936	2022-10-24

연번	기업명	제품군	인증제품명	총량	단위	제조전	제조	종료
26	쌍용레미콘(주)	생산재	레디믹스트 콘크리트 [25-24-120]	215.050	$kgCO_2e/m^3$	213.303	1.747	2022-10-24
27	한국동서발전(주)	생산재	당진화력 탈황석고	0.163	$kgCO_2e/kg$	0.014	0.149	2022-10-24
28	한국동서발전(주)	생산재	울산화력 탈황석고	0.079	$kgCO_2e/kg$	0.006	0.072	2022-10-24
29	아세아시멘트(주)	생산재	레디믹스트 콘크리트 [25-35-150]	318.595	$kgCO_2e/m^3$	317.167	1.428	2022-10-24
30	아세아시멘트(주)	생산재	레디믹스트 콘크리트 [25-30-150]	261.698	$kgCO_2e/m^3$	259.495	2.203	2022-10-24
31	아세아시멘트(주)	생산재	레디믹스트 콘크리트 [25-27-150]	277.887	$kgCO_2e/m^3$	276.444	1.443	2022-10-24
32	아세아시멘트(주)	생산재	레디믹스트 콘크리트 [25-24-150]	248.531	$kgCO_2e/m^3$	247.105	1.426	2022-10-24
33	아세아시멘트(주)	생산재	레디믹스트 콘크리트 [25-21-150]	244.015	$kgCO_2e/m^3$	241.605	2.409	2022-10-24
34	(주)포스코	생산재	전기아연도금강판(Zn 아연도금강판)	2.773	$kgCO_2e/kg$	0.409	2.364	2022-10-24
35	(주)포스코	생산재	산세강판(고장력강)	2.490	$kgCO_2e/kg$	0.395	2.095	2022-10-24
36	(주)포스코	생산재	용융아연도금강판(고장력강)	2.844	$kgCO_2e/kg$	0.588	2.256	2022-10-24
37	(주)포스코	생산재	합금화용융아연도금강판(고장력강)	2.920	$kgCO_2e/kg$	0.568	2.352	2022-10-24
38	(주)포스코	생산재	스테인레스(페라이트계)	3.204	$kgCO_2e/kg$	1.141	2.063	2022-10-24
39	현대제철(주)	생산재	형강(무늬 H형강)	0.540	$kgCO_2e/kg$	0.082	0.458	2022-09-26
40	현대제철(주)	생산재	형강(H형강 말뚝)	0.540	$kgCO_2e/kg$	0.082	0.458	2022-09-26
41	현대제철(주)	생산재	형강(경량 H형강)	0.540	$kgCO_2e/kg$	0.082	0.458	2022-09-26
42	현대제철(주)	생산재	형강(I형강)	0.540	$kgCO_2e/kg$	0.082	0.458	2022-09-26
43	현대제철(주)	생산재	형강(광산지보용 I형강)	0.540	$kgCO_2e/kg$	0.082	0.458	2022-09-26
44	현대제철(주)	생산재	형강(ㄷ형강)	0.540	$kgCO_2e/kg$	0.082	0.458	2022-09-26
45	현대제철(주)	생산재	형강(평형채널)	0.540	$kgCO_2e/kg$	0.082	0.458	2022-09-26
46	현대제철(주)	생산재	형강(강널말뚝)	0.540	$kgCO_2e/kg$	0.082	0.458	2022-09-26
47	현대제철(주)	생산재	형강(등변 ㄱ형강)	0.540	$kgCO_2e/kg$	0.082	0.458	2022-09-26
48	현대제철(주)	생산재	형강(부등변 ㄱ형강)	0.540	$kgCO_2e/kg$	0.082	0.458	2022-09-26
49	현대제철(주)	생산재	형강(부등변 부등후 ㄱ형강)	0.540	$kgCO_2e/kg$	0.082	0.458	2022-09-26
50	현대제철(주)	생산재	형강(철도레일)	0.540	$kgCO_2e/kg$	0.082	0.458	2022-09-26
51	현대제철(주)	생산재	형강(Trackshoe)	0.540	$kgCO_2e/kg$	0.082	0.458	2022-09-26
52	현대제철(주)	생산재	나사형 철근	0.454	$kgCO_2e/kg$	0.061	0.392	2022-09-26
53	(주)하우테크	생산재	HT 페놀폼보드[1㎥]	154.670	$kgCO_2e/m^3$	127.097	27.574	2022-11-27
54	크나우프석고보드(주)	생산재	일반석고보드[9.5mm]	1.152	$kgCO_2e/m^2$	0.233	0.919	2022-12-22

연번	기업명	제품군	인증제품명	총량	단위	제조전	제조	종료
55	크나우프석고보드(주)	생산재	시트락 일반석고보드 [9.5mm]	1.169	$kgCO_2e/m^2$	0.306	0.863	2022-12-22
56	(주)탑프라	생산재	탑씰 966 소시지형	1.090	$kgCO_2e$/개	1.045	0.045	2022-11-14
57	(주)탑프라	생산재	탑씰 1002 소시지형	1.151	$kgCO_2e$/개	1.106	0.046	2022-11-14
58	(주)포스코	생산재	열연강판(구조용)	2.100	$kgCO_2e/kg$	0.326	1.770	2022-11-27
59	(주)케이씨씨	생산재	KCC 석고텍스 PLUS	6.376	$kgCO_2e/box$	1.682	4.694	2023-02-23
60	(주)엘지화학	생산재	SAP(LG-SAP)	2.046	$kgCO_2e/kg$	1.781	0.265	2022-11-27
61	프라임에너텍(주)	생산재	저방사복합단열재(프라임셀)	88.900	$kgCO_2e/m^3$	83.300	5.660	2022-11-27
62	프라임에너텍(주)	생산재	저방사복합단열재(프라임셀 준불연)	97.200	$kgCO_2e/m^3$	92.110	5.075	2022-11-27
63	세원정공(주)	생산재	ABS시트	1.880	$kgCO_2e/kg$	1.408	0.472	2022-11-27
64	세원정공(주)	생산재	복층시트(PMMA+ABS)	3.726	$kgCO_2e/kg$	3.254	0.472	2022-11-27
65	건설기업(주)	생산재	레디믹스트 콘크리트 [25-21-120]	174.471	$kgCO_2e/m^3$	172.983	1.488	2022-11-27
66	건설기업(주)	생산재	레디믹스트 콘크리트 [25-21-150]	239.855	$kgCO_2e/m^3$	238.261	1.594	2022-11-27
67	건설기업(주)	생산재	레디믹스트 콘크리트 [25-24-150]	230.446	$kgCO_2e/m^3$	228.852	1.594	2022-11-27
68	건설기업(주)	생산재	레디믹스트 콘크리트 [25-27-150]	307.910	$kgCO_2e/m^3$	306.316	1.594	2022-11-27
69	건설기업(주)	생산재	레디믹스트 콘크리트 [25-30-150]	303.815	$kgCO_2e/m^3$	302.220	1.594	2022-11-27
70	(주)건설콘크리트	생산재	레디믹스트 콘크리트 [25-21-120]	218.966	$kgCO_2e/m^3$	217.147	1.819	2022-11-27
71	(주)건설콘크리트	생산재	레디믹스트 콘크리트 [25-21-150]	246.945	$kgCO_2e/m^3$	245.126	1.819	2022-11-27
72	(주)건설콘크리트	생산재	레디믹스트 콘크리트 [25-24-150]	273.499	$kgCO_2e/m^3$	271.680	1.819	2022-11-27
73	(주)건설콘크리트	생산재	레디믹스트 콘크리트 [25-27-150]	287.956	$kgCO_2e/m^3$	286.137	1.819	2022-11-27
74	(주)건설콘크리트	생산재	레디믹스트 콘크리트 [25-30-150]	281.746	$kgCO_2e/m^3$	279.927	1.819	2022-11-27
75	(주)현창기업 의왕공장	생산재	레디믹스트 콘크리트 [25-21-120]	214.262	$kgCO_2e/m^3$	211.202	3.060	2022-11-27
76	(주)현창기업 의왕공장	생산재	레디믹스트 콘크리트 [25-21-150]	259.317	$kgCO_2e/m^3$	256.257	3.060	2022-11-27
77	(주)현창기업 의왕공장	생산재	레디믹스트 콘크리트 [25-24-150]	261.237	$kgCO_2e/m^3$	258.177	3.060	2022-11-27
78	(주)현창기업 의왕공장	생산재	레디믹스트 콘크리트 [25-27-150]	279.982	$kgCO_2e/m^3$	276.922	3.060	2022-11-27
79	(주)현창기업 의왕공장	생산재	레디믹스트 콘크리트 [25-30-150]	303.724	$kgCO_2e/m^3$	300.664	3.060	2022-11-27
80	성진콘크리트공업(주)	생산재	레디믹스트 콘크리트 [25-24-150]	235.441	$kgCO_2e/m^3$	234.058	1.382	2022-11-27

연번	기업명	제품군	인증제품명	총량	단위	제조전	제조	종료
81	삼박엘에프티(주)	생산재	EPP	2.701	kgCO$_2$e/kg	1.789	0.912	2022-11-27
82	삼성전자(주)	생산재	12GB LPDDR4X	0.675	kgCO$_2$e/개	0.553	0.122	2022-11-27
83	(주)삼표산업	생산재	레디믹스트 콘크리트 [25-35-150]	288.095	kgCO$_2$e/m^3	286.565	1.530	2022-11-27
84	(주)에스피네이처	생산재	레디믹스트 콘크리트 [25-35-150]	311.805	kgCO$_2$e/m^3	309.098	2.707	2022-11-27
85	(주)청광	생산재	레디믹스트 콘크리트 [25-21-150]	205.751	kgCO$_2$e/m^3	203.677	2.074	2022-11-27
86	(주)청광	생산재	레디믹스트 콘크리트 [25-24-150]	236.830	kgCO$_2$e/m^3	234.756	2.074	2022-11-27
87	(주)청광	생산재	레디믹스트 콘크리트 [25-27-150]	250.151	kgCO$_2$e/m^3	248.077	2.074	2022-11-27
88	(주)건설레미콘	생산재	레디믹스트 콘크리트 [25-21-120]	210.112	kgCO$_2$e/m^3	208.170	1.942	2022-12-19
89	(주)건설레미콘	생산재	레디믹스트 콘크리트 [25-21-150]	304.858	kgCO$_2$e/m^3	302.916	1.942	2022-12-19
90	(주)건설레미콘	생산재	레디믹스트 콘크리트 [25-24-150]	299.478	kgCO$_2$e/m^3	297.537	1.942	2022-12-19
91	(주)건설레미콘	생산재	레디믹스트 콘크리트 [25-27-150]	328.274	kgCO$_2$e/m^3	326.332	1.942	2022-12-19
92	(주)건설레미콘	생산재	레디믹스트 콘크리트 [25-30-150]	327.419	kgCO$_2$e/m^3	325.477	1.942	2022-12-19
93	건설하이콘(주)	생산재	레디믹스트 콘크리트 [25-21-120]	247.304	kgCO$_2$e/m^3	245.391	1.912	2022-12-19
94	건설하이콘(주)	생산재	레디믹스트 콘크리트 [25-21-150]	246.982	kgCO$_2$e/m^3	245.359	1.623	2022-12-19
95	건설하이콘(주)	생산재	레디믹스트 콘크리트 [25-24-150]	261.010	kgCO$_2$e/m^3	259.428	1.581	2022-12-19
96	건설하이콘(주)	생산재	레디믹스트 콘크리트 [25-27-150]	312.251	kgCO$_2$e/m^3	310.653	1.598	2022-12-19
97	건설하이콘(주)	생산재	레디믹스트 콘크리트 [25-30-150]	307.513	kgCO$_2$e/m^3	305.973	1.540	2022-12-19
98	주식회사 현대엘앤씨	생산재	소리지움 4.5	8.325	kgCO$_2$e/m^3	7.150	1.175	2022-12-19
99	주식회사 현대엘앤씨	생산재	현대L&C 창호 프로파일	1.409	kgCO$_2$e/kg	1.241	0.169	2022-12-19
100	(주)삼일레미콘	생산재	레디믹스트 콘크리트 [25-30-150]	285.269	kgCO$_2$e/m^3	283.921	1.348	2022-12-19
101	(주)디아이디	생산재	Preview	0.670	kgCO$_2$e/m^2	0.488	0.182	2022-12-19
102	성신레미컨(주)	생산재	레디믹스트 콘크리트 [25-50-600]	370.599	kgCO$_2$e/m^3	367.731	2.868	2022-12-19
103	한국남동발전(주)	생산재	영흥발전본부 정제회	0.211	kgCO$_2$e/kg	0.003	0.207	2022-11-27
104	한국남동발전(주)	생산재	영흥발전본부 탈황석고	0.197	kgCO$_2$e/kg	0.003	0.194	2022-11-27
105	(주)세양	생산재	Premium 슈퍼 500 OA[500x500x25T, SP형]	7.400	kgCO$_2$e/개	7.130	0.267	2022-12-19
106	(주)신일씨엠	생산재	레디믹스트 콘크리트 [25-24-150]	261.784	kgCO$_2$e/m^3	260.736	1.049	2022-12-19

연번	기업명	제품군	인증제품명	총량	단위	제조전	제조	종료
107	(주)신일씨엠	생산재	레디믹스트 콘크리트 [25-27-150]	295.010	$kgCO_2e/m^3$	293.959	1.051	2022-12-19
108	(주)신일씨엠	생산재	레디믹스트 콘크리트 [25-30-150]	328.708	$kgCO_2e/m^3$	327.645	1.063	2022-12-19
109	에스케이하이닉스(주)	생산재	DRAM 8Gb MODDR 4	0.507	$kgCO_2e$/개	0.070	0.437	2022-12-19
110	에스케이하이닉스(주)	생산재	DRAM 6Gb MODDR 4	0.405	$kgCO_2e$/개	0.047	0.358	2022-12-19
111	주식회사 케이씨씨글라스	생산재	숲 소리향	4.587	$kgCO_2e/m^2$	3.590	0.997	2023-02-02
112	유진기업(주)	생산재	레디믹스트 콘크리트 [25-27-150]	168.654	$kgCO_2e/m^3$	167.389	1.265	2023-02-02
113	유진기업(주)	생산재	레디믹스트 콘크리트 [25-30-150]	182.299	$kgCO_2e/m^3$	181.000	1.299	2023-02-02
114	유진기업(주)	생산재	레디믹스트 콘크리트 [25-35-150]	167.489	$kgCO_2e/m^3$	166.177	1.311	2023-02-02
115	(주)부국레미콘	생산재	레디믹스트 콘크리트 [25-21-150]	241.712	$kgCO_2e/m^3$	240.730	0.982	2023-02-02
116	(주)부국레미콘	생산재	레디믹스트 콘크리트 [25-35-150]	304.935	$kgCO_2e/m^3$	303.953	0.982	2023-02-02
117	천마콘크리트공업(주)	생산재	레디믹스트 콘크리트 [25-21-150]	244.212	$kgCO_2e/m^3$	243.154	1.058	2023-02-02
118	천마콘크리트공업(주)	생산재	레디믹스트 콘크리트 [25-24-150]	264.332	$kgCO_2e/m^3$	263.303	1.029	2023-02-02
119	천마콘크리트공업(주)	생산재	레디믹스트 콘크리트 [25-27-150]	283.695	$kgCO_2e/m^3$	282.697	0.999	2023-02-02
120	천마콘크리트공업(주)	생산재	레디믹스트 콘크리트 [25-30-150]	317.198	$kgCO_2e/m^3$	316.107	1.091	2023-02-02
121	동진산업(주)	생산재	레디믹스트 콘크리트 [25-21-150]	228.267	$kgCO_2e/m^3$	226.568	1.699	2023-02-02
122	동진산업(주)	생산재	레디믹스트 콘크리트 [25-24-150]	256.780	$kgCO_2e/m^3$	255.080	1.699	2023-02-02
123	동진산업(주)	생산재	레디믹스트 콘크리트 [25-27-150]	271.683	$kgCO_2e/m^3$	269.984	1.699	2023-02-02
124	동진산업(주)	생산재	레디믹스트 콘크리트 [25-30-150]	289.836	$kgCO_2e/m^3$	288.137	1.699	2023-02-02
125	동진산업(주)	생산재	레디믹스트 콘크리트 [25-35-150]	311.108	$kgCO_2e/m^3$	309.408	1.699	2023-02-02
126	(주)정선	생산재	레디믹스트 콘크리트 [25-24-150]	259.549	$kgCO_2e/m^3$	257.905	1.644	2023-02-02
127	(주)정선	생산재	레디믹스트 콘크리트 [25-21-150]	265.316	$kgCO_2e/m^3$	263.672	1.644	2023-02-02
128	(주)정선	생산재	레디믹스트 콘크리트 [25-27-150]	294.216	$kgCO_2e/m^3$	292.571	1.644	2023-02-02
129	(주)정선	생산재	레디믹스트 콘크리트 [25-30-150]	314.405	$kgCO_2e/m^3$	312.761	1.644	2023-02-02
130	(주)정선	생산재	레디믹스트 콘크리트 [25-40-150]	422.151	$kgCO_2e/m^3$	420.506	1.644	2023-02-02

연번	기업명	제품군	인증제품명	총량	단위	제조전	제조	종료
131	(주)정선기업	생산재	레디믹스트 콘크리트 [25-24-150]	260.292	$kgCO_2e/m^3$	258.166	2.126	2023-02-02
132	(주)정선기업	생산재	레디믹스트 콘크리트 [25-21-150]	232.655	$kgCO_2e/m^3$	230.529	2.126	2023-02-02
133	(주)정선기업	생산재	레디믹스트 콘크리트 [25-27-150]	292.332	$kgCO_2e/m^3$	290.206	2.126	2023-02-02
134	(주)정선기업	생산재	레디믹스트 콘크리트 [25-30-150]	277.049	$kgCO_2e/m^3$	274.923	2.126	2023-02-02
135	(주)정선기업	생산재	레디믹스트 콘크리트 [25-35-150]	312.962	$kgCO_2e/m^3$	310.836	2.126	2023-02-02
136	(주)정선레미콘	생산재	레디믹스트 콘크리트 [25-24-150]	280.700	$kgCO_2e/m^3$	278.884	1.816	2023-02-02
137	(주)정선레미콘	생산재	레디믹스트 콘크리트 [25-21-150]	243.899	$kgCO_2e/m^3$	242.083	1.816	2023-02-02
138	(주)정선레미콘	생산재	레디믹스트 콘크리트 [25-27-150]	309.899	$kgCO_2e/m^3$	308.083	1.816	2023-02-02
139	(주)정선레미콘	생산재	레디믹스트 콘크리트 [25-30-150]	311.353	$kgCO_2e/m^3$	309.536	1.816	2023-02-02
140	(주)정선레미콘	생산재	레디믹스트 콘크리트 [25-40-150]	389.972	$kgCO_2e/m^3$	388.156	1.816	2023-02-02
141	(주)장원레미콘	생산재	레디믹스트 콘크리트 [25-24-150]	267.919	$kgCO_2e/m^3$	266.762	1.158	2023-02-02
142	(주)장원레미콘	생산재	레디믹스트 콘크리트 [25-21-150]	257.448	$kgCO_2e/m^3$	256.290	1.158	2023-02-02
143	(주)장원레미콘	생산재	레디믹스트 콘크리트 [25-27-150]	305.453	$kgCO_2e/m^3$	304.295	1.158	2023-02-02
144	(주)장원레미콘	생산재	레디믹스트 콘크리트 [25-30-150]	329.603	$kgCO_2e/m^3$	328.446	1.158	2023-02-02
145	(주)장원레미콘	생산재	레디믹스트 콘크리트 [25-40-150]	392.155	$kgCO_2e/m^3$	390.997	1.158	2023-02-02
146	(주)포스코	생산재	열연강판(Weather Resistance Steel)	2.100	$kgCO_2e/kg$	0.326	1.770	2022-11-27
147	(주)포스코	생산재	열연강판(Automotive Structural Uses)	2.100	$kgCO_2e/kg$	0.326	1.770	2022-11-27
148	(주)포스코	생산재	열연강판(Hot-Rolled steel for Gas Cylinders)	2.100	$kgCO_2e/kg$	0.326	1.770	2022-11-27
149	(주)포스코	생산재	열연강판(Carbon steel for Pipe and Tube)	2.100	$kgCO_2e/kg$	0.326	1.770	2022-11-27
150	(주)포스코	생산재	열연강판(High Carbon Steel)	2.100	$kgCO_2e/kg$	0.326	1.770	2022-11-27
151	(주)포스코	생산재	열연강판(Cold Rolled Steel)	2.100	$kgCO_2e/kg$	0.326	1.770	2022-11-27
152	(주)포스코	생산재	열연강판(Steel for Oil Well Pipes)	2.100	$kgCO_2e/kg$	0.326	1.770	2022-11-27
153	(주)포스코	생산재	열연강판(Steel for Pipeline)	2.100	$kgCO_2e/kg$	0.326	1.770	2022-11-27
154	(주)진영기업	생산재	레디믹스트 콘크리트 [25-21-150]	223.610	$kgCO_2e/m^3$	222.100	1.510	2023-03-15

연번	기업명	제품군	인증제품명	총량	단위	제조전	제조	종료
155	(주)진영기업	생산재	레디믹스트 콘크리트 [25-24-150]	236.668	$kgCO_2e/m^3$	235.159	1.508	2023-03-15
156	(주)진영기업	생산재	레디믹스트 콘크리트 [25-27-150]	267.089	$kgCO_2e/m^3$	265.583	1.506	2023-03-15
157	(주)진영기업	생산재	레디믹스트 콘크리트 [25-30-150]	279.064	$kgCO_2e/m^3$	277.559	1.505	2023-03-15
158	(주)진영기업	생산재	레디믹스트 콘크리트 [25-35-150]	315.907	$kgCO_2e/m^3$	314.402	1.505	2023-03-15
159	주식회사 현대엘앤씨	생산재	보금자리 2.0	2.681	$kgCO_2e/m^2$	2.166	0.515	2023-03-15
160	주식회사 현대엘앤씨	생산재	보금자리 2.3	3.241	$kgCO_2e/m^2$	2.655	0.586	2023-03-15
161	주식회사 현대엘앤씨	생산재	소리지움 6.0	9.623	$kgCO_2e/m^2$	8.117	1.506	2023-03-15
162	(주)서울벽지	생산재	플레인	0.495	$kgCO_2e/m^2$	0.450	0.045	2023-03-15
163	(주)만아	생산재	레디믹스트 콘크리트 [25-21-150]	227.037	$kgCO_2e/m^3$	223.694	3.342	2023-03-15
164	(주)만아	생산재	레디믹스트 콘크리트 [25-24-150]	280.993	$kgCO_2e/m^3$	277.651	3.342	2023-03-15
165	(주)만아	생산재	레디믹스트 콘크리트 [25-27-150]	290.356	$kgCO_2e/m^3$	287.014	3.342	2023-03-15
166	(주)만아	생산재	레디믹스트 콘크리트 [25-30-150]	307.056	$kgCO_2e/m^3$	303.714	3.342	2023-03-15
167	(주)만아	생산재	레디믹스트 콘크리트 [25-40-150]	485.373	$kgCO_2e/m^3$	482.031	3.342	2023-03-15
168	(주)장원레미콘 인천공장지점	생산재	레디믹스트 콘크리트 [25-24-150]	235.605	$kgCO_2e/m^3$	233.767	1.838	2023-03-15
169	(주)장원레미콘 인천공장지점	생산재	레디믹스트 콘크리트 [25-21-150]	216.248	$kgCO_2e/m^3$	214.410	1.838	2023-03-15
170	(주)장원레미콘 인천공장지점	생산재	레디믹스트 콘크리트 [25-27-150]	249.514	$kgCO_2e/m^3$	247.676	1.838	2023-03-15
171	(주)장원레미콘 인천공장지점	생산재	레디믹스트 콘크리트 [25-30-150]	241.759	$kgCO_2e/m^3$	239.921	1.838	2023-03-15
172	(주)장원레미콘 인천공장지점	생산재	레디믹스트 콘크리트 [25-35-150]	273.567	$kgCO_2e/m^3$	271.729	1.838	2023-03-15
173	(주)정선산업	생산재	레디믹스트 콘크리트 [25-24-150]	253.686	$kgCO_2e/m^3$	251.179	2.507	2023-03-15
174	(주)정선산업	생산재	레디믹스트 콘크리트 [25-21-150]	253.562	$kgCO_2e/m^3$	251.055	2.507	2023-03-15
175	(주)정선산업	생산재	레디믹스트 콘크리트 [25-27-150]	282.428	$kgCO_2e/m^3$	279.921	2.507	2023-03-15
176	(주)정선산업	생산재	레디믹스트 콘크리트 [25-30-150]	247.045	$kgCO_2e/m^3$	244.538	2.507	2023-03-15
177	(주)정선산업	생산재	레디믹스트 콘크리트 [25-35-150]	289.720	$kgCO_2e/m^3$	287.213	2.507	2023-03-15
178	(주)청암	생산재	레디믹스트 콘크리트 [25-24-150]	244.740	$kgCO_2e/m^3$	242.074	2.667	2023-03-15
179	(주)청암	생산재	레디믹스트 콘크리트 [25-27-150]	290.983	$kgCO_2e/m^3$	288.472	2.511	2023-03-15

연번	기업명	제품군	인증제품명	총량	단위	제조전	제조	종료
180	(주)청암	생산재	레디믹스트 콘크리트 [25-30-150]	298.309	$kgCO_2e/m^3$	295.518	2.791	2023-03-15
181	(주)청암	생산재	레디믹스트 콘크리트 [25-35-150]	293.178	$kgCO_2e/m^3$	290.593	2.586	2023-03-15
182	흥국산업(주)	생산재	레디믹스트 콘크리트 [25-21-150]	228.466	$kgCO_2e/m^3$	227.305	1.161	2023-03-15
183	흥국산업(주)	생산재	레디믹스트 콘크리트 [25-24-150]	250.623	$kgCO_2e/m^3$	249.463	1.161	2023-03-15
184	흥국산업(주)	생산재	레디믹스트 콘크리트 [25-27-150]	287.379	$kgCO_2e/m^3$	286.218	1.161	2023-03-15
185	성진콘크리트공업(주)	생산재	레디믹스트 콘크리트 [25-18-120]	178.669	$kgCO_2e/m^3$	177.376	1.294	2023-03-15
186	성진콘크리트공업(주)	생산재	레디믹스트 콘크리트 [25-27-150]	257.298	$kgCO_2e/m^3$	255.869	1.428	2023-03-15
187	성진콘크리트공업(주)	생산재	레디믹스트 콘크리트 [25-30-150]	259.246	$kgCO_2e/m^3$	259.245	0.001	2023-03-15
188	동화기업(주)	생산재	나투스 진[98mmx815mmx7.5mm]	11.194	$kgCO_2e/box$	7.341	3.853	2023-03-15
189	일진레미콘(주)	생산재	레디믹스트 콘크리트 [25-21-120]	226.988	$kgCO_2e/m^3$	225.979	1.009	2023-03-15
190	일진레미콘(주)	생산재	레디믹스트 콘크리트 [25-21-150]	244.014	$kgCO_2e/m^3$	243.005	1.009	2023-03-15
191	일진레미콘(주)	생산재	레디믹스트 콘크리트 [25-24-150]	306.955	$kgCO_2e/m^3$	305.947	1.009	2023-03-15
192	일진레미콘(주)	생산재	레디믹스트 콘크리트 [25-27-150]	317.783	$kgCO_2e/m^3$	316.774	1.009	2023-03-15
193	일진레미콘(주)	생산재	레디믹스트 콘크리트 [25-30-150]	306.312	$kgCO_2e/m^3$	305.304	1.009	2023-03-15
194	(주)청광	생산재	레디믹스트 콘크리트 [25-30-150]	308.849	$kgCO_2e/m^3$	306.776	2.074	2023-03-15
195	(주)청광	생산재	레디믹스트 콘크리트 [25-40-150]	449.710	$kgCO_2e/m^3$	447.636	2.074	2023-03-15
196	(주)피앤아이	생산재	메가론 준불연 단열재 (NMH U)	96.707	$kgCO_2e/m^3$	78.391	18.317	2023-03-15
197	(주)피앤아이	생산재	메가론 준불연 단열재 (NMH T)	99.142	$kgCO_2e/m^3$	83.675	15.468	2023-03-15
198	(주)반도유니콘	생산재	레디믹스트 콘크리트 [25-24-180]	228.555	$kgCO_2e/m^3$	227.282	1.273	2023-03-15
199	우림콘크리트공업(주)	생산재	레디믹스트 콘크리트 [25-24-150]	265.657	$kgCO_2e/m^3$	264.277	1.380	2023-03-15
200	우림콘크리트공업(주)	생산재	레디믹스트 콘크리트 [25-21-150]	269.265	$kgCO_2e/m^3$	267.885	1.380	2023-03-15
201	우림콘크리트공업(주)	생산재	레디믹스트 콘크리트 [25-27-150]	303.791	$kgCO_2e/m^3$	302.412	1.380	2023-03-15
202	우림콘크리트공업(주)	생산재	레디믹스트 콘크리트 [25-30-150]	324.734	$kgCO_2e/m^3$	323.354	1.380	2023-03-15

연번	기업명	제품군	인증제품명	총량	단위	제조전	제조	종료
203	성림건공(주)	생산재	STONCOAT[t=5mm]	7.023	$kgCO_2e/m^2$	6.893	0.130	2023-03-15
204	영종산업(주)	생산재	가열 아스팔트 콘크리트	26.737	$kgCO_2e/ton$	3.379	23.358	2023-03-29
205	영종산업(주)	생산재	저탄소폼드 중온형 아스팔트 콘크리트	20.906	$kgCO_2e/ton$	3.379	17.527	2023-03-29
206	한국다우케미칼실리콘(주)	생산재	DOWSIL 789 소시지[500mL]	1.195	$kgCO_2e$/개	1.075	0.120	2023-01-24
207	한국다우케미칼실리콘(주)	생산재	DOWSIL 789 카트리지[300mL]	0.815	$kgCO_2e$/개	0.742	0.072	2023-01-24
208	한국다우케미칼실리콘(주)	생산재	DOWSIL 795 카트리지[300mL]	0.839	$kgCO_2e$/개	0.771	0.068	2023-01-24
209	한국다우케미칼실리콘(주)	생산재	DOWSIL 977 소시지[500mL]	1.562	$kgCO_2e$/개	1.447	0.114	2023-01-24
210	한국다우케미칼실리콘(주)	생산재	DOWSIL 977 카트리지[300mL]	0.937	$kgCO_2e$/개	0.871	0.066	2023-01-24
211	한국다우케미칼실리콘(주)	생산재	DOWSIL 983 Base 드럼	552.554	$kgCO_2e$/개	513.492	39.062	2023-01-24
212	한국다우케미칼실리콘(주)	생산재	DOWSIL 983 경화제 페일	65.290	$kgCO_2e$/개	62.175	3.116	2023-01-24
213	(주)한덕	생산재	레디믹스트 콘크리트[25-21-150]	225.600	$kgCO_2e/m^3$	223.900	1.765	2023-03-15
214	(주)한덕	생산재	레디믹스트 콘크리트[25-24-150]	248.800	$kgCO_2e/m^3$	247.200	1.553	2023-03-15
215	(주)한덕	생산재	레디믹스트 콘크리트[25-27-150]	281.600	$kgCO_2e/m^3$	279.900	1.673	2023-03-15
216	(주)한덕	생산재	레디믹스트 콘크리트[25-30-150]	280.900	$kgCO_2e/m^3$	279.400	1.432	2023-03-15
217	(주)한덕개발	생산재	레디믹스트 콘크리트[25-21-150]	245.600	$kgCO_2e/m^3$	244.200	1.400	2023-03-15
218	(주)한덕개발	생산재	레디믹스트 콘크리트[25-24-150]	265.400	$kgCO_2e/m^3$	264.000	1.383	2023-03-15
219	(주)한덕개발	생산재	레디믹스트 콘크리트[25-27-150]	290.600	$kgCO_2e/m^3$	289.300	1.315	2023-03-15
220	(주)한덕개발	생산재	레디믹스트 콘크리트[25-30-150]	335.600	$kgCO_2e/m^3$	334.400	1.207	2023-03-15
221	(주)한덕산업	생산재	레디믹스트 콘크리트[25-21-150]	230.200	$kgCO_2e/m^3$	228.900	1.349	2023-03-15
222	(주)한덕산업	생산재	레디믹스트 콘크리트[25-24-150]	258.800	$kgCO_2e/m^3$	257.300	1.538	2023-03-15
223	(주)한덕산업	생산재	레디믹스트 콘크리트[25-27-150]	291.200	$kgCO_2e/m^3$	289.600	1.528	2023-03-15
224	(주)한덕산업	생산재	레디믹스트 콘크리트[25-30-150]	290.300	$kgCO_2e/m^3$	288.900	1.412	2023-03-15
225	(주)서울벽지	생산재	카라(KARA)	0.495	$kgCO_2e/m^2$	0.450	0.045	2023-03-15
226	(주)윈체	생산재	백색 라미 프로파일	1.762	$kgCO_2e/kg$	1.713	0.049	2023-04-12

연번	기업명	제품군	인증제품명	총량	단위	제조전	제조	종료
227	(주)벽산	생산재	일반형 베이스패널(BN-5060)	35.370	$kgCO_2e/m^2$	28.702	6.668	2023-02-25
228	국민레미콘(주)	생산재	레디믹스트 콘크리트 [25-21-150]	214.638	$kgCO_2e/m^3$	213.418	1.221	2023-04-12
229	국민레미콘(주)	생산재	레디믹스트 콘크리트 [25-24-150]	237.894	$kgCO_2e/m^3$	236.674	1.221	2023-04-12
230	국민레미콘(주)	생산재	레디믹스트 콘크리트 [25-27-150]	346.685	$kgCO_2e/m^3$	345.465	1.221	2023-04-12
231	국민레미콘(주)	생산재	레디믹스트 콘크리트 [25-30-150]	299.350	$kgCO_2e/m^3$	298.130	1.221	2023-04-12
232	삼양기업(주)	생산재	레디믹스트 콘크리트 [25-21-150]	251.295	$kgCO_2e/m^3$	250.257	1.037	2023-04-12
233	삼양기업(주)	생산재	레디믹스트 콘크리트 [25-24-150]	237.045	$kgCO_2e/m^3$	236.008	1.037	2023-04-12
234	삼양기업(주)	생산재	레디믹스트 콘크리트 [25-27-150]	282.852	$kgCO_2e/m^3$	281.815	1.037	2023-04-12
235	삼양기업(주)	생산재	레디믹스트 콘크리트 [25-30-150]	275.052	$kgCO_2e/m^3$	274.015	1.037	2023-04-12
236	삼양기업(주)	생산재	레디믹스트 콘크리트 [25-35-150]	314.552	$kgCO_2e/m^3$	313.515	1.037	2023-04-12
237	삼양레미콘(주)	생산재	레디믹스트 콘크리트 [25-21-150]	222.244	$kgCO_2e/m^3$	221.170	1.075	2023-04-12
238	삼양레미콘(주)	생산재	레디믹스트 콘크리트 [25-24-150]	243.648	$kgCO_2e/m^3$	242.574	1.075	2023-04-12
239	삼양레미콘(주)	생산재	레디믹스트 콘크리트 [25-27-150]	284.852	$kgCO_2e/m^3$	283.777	1.075	2023-04-12
240	삼양레미콘(주)	생산재	레디믹스트 콘크리트 [25-30-150]	296.752	$kgCO_2e/m^3$	295.678	1.075	2023-04-12
241	삼양레미콘(주)	생산재	레디믹스트 콘크리트 [25-35-150]	351.253	$kgCO_2e/m^3$	350.179	1.075	2023-04-12
242	삼정레미콘(주)	생산재	레디믹스트 콘크리트 [25-21-150]	236.101	$kgCO_2e/m^3$	234.746	1.354	2023-04-12
243	삼정레미콘(주)	생산재	레디믹스트 콘크리트 [25-24-150]	245.104	$kgCO_2e/m^3$	243.749	1.354	2023-04-12
244	삼정레미콘(주)	생산재	레디믹스트 콘크리트 [25-27-150]	256.596	$kgCO_2e/m^3$	255.241	1.354	2023-04-12
245	삼정레미콘(주)	생산재	레디믹스트 콘크리트 [25-30-150]	292.399	$kgCO_2e/m^3$	291.045	1.354	2023-04-12
246	삼정레미콘(주)	생산재	레디믹스트 콘크리트 [25-35-150]	344.922	$kgCO_2e/m^3$	343.568	1.354	2023-04-12
247	우리레미콘(주)	생산재	레디믹스트 콘크리트 [25-21-150]	286.508	$kgCO_2e/m^3$	284.393	2.115	2023-04-12
248	우리레미콘(주)	생산재	레디믹스트 콘크리트 [25-24-150]	258.107	$kgCO_2e/m^3$	256.009	2.098	2023-04-12
249	우리레미콘(주)	생산재	레디믹스트 콘크리트 [25-27-150]	278.391	$kgCO_2e/m^3$	276.293	2.098	2023-04-12
250	우리레미콘(주)	생산재	레디믹스트 콘크리트 [25-30-150]	321.401	$kgCO_2e/m^3$	319.304	2.098	2023-04-12
251	우리레미콘(주)	생산재	레디믹스트 콘크리트 [25-35-150]	394.562	$kgCO_2e/m^3$	392.465	2.098	2023-04-12

연번	기업명	제품군	인증제품명	총량	단위	제조전	제조	종료
252	금강레미콘(자)	생산재	레디믹스트 콘크리트 [25-21-120]	234.853	$kgCO_2e/m^3$	231.450	3.404	2023-04-12
253	금강레미콘(자)	생산재	레디믹스트 콘크리트 [25-24-120]	239.963	$kgCO_2e/m^3$	236.647	3.316	2023-04-12
254	금강레미콘(자)	생산재	레디믹스트 콘크리트 [25-24-150]	260.266	$kgCO_2e/m^3$	255.624	4.642	2023-04-12
255	대신레미콘(주)	생산재	레디믹스트 콘크리트 [25-21-120]	231.233	$kgCO_2e/m^3$	227.870	3.362	2023-04-12
256	대신레미콘(주)	생산재	레디믹스트 콘크리트 [25-21-150]	269.762	$kgCO_2e/m^3$	266.400	3.362	2023-04-12
257	대신레미콘(주)	생산재	레디믹스트 콘크리트 [25-24-120]	251.613	$kgCO_2e/m^3$	248.250	3.362	2023-04-12
258	대신레미콘(주)	생산재	레디믹스트 콘크리트 [25-24-150]	280.748	$kgCO_2e/m^3$	277.386	3.362	2023-04-12
259	대신레미콘(주)	생산재	레디믹스트 콘크리트 [25-27-150]	330.392	$kgCO_2e/m^3$	327.030	3.362	2023-04-12
260	(주)대림레미콘	생산재	레디믹스트 콘크리트 [25-21-120]	254.667	$kgCO_2e/m^3$	250.984	3.683	2023-04-12
261	(주)대림레미콘	생산재	레디믹스트 콘크리트 [25-21-150]	262.262	$kgCO_2e/m^3$	258.579	3.683	2023-04-12
262	(주)대림레미콘	생산재	레디믹스트 콘크리트 [25-24-120]	257.694	$kgCO_2e/m^3$	254.011	3.683	2023-04-12
263	(주)대림레미콘	생산재	레디믹스트 콘크리트 [25-24-150]	283.564	$kgCO_2e/m^3$	279.881	3.683	2023-04-12
264	(주)대림레미콘	생산재	레디믹스트 콘크리트 [25-27-150]	301.022	$kgCO_2e/m^3$	297.339	3.683	2023-04-12
265	(자)삼성레미콘	생산재	레디믹스트 콘크리트 [25-21-120]	243.772	$kgCO_2e/m^3$	240.403	3.369	2023-04-12
266	(자)삼성레미콘	생산재	레디믹스트 콘크리트 [25-21-150]	262.326	$kgCO_2e/m^3$	258.958	3.368	2023-04-12
267	(자)삼성레미콘	생산재	레디믹스트 콘크리트 [25-24-120]	253.543	$kgCO_2e/m^3$	250.176	3.368	2023-04-12
268	(자)삼성레미콘	생산재	레디믹스트 콘크리트 [25-24-150]	263.839	$kgCO_2e/m^3$	260.471	3.368	2023-04-12
269	(자)삼성레미콘	생산재	레디믹스트 콘크리트 [25-27-150]	293.135	$kgCO_2e/m^3$	289.767	3.368	2023-04-12
270	안양레미콘(주)	생산재	레디믹스트 콘크리트 [25-21-120]	203.488	$kgCO_2e/m^3$	202.361	1.127	2023-04-12
271	안양레미콘(주)	생산재	레디믹스트 콘크리트 [25-21-150]	252.406	$kgCO_2e/m^3$	251.279	1.127	2023-04-12
272	안양레미콘(주)	생산재	레디믹스트 콘크리트 [25-24-120]	225.792	$kgCO_2e/m^3$	224.665	1.127	2023-04-12
273	안양레미콘(주)	생산재	레디믹스트 콘크리트 [25-24-150]	252.348	$kgCO_2e/m^3$	251.222	1.127	2023-04-12
274	안양레미콘(주)	생산재	레디믹스트 콘크리트 [25-27-150]	278.227	$kgCO_2e/m^3$	277.101	1.127	2023-04-12
275	안양레미콘(주)	생산재	레디믹스트 콘크리트 [25-30-150]	296.352	$kgCO_2e/m^3$	295.226	1.127	2023-04-12
276	안양레미콘(주)	생산재	레디믹스트 콘크리트 [25-35-150]	344.785	$kgCO_2e/m^3$	343.658	1.126	2023-04-12

연번	기업명	제품군	인증제품명	총량	단위	제조전	제조	종료
277	덕원산업(주)	생산재	레디믹스트 콘크리트 [25-21-150]	255.217	$kgCO_2e/m^3$	253.631	1.586	2023-04-12
278	덕원산업(주)	생산재	레디믹스트 콘크리트 [25-24-150]	277.943	$kgCO_2e/m^3$	276.355	1.588	2023-04-12
279	덕원산업(주)	생산재	레디믹스트 콘크리트 [25-27-150]	312.209	$kgCO_2e/m^3$	310.687	1.522	2023-04-12
280	(주)모헨즈	생산재	레디믹스트 콘크리트 [25-21-150]	230.009	$kgCO_2e/m^3$	228.149	1.860	2023-04-12
281	(주)모헨즈	생산재	레디믹스트 콘크리트 [25-24-150]	266.946	$kgCO_2e/m^3$	265.174	1.771	2023-04-12
282	(주)모헨즈	생산재	레디믹스트 콘크리트 [25-27-150]	288.087	$kgCO_2e/m^3$	286.404	1.683	2023-04-12
283	서진레미콘(주)	생산재	레디믹스트 콘크리트 [25-24-150]	234.253	$kgCO_2e/m^3$	232.167	2.087	2023-04-12
284	서진레미콘(주)	생산재	레디믹스트 콘크리트 [25-27-150]	235.710	$kgCO_2e/m^3$	233.624	2.087	2023-04-12
285	(주)가야	생산재	레디믹스트 콘크리트 [25-21-150]	200.573	$kgCO_2e/m^3$	199.069	1.504	2023-04-12
286	(주)가야	생산재	레디믹스트 콘크리트 [25-24-150]	227.925	$kgCO_2e/m^3$	226.414	1.511	2023-04-12
287	(주)가야	생산재	레디믹스트 콘크리트 [25-27-150]	306.747	$kgCO_2e/m^3$	305.267	1.480	2023-04-12
288	(주)가야	생산재	레디믹스트 콘크리트 [25-30-150]	349.488	$kgCO_2e/m^3$	347.984	1.504	2023-04-12
289	케이와이피씨(주)	생산재	레디믹스트 콘크리트 [25-21-150]	203.644	$kgCO_2e/m^3$	202.281	1.363	2023-04-12
290	케이와이피씨(주)	생산재	레디믹스트 콘크리트 [25-24-150]	233.916	$kgCO_2e/m^3$	232.545	1.370	2023-04-12
291	케이와이피씨(주)	생산재	레디믹스트 콘크리트 [25-27-150]	275.590	$kgCO_2e/m^3$	274.206	1.384	2023-04-12
292	케이와이피씨(주)	생산재	레디믹스트 콘크리트 [25-30-150]	288.070	$kgCO_2e/m^3$	286.660	1.410	2023-04-12
293	(주)산하	생산재	레디믹스트 콘크리트 [25-21-120]	188.056	$kgCO_2e/m^3$	185.787	2.269	2023-04-12
294	(주)산하	생산재	레디믹스트 콘크리트 [25-21-150]	227.333	$kgCO_2e/m^3$	225.064	2.269	2023-04-12
295	(주)산하	생산재	레디믹스트 콘크리트 [25-24-150]	251.083	$kgCO_2e/m^3$	248.815	2.269	2023-04-12
296	(주)산하	생산재	레디믹스트 콘크리트 [25-27-150]	268.677	$kgCO_2e/m^3$	266.408	2.269	2023-04-12
297	(주)산하	생산재	레디믹스트 콘크리트 [25-30-150]	293.890	$kgCO_2e/m^3$	291.621	2.269	2023-04-12
298	(주)원방산업	생산재	레디믹스트 콘크리트 [25-24-150]	235.181	$kgCO_2e/m^3$	233.639	1.541	2023-04-12
299	(주)원방산업	생산재	레디믹스트 콘크리트 [25-21-150]	212.879	$kgCO_2e/m^3$	211.337	1.541	2023-04-12
300	(주)원방산업	생산재	레디믹스트 콘크리트 [25-24-120]	210.686	$kgCO_2e/m^3$	209.145	1.541	2023-04-12
301	(주)원방산업	생산재	레디믹스트 콘크리트 [25-27-150]	330.922	$kgCO_2e/m^3$	329.381	1.541	2023-04-12

연번	기업명	제품군	인증제품명	총량	단위	제조전	제조	종료
302	(주)원방산업	생산재	레디믹스트 콘크리트 [25-30-150]	309.717	$kgCO_2e/m^3$	308.176	1.541	2023-04-12
303	(주)에버월앤씨피에스	생산재	다이아토마스 유색[1set,주재(18LPail)+안료]	12.428	$kgCO_2e$/set	11.857	0.570	2023-04-12
304	성진레미콘(주)	생산재	레디믹스트 콘크리트 [25-24-150]	224.519	$kgCO_2e/m^3$	223.304	1.215	2023-04-12
305	성진레미콘(주)	생산재	레디믹스트 콘크리트 [25-27-150]	253.944	$kgCO_2e/m^3$	252.729	1.215	2023-04-12
306	성진레미콘(주)	생산재	레디믹스트 콘크리트 [25-30-150]	170.366	$kgCO_2e/m^3$	169.151	1.215	2023-04-12
307	성진산업개발(주)	생산재	레디믹스트 콘크리트 [25-24-150]	261.297	$kgCO_2e/m^3$	259.888	1.408	2023-04-12
308	성진산업개발(주)	생산재	레디믹스트 콘크리트 [25-27-150]	290.285	$kgCO_2e/m^3$	288.844	1.441	2023-04-12
309	성진산업개발(주)	생산재	레디믹스트 콘크리트 [25-30-150]	319.488	$kgCO_2e/m^3$	318.133	1.355	2023-04-12
310	주식회사 현대엘앤씨	생산재	명가오리지널 2.0	2.681	$kgCO_2e/m^2$	2.166	0.515	2023-03-15
311	한밭레미콘(주)	생산재	레디믹스트 콘크리트 [25-24-150]	145.148	$kgCO_2e/m^3$	143.771	1.377	2023-05-14
312	한밭레미콘(주)	생산재	레디믹스트 콘크리트 [25-27-150]	168.347	$kgCO_2e/m^3$	166.880	1.466	2023-05-14
313	한밭레미콘(주)	생산재	레디믹스트 콘크리트 [25-30-150]	216.023	$kgCO_2e/m^3$	214.620	1.402	2023-05-14
314	(주)일신산업	생산재	일반 로이단열재(F0)	75.568	$kgCO_2e/m^3$	68.753	6.816	2023-05-14
315	(주)일신산업	생산재	준불연 로이단열재(F3)	89.303	$kgCO_2e/m^3$	82.325	6.979	2023-05-14
316	(주)일신산업	생산재	준불연 로이단열재(F1)	90.888	$kgCO_2e/m^3$	83.892	6.995	2023-05-14
317	세진산업개발(주)	생산재	레디믹스트 콘크리트 [25-24-150]	272.939	$kgCO_2e/m^3$	264.381	8.558	2023-05-14
318	세진산업개발(주)	생산재	레디믹스트 콘크리트 [25-24-120]	232.702	$kgCO_2e/m^3$	232.702	6.955	2023-05-14
319	세진산업개발(주)	생산재	레디믹스트 콘크리트 [25-27-150]	303.016	$kgCO_2e/m^3$	288.625	14.391	2023-05-14
320	세진산업개발(주)	생산재	레디믹스트 콘크리트 [25-30-150]	324.533	$kgCO_2e/m^3$	317.273	7.260	2023-05-14
321	세진산업개발(주)	생산재	레디믹스트 콘크리트 [25-35-150]	291.762	$kgCO_2e/m^3$	282.003	9.759	2023-05-14
322	(주)케이씨씨	생산재	KCC 창호 프로파일	1.468	$kgCO_2e$/kg	1.192	0.276	2023-05-14
323	일진기업(주)	생산재	레디믹스트 콘크리트 [25-21-120]	228.160	$kgCO_2e/m^3$	226.292	1.868	2023-05-14
324	일진기업(주)	생산재	레디믹스트 콘크리트 [25-21-150]	229.407	$kgCO_2e/m^3$	227.539	1.868	2023-05-14
325	일진기업(주)	생산재	레디믹스트 콘크리트 [25-24-150]	324.613	$kgCO_2e/m^3$	322.745	1.868	2023-05-14
326	일진기업(주)	생산재	레디믹스트 콘크리트 [25-27-150]	279.970	$kgCO_2e/m^3$	278.102	1.868	2023-05-14
327	한라엔컴(주)	생산재	레디믹스트 콘크리트 [25-18-120]	209.705	$kgCO_2e/m^3$	207.556	2.149	2023-05-14

연번	기업명	제품군	인증제품명	총량	단위	제조전	제조	종료
328	(주)천마레미콘	생산재	레디믹스트 콘크리트 [25-24-150]	253.995	$kgCO_2e/m^3$	252.091	1.904	2023-05-14
329	(주)천마레미콘	생산재	레디믹스트 콘크리트 [25-21-150]	246.355	$kgCO_2e/m^3$	244.451	1.903	2023-05-14
330	(주)천마레미콘	생산재	레디믹스트 콘크리트 [25-27-150]	298.558	$kgCO_2e/m^3$	296.654	1.904	2023-05-14
331	(주)천마레미콘	생산재	레디믹스트 콘크리트 [25-30-150]	287.354	$kgCO_2e/m^3$	285.450	1.904	2023-05-14
332	(주)서울벽지	생산재	방염벽지	6.143E-01	$kgCO_2e/m^2$	5.746E-01	3.970E-02	2023-05-14
333	주식회사 엘엑스하우시스	생산재	LGM500(무기질 시멘트OA)[500x500x25T, SP형]	6.125	$kgCO_2e$/개	4.961	1.165	2023-05-14
334	주식회사 엘엑스하우시스	생산재	LX Z:IN PF Board (준불연, 경질발포 플라스틱 단열재 Ⅰ, Ⅱ종 A)	101.500	$kgCO_2e/m^3$	88.610	12.890	2023-05-14
335	주식회사 엘엑스하우시스	생산재	Z:IN Floor OA타일(C-Type)[5T]	10.740	$kgCO_2e/m^2$	5.392	5.346	2023-05-14
336	주식회사 엘엑스하우시스	생산재	Z:IN Floor OA타일(P-Type)[5T]	8.061	$kgCO_2e/m^2$	6.825	1.236	2023-05-14
337	(주)대흥에프에스씨복합창	생산재	AHC 160S	2.073	$kgCO_2e/kg$	1.419	0.654	2023-05-14
338	(주)대흥에프에스씨복합창	생산재	AHC 230DS-A	2.009	$kgCO_2e/kg$	1.334	0.675	2023-05-14
339	(주)대흥에프에스씨복합창	생산재	AHC 175CW-A	2.272	$kgCO_2e/kg$	1.655	0.616	2023-05-14
340	한일산업(주)	생산재	레디믹스트 콘크리트 [25-18-120]	221.898	$kgCO_2e/m^3$	219.977	1.921	2023-05-14
341	한일산업(주)	생산재	레디믹스트 콘크리트 [25-21-120]	218.351	$kgCO_2e/m^3$	216.691	1.660	2023-05-14
342	한일산업(주)	생산재	레디믹스트 콘크리트 [25-30-150]	273.866	$kgCO_2e/m^3$	271.833	2.033	2023-05-14
343	한일산업(주)	생산재	레디믹스트 콘크리트 [25-35-150]	322.256	$kgCO_2e/m^3$	320.233	2.023	2023-05-14
344	대성레미콘(주)	생산재	레디믹스트 콘크리트 [25-21-120]	181.848	$kgCO_2e/m^3$	180.513	1.336	2023-05-14
345	대성레미콘(주)	생산재	레디믹스트 콘크리트 [25-24-120]	198.048	$kgCO_2e/m^3$	196.712	1.336	2023-05-14
346	대성레미콘(주)	생산재	레디믹스트 콘크리트 [25-24-150]	199.607	$kgCO_2e/m^3$	198.272	1.336	2023-05-14
347	대성레미콘(주)	생산재	레디믹스트 콘크리트 [25-27-150]	248.508	$kgCO_2e/m^3$	247.173	1.336	2023-05-14
348	삼덕산업(주)	생산재	레디믹스트 콘크리트 [25-24-150]	305.307	$kgCO_2e/m^3$	303.541	1.766	2023-05-14
349	삼덕산업(주)	생산재	레디믹스트 콘크리트 [25-27-150]	328.675	$kgCO_2e/m^3$	326.904	1.771	2023-05-14
350	다우실란트산업(주)	생산재	DAWOOSIL 988 소시지[500mL]	1.282	$kgCO_2e$/개	1.225	0.057	2023-05-14

연번	기업명	제품군	인증제품명	총량	단위	제조전	제조	종료
351	다우실란트산업(주)	생산재	DAWOOSIL 1000 소시지[500mL]	1.197	$kgCO_2e$/개	1.142	0.056	2023-05-14
352	(주)삼덕	생산재	레디믹스트 콘크리트 [25-24-150]	260.036	$kgCO_2e/m^3$	257.299	2.737	2023-05-14
353	(주)삼덕	생산재	레디믹스트 콘크리트 [25-21-150]	250.047	$kgCO_2e/m^3$	247.311	2.736	2023-05-14
354	(주)삼덕	생산재	레디믹스트 콘크리트 [25-27-150]	310.478	$kgCO_2e/m^3$	307.742	2.736	2023-05-14
355	(주)금강레미컨	생산재	레디믹스트 콘크리트 [25-24-150]	244.935	$kgCO_2e/m^3$	243.564	1.371	2023-05-14
356	(주)금강레미컨	생산재	레디믹스트 콘크리트 [25-24-120]	236.229	$kgCO_2e/m^3$	234.858	1.371	2023-05-14
357	(주)금강레미컨	생산재	레디믹스트 콘크리트 [25-21-150]	217.654	$kgCO_2e/m^3$	216.283	1.371	2023-05-14
358	(주)금강레미컨	생산재	레디믹스트 콘크리트 [25-27-150]	279.226	$kgCO_2e/m^3$	277.855	1.371	2023-05-14
359	(주)금강레미컨	생산재	레디믹스트 콘크리트 [25-30-150]	285.203	$kgCO_2e/m^3$	283.832	1.371	2023-05-14
360	(주)케이에스벽지	생산재	KS 방염벽지(PVC 벽지)	0.889	$kgCO_2e/m^2$	0.754	0.135	2023-05-14
361	일진기업(주)	생산재	레디믹스트 콘크리트 [25-30-150]	357.103	$kgCO_2e/m^3$	355.154	1.949	2023-06-18
362	(주)청진이엔씨	생산재	공동구 덮개[1m³]	435.153	$kgCO_2e/m^3$	376.555	58.597	2023-03-29
363	주식회사 케이씨씨글라스	생산재	센스빌 진[2.3T]	3.210	$kgCO_2e/m^2$	2.540	0.671	2023-06-18
364	주식회사 케이씨씨글라스	생산재	숲 휴가온[4.5T]	6.260	$kgCO_2e/m^2$	4.850	1.410	2023-06-18
365	주식회사 케이씨씨글라스	생산재	숲 소리휴[6.0T]	7.340	$kgCO_2e/m^2$	5.700	1.640	2023-06-18
366	(주)원광티에프에스	생산재	WKM-633SP[600x600x33T, SP형]	10.320	$kgCO_2e$/개	9.389	0.931	2023-06-18
367	(주)원광티에프에스	생산재	WKW-638C[600x600x38T, R형]	8.702	$kgCO_2e$/개	7.773	0.929	2023-06-18
368	(주)케이씨씨	생산재	KCC 마이톤[12T, M-bar용]	4.367	$kgCO_2e/m^2$	2.207	2.160	2023-06-18
369	흥국산업(주)	생산재	레디믹스트 콘크리트 [25-35-150]	321.763	$kgCO_2e/m^3$	320.602	1.162	2023-06-18
370	흥국산업(주)	생산재	레디믹스트 콘크리트 [25-40-150]	355.672	$kgCO_2e/m^3$	354.510	1.162	2023-06-18
371	흥국산업(주)	생산재	레디믹스트 콘크리트 [25-49-600]	362.727	$kgCO_2e/m^3$	361.566	1.162	2023-06-18
372	현대레미콘(주)	생산재	레디믹스트 콘크리트 [25-24-150]	263.565	$kgCO_2e/m^3$	261.407	2.158	2023-06-18
373	현대레미콘(주)	생산재	레디믹스트 콘크리트 [25-24-120]	214.867	$kgCO_2e/m^3$	212.709	2.158	2023-06-18
374	현대레미콘(주)	생산재	레디믹스트 콘크리트 [25-21-150]	222.841	$kgCO_2e/m^3$	220.683	2.158	2023-06-18
375	현대레미콘(주)	생산재	레디믹스트 콘크리트 [25-27-120]	282.884	$kgCO_2e/m^3$	280.726	2.158	2023-06-18

연번	기업명	제품군	인증제품명	총량	단위	제조전	제조	종료
376	대신레미콘(주)	생산재	레디믹스트 콘크리트 [25-24-150]	168.941	$kgCO_2e/m^3$	166.688	2.253	2023-06-18
377	대신레미콘(주)	생산재	레디믹스트 콘크리트 [25-21-150]	175.839	$kgCO_2e/m^3$	173.586	2.252	2023-06-18
378	대신레미콘(주)	생산재	레디믹스트 콘크리트 [25-27-150]	234.464	$kgCO_2e/m^3$	232.466	1.998	2023-06-18
379	대신레미콘(주)	생산재	레디믹스트 콘크리트 [25-30-150]	195.913	$kgCO_2e/m^3$	193.728	2.185	2023-06-18
380	현대레미콘(주)	생산재	레디믹스트 콘크리트 [25-24-150]	171.925	$kgCO_2e/m^3$	169.941	1.985	2023-06-18
381	현대레미콘(주)	생산재	레디믹스트 콘크리트 [25-21-150]	194.937	$kgCO_2e/m^3$	192.354	2.582	2023-06-18
382	현대레미콘(주)	생산재	레디믹스트 콘크리트 [25-27-150]	207.046	$kgCO_2e/m^3$	205.307	1.740	2023-06-18
383	현대레미콘(주)	생산재	레디믹스트 콘크리트 [25-30-150]	218.357	$kgCO_2e/m^3$	216.352	2.005	2023-06-18
384	(주)케이에스더블유	생산재	컨트렉트(CONTRACT)	0.611	$kgCO_2e/m^2$	0.470	0.141	2023-06-18
385	(주)케이에스더블유	생산재	베이직플러스(BASIC+)	0.582	$kgCO_2e/m^2$	0.444	0.138	2023-06-18
386	(주)케이에스더블유	생산재	제이(J)	0.583	$kgCO_2e/m^2$	0.444	0.138	2023-06-18
387	(주)현대콘크리트	생산재	레디믹스트 콘크리트 [25-21-120]	242.089	$kgCO_2e/m^3$	240.468	1.620	2023-06-18
388	(주)현대콘크리트	생산재	레디믹스트 콘크리트 [25-24-150]	299.626	$kgCO_2e/m^3$	298.084	1.542	2023-06-18
389	(주)현대콘크리트	생산재	레디믹스트 콘크리트 [25-27-150]	325.853	$kgCO_2e/m^3$	324.032	1.821	2023-06-18
390	(주)현대콘크리트	생산재	레디믹스트 콘크리트 [20-40-150]	487.335	$kgCO_2e/m^3$	485.812	1.523	2023-06-18
391	금강레미콘(자)	생산재	레디믹스트 콘크리트 [25-30-150]	325.091	$kgCO_2e/m^3$	321.144	3.947	2023-06-18
392	(주)새한레미콘	생산재	레디믹스트 콘크리트 [25-21-150]	209.784	$kgCO_2e/m^3$	208.301	1.483	2023-06-18
393	(주)새한레미콘	생산재	레디믹스트 콘크리트 [25-24-150]	235.919	$kgCO_2e/m^3$	234.435	1.483	2023-06-18
394	(주)새한레미콘	생산재	레디믹스트 콘크리트 [25-27-150]	239.393	$kgCO_2e/m^3$	237.909	1.483	2023-06-18
395	(주)새한레미콘	생산재	레디믹스트 콘크리트 [25-30-150]	280.015	$kgCO_2e/m^3$	278.532	1.483	2023-06-18
396	주식회사 현대엘앤씨	생산재	큐피트	0.610	$kgCO_2e/m^2$	0.420	0.190	2023-06-18
397	아성레미콘(주)	생산재	레디믹스트 콘크리트 [25-21-150]	235.071	$kgCO_2e/m^3$	233.740	1.332	2023-06-18
398	아성레미콘(주)	생산재	레디믹스트 콘크리트 [25-24-150]	254.738	$kgCO_2e/m^3$	253.406	1.332	2023-06-18
399	아성레미콘(주)	생산재	레디믹스트 콘크리트 [25-27-150]	277.179	$kgCO_2e/m^3$	275.848	1.332	2023-06-18
400	아성레미콘(주)	생산재	레디믹스트 콘크리트 [25-30-150]	341.720	$kgCO_2e/m^3$	340.389	1.332	2023-06-18
401	(주)대창스틸	생산재	A2-OA500C SP형[500x500x26T]	17.430	$kgCO_2e$/개	16.600	0.824	2023-06-18

연번	기업명	제품군	인증제품명	총량	단위	제조전	제조	종료
402	(주)대창스틸	생산재	A2-AF600C R형[600x600x35T]	23.100	$kgCO_2e$/개	21.990	1.112	2023-06-18
403	주식회사 엘엑스하우시스	생산재	LX Z:IN PF board(난연, 경질발포 플라스틱 단열재 I, II종 A)	79.860	$kgCO_2e/m^3$	68.220	11.650	2023-05-30
404	(주)광민산업	생산재	레디믹스트 콘크리트 [25-24-150]	177.863	$kgCO_2e/m^3$	174.658	3.206	2023-06-18
405	(주)광민산업	생산재	레디믹스트 콘크리트 [25-21-150]	187.445	$kgCO_2e/m^3$	181.367	6.078	2023-06-18
406	(주)광민산업	생산재	레디믹스트 콘크리트 [25-27-150]	190.432	$kgCO_2e/m^3$	188.009	2.423	2023-06-18
407	(주)광민산업	생산재	레디믹스트 콘크리트 [25-30-150]	218.737	$kgCO_2e/m^3$	214.699	4.038	2023-06-18
408	울산레미콘(주)	생산재	레디믹스트 콘크리트 [25-24-150]	228.239	$kgCO_2e/m^3$	226.120	2.119	2023-07-30
409	울산레미콘(주)	생산재	레디믹스트 콘크리트 [25-27-150]	226.341	$kgCO_2e/m^3$	224.134	2.206	2023-07-30
410	울산레미콘(주)	생산재	레디믹스트 콘크리트 [25-30-150]	268.147	$kgCO_2e/m^3$	266.211	1.936	2023-07-30
411	울산레미콘(주)	생산재	레디믹스트 콘크리트 [25-35-150]	247.000	$kgCO_2e/m^3$	244.301	2.699	2023-07-30
412	선일콘크리트(주)	생산재	레디믹스트 콘크리트 [25-24-150]	230.600	$kgCO_2e/m^3$	228.900	1.661	2023-07-30
413	선일콘크리트(주)	생산재	레디믹스트 콘크리트 [25-21-150]	200.200	$kgCO_2e/m^3$	198.700	1.513	2023-07-30
414	선일콘크리트(주)	생산재	레디믹스트 콘크리트 [25-27-150]	238.100	$kgCO_2e/m^3$	236.500	1.527	2023-07-30
415	선일콘크리트(주)	생산재	레디믹스트 콘크리트 [25-30-150]	262.700	$kgCO_2e/m^3$	261.000	1.695	2023-07-30
416	우진레미콘(주)	생산재	레디믹스트 콘크리트 [25-27-150]	274.013	$kgCO_2e/m^3$	272.623	1.390	2023-07-30
417	우진레미콘(주)	생산재	레디믹스트 콘크리트 [25-24-150]	251.362	$kgCO_2e/m^3$	249.997	1.366	2023-07-30
418	우진레미콘(주)	생산재	레디믹스트 콘크리트 [25-21-150]	243.116	$kgCO_2e/m^3$	241.734	1.382	2023-07-30
419	세종레미콘(주)	생산재	레디믹스트 콘크리트 [25-21-150]	196.668	$kgCO_2e/m^3$	195.211	1.457	2023-07-30
420	세종레미콘(주)	생산재	레디믹스트 콘크리트 [25-24-150]	214.193	$kgCO_2e/m^3$	212.721	1.472	2023-07-30
421	세종레미콘(주)	생산재	레디믹스트 콘크리트 [25-27-150]	246.471	$kgCO_2e/m^3$	244.934	1.537	2023-07-30
422	세종레미콘(주)	생산재	레디믹스트 콘크리트 [25-30-150]	248.571	$kgCO_2e/m^3$	247.227	1.345	2023-07-30
423	(주)국광	생산재	레디믹스트 콘크리트 [25-21-150]	257.319	$kgCO_2e/m^3$	255.159	2.160	2023-07-30
424	(주)국광	생산재	레디믹스트 콘크리트 [25-24-150]	252.592	$kgCO_2e/m^3$	250.646	1.946	2023-07-30
425	(주)국광	생산재	레디믹스트 콘크리트 [25-27-150]	310.602	$kgCO_2e/m^3$	308.474	2.128	2023-07-30
426	(주)국광	생산재	레디믹스트 콘크리트 [25-30-150]	312.829	$kgCO_2e/m^3$	310.349	2.480	2023-07-30

연번	기업명	제품군	인증제품명	총량	단위	제조전	제조	종료
427	삼덕산업(주)	생산재	레디믹스트 콘크리트 [25-40-150]	391.602	$kgCO_2e/m^3$	390.298	1.304	2023-07-30
428	(주)동해플라스틱	생산재	ABS SHEET(단층 구조)	2.677	$kgCO_2e/kg$	2.373	0.304	2023-07-30
429	(주)메라톤	생산재	리네강[95mm x 800 mm x 7.5mm]	8.520	$kgCO_2e/m^2$	7.906	0.614	2023-07-30
430	(주)메라톤	생산재	리네터치[104mm x 800mm x 7.7mm]	6.642	$kgCO_2e/m^2$	6.102	0.540	2023-07-30
431	개나리벽지(주)	생산재	방염벽지	0.727	$kgCO_2e/m^2$	0.589	0.138	2023-07-30
432	삼성전자(주)	생산재	Portable SSD T5 1TB	11.857	$kgCO_2e$/개	6.725	0.250	2023-07-30
433	(주)삼일레미콘	생산재	레디믹스트 콘크리트 [25-24-150]	278.096	$kgCO_2e/m^3$	276.607	1.489	2023-07-30
434	(주)삼일레미콘	생산재	레디믹스트 콘크리트 [25-27-150]	300.841	$kgCO_2e/m^3$	299.372	1.469	2023-07-30
435	(주)삼일레미콘	생산재	레디믹스트 콘크리트 [25-40-150]	386.212	$kgCO_2e/m^3$	384.217	1.995	2023-07-30
436	(주)바커케미칼코리아	생산재	LS3000[소시지형, 500mL]	1.270	$kgCO_2e$/개	1.240	0.030	2023-07-30
437	성림건공(주)	생산재	STONCOAT[t=3mm]	5.680	$kgCO_2e/m^2$	5.596	0.084	2023-07-30
438	한내레미콘(주)	생산재	레디믹스트 콘크리트 [25-24-150]	252.663	$kgCO_2e/m^3$	250.898	1.765	2023-07-30
439	한내레미콘(주)	생산재	레디믹스트 콘크리트 [25-24-120]	230.471	$kgCO_2e/m^3$	228.898	1.573	2023-07-30
440	한내레미콘(주)	생산재	레디믹스트 콘크리트 [25-21-150]	237.476	$kgCO_2e/m^3$	233.885	3.591	2023-07-30
441	한내레미콘(주)	생산재	레디믹스트 콘크리트 [25-21-120]	212.664	$kgCO_2e/m^3$	210.756	1.908	2023-07-30
442	한내레미콘(주)	생산재	레디믹스트 콘크리트 [25-27-150]	292.190	$kgCO_2e/m^3$	290.337	1.853	2023-07-30
443	한내레미콘(주)	생산재	레디믹스트 콘크리트 [25-35-150]	331.484	$kgCO_2e/m^3$	330.173	1.311	2023-07-30
444	한일시멘트(주)	생산재	레디믹스트 콘크리트 [25-21-120]	196.441	$kgCO_2e/m^3$	193.711	2.729	2023-07-30
445	한일시멘트(주)	생산재	레디믹스트 콘크리트 [25-24-120]	201.518	$kgCO_2e/m^3$	198.852	2.666	2023-07-30
446	주식회사 현대엘앤씨	생산재	큐리브	0.610	$kgCO_2e/m^2$	0.420	0.190	2023-06-18
447	주식회사 현대엘앤씨	생산재	큐브	0.610	$kgCO_2e/m^2$	0.420	0.190	2023-06-18
448	에스지이(주)	생산재	레디믹스트 콘크리트 [25-24-150]	252.227	$kgCO_2e/m^3$	250.786	1.442	2023-08-30
449	에스지이(주)	생산재	레디믹스트 콘크리트 [25-21-150]	249.823	$kgCO_2e/m^3$	248.345	1.478	2023-08-30
450	에스지이(주)	생산재	레디믹스트 콘크리트 [25-27-150]	272.629	$kgCO_2e/m^3$	271.027	1.602	2023-08-30
451	에스지이(주)	생산재	레디믹스트 콘크리트 [25-30-150]	280.169	$kgCO_2e/m^3$	278.509	1.661	2023-08-30
452	크나우프석고보드(주)	생산재	시트락 집텍스[300x600x9.5mm]	7.281	$kgCO_2e$/box	2.180	5.101	2023-09-25

연번	기업명	제품군	인증제품명	총량	단위	제조전	제조	종료
453	주식회사 엘엑스하우시스	생산재	Z:IN 렉스코트 6.5	7.445	$kgCO_2e/m^2$	5.907	1.537	2023-07-26
454	(주)케이에스더블유	생산재	이룸(PVC벽지)	0.548	$kgCO_2e/m^2$	0.413	0.134	2023-08-30
455	주식회사 엘엑스하우시스	생산재	Z:IN Floor VIP타일 갤런트[3T]	3.503	$kgCO_2e/m^2$	1.804	1.699	2023-08-30
456	(주)현대정밀	생산재	ACCESS FLOOR(HDC600)[600x600x32T, SP형]	15.300	$kgCO_2e$/개	14.500	0.769	2023-08-30
457	(주)현대정밀	생산재	MAX FLOOR(HDP600)[600x600x28T, SP형]	15.200	$kgCO_2e$/개	14.900	0.298	2023-08-30
458	(주)대흥수지	생산재	DH 네오보드 1호(발포폴리스티렌 단열재 비드법 2종(가 등급) 1호)	58.724	$kgCO_2e/m^3$	50.222	8.502	2023-08-30
459	(주)대흥수지	생산재	DH 네오보드 2호(발포폴리스티렌 단열재 비드법 2종(가 등급) 2호)	50.683	$kgCO_2e/m^3$	40.122	10.562	2023-08-30
460	(주)대흥수지	생산재	DH 네오보드 3호(발포폴리스티렌 단열재 비드법 2종(가 등급) 3호)	34.150	$kgCO_2e/m^3$	28.988	5.163	2023-08-30
461	유진기업(주)	생산재	레디믹스트 콘크리트 [25-50-600]	304.142	$kgCO_2e/m^3$	302.919	1.223	2023-08-30
462	(주)케이씨씨	생산재	KCC 마이텍스[12T]	4.367	$kgCO_2e/m^2$	2.207	2.160	2023-06-18
463	(주)디앤에프	생산재	GC1A [상현 Φ10, 하현 Φ7]	33.632	$kgCO_2e/m^2$	33.406	0.226	2023-09-24
464	(주)디앤에프	생산재	GC3 [상현 Φ13, 하현 Φ8]	40.332	$kgCO_2e/m^2$	40.106	0.225	2023-09-24
465	(주)디앤에프	생산재	GC4 [상현 Φ13, 하현 Φ10]	45.757	$kgCO_2e/m^2$	45.531	0.226	2023-09-24
466	(주)디앤에프	생산재	GC6 [상현 Φ12, 하현 Φ8]	38.681	$kgCO_2e/m^2$	38.455	0.226	2023-09-24
467	(주)아이에스중공업	생산재	IEB(엠보싱 웨브를 가진 보)	2369.022	$kgCO_2e$/ton	2355.889	13.133	2023-09-24
468	(주) 동양 / 건재부문 본부지점	생산재	레디믹스트 콘크리트 [25-24-150]	200.227	$kgCO_2e/m^3$	198.549	1.677	2023-09-24
469	(주) 동양 / 건재부문 본부지점	생산재	레디믹스트 콘크리트 [25-27-150]	210.233	$kgCO_2e/m^3$	208.601	1.632	2023-09-24
470	흥국산업(주)	생산재	레디믹스트 콘크리트 [25-30-150]	290.674	$kgCO_2e/m^3$	289.043	1.631	2023-09-24
471	(주)삼표산업	생산재	레디믹스트 콘크리트 [25-24-150]	232.062	$kgCO_2e/m^3$	230.433	1.629	2023-09-24
472	(주)삼표산업	생산재	레디믹스트 콘크리트 [25-27-150]	251.561	$kgCO_2e/m^3$	249.923	1.638	2023-09-24
473	(주)삼표산업	생산재	레디믹스트 콘크리트 [25-30-150]	266.324	$kgCO_2e/m^3$	264.730	1.594	2023-09-24

연번	기업명	제품군	인증제품명	총량	단위	제조전	제조	종료
474	(주)에스피네이처	생산재	레디믹스트 콘크리트 [25-24-150]	237.133	$kgCO_2e/m^3$	235.175	1.959	2023-09-24
475	(주)에스피네이처	생산재	레디믹스트 콘크리트 [25-27-150]	263.493	$kgCO_2e/m^3$	261.526	1.967	2023-09-24
476	(주)에스피네이처	생산재	레디믹스트 콘크리트 [25-30-150]	270.642	$kgCO_2e/m^3$	268.884	1.758	2023-09-24
477	주식회사 엘엑스하우시스	생산재	Z:IN Floor R인레이드 [4T]	7.095	$kgCO_2e/m^2$	3.960	3.134	2023-09-24
478	유진기업(주)	생산재	레디믹스트 콘크리트 [25-21-120]	179.653	$kgCO_2e/m^3$	178.347	1.306	2023-09-24
479	유진기업(주)	생산재	레디믹스트 콘크리트 [25-24-120]	165.914	$kgCO_2e/m^3$	164.551	1.363	2023-09-24
480	유진기업(주)	생산재	레디믹스트 콘크리트 [25-24-180]	247.327	$kgCO_2e/m^3$	245.937	1.390	2023-09-24
481	유진기업(주)	생산재	레디믹스트 콘크리트 [25-27-180]	265.590	$kgCO_2e/m^3$	264.153	1.437	2023-09-24
482	유진기업(주)	생산재	레디믹스트 콘크리트 [25-40-150]	323.518	$kgCO_2e/m^3$	322.251	1.266	2023-09-24
483	삼성디스플레이(주)	생산재	AMF670UH01(핸드폰 디스플레이)	7.387	$kgCO_2e$/개	1.132	6.256	2023-09-24
484	주식회사 엘엑스하우시스	생산재	인테리어필름 Z:IN WOOD[0.42mm*1220mm*50m]	1.565	$kgCO_2e/m^2$	1.275	0.290	2023-10-29
485	코나아이(주)	생산재	KONA ECO Card	0.121	$kgCO_2e$/개	0.021	0.100	2023-10-29
486	코나아이(주)	생산재	KONA ECO Wood Card	0.131	$kgCO_2e$/개	0.023	0.108	2023-10-29
487	주식회사 엘엑스하우시스	생산재	Z:IN Wallcovering 지아패브릭(s)	0.587	$kgCO_2e/m^2$	0.377	0.210	2023-10-29
488	주식회사 케이씨씨글라스	생산재	데코시트 비센티 OVERLAY[0.15T]	0.682	$kgCO_2e/m^2$	0.682	0.000	2023-10-29
489	(주)대아레미콘	생산재	레디믹스트 콘크리트 [25-24-150]	162.554	$kgCO_2e/m^3$	160.307	2.247	2023-10-29
490	(주)대아레미콘	생산재	레디믹스트 콘크리트 [25-24-120]	100.560	$kgCO_2e/m^3$	97.884	2.676	2023-10-29
491	(주)대아레미콘	생산재	레디믹스트 콘크리트 [25-18-150]	204.868	$kgCO_2e/m^3$	203.291	1.577	2023-10-29
492	(주)대아레미콘	생산재	레디믹스트 콘크리트 [25-18-120]	108.084	$kgCO_2e/m^3$	105.908	2.176	2023-10-29
493	(주)대신산업	생산재	레디믹스트 콘크리트 [25-21-150]	226.812	$kgCO_2e/m^3$	224.520	2.292	2023-10-29
494	(주)대신산업	생산재	레디믹스트 콘크리트 [25-24-150]	253.824	$kgCO_2e/m^3$	251.424	2.400	2023-10-29
495	(주)대신산업	생산재	레디믹스트 콘크리트 [25-27-150]	323.795	$kgCO_2e/m^3$	321.357	2.438	2023-10-29
496	(주)대신산업	생산재	레디믹스트 콘크리트 [25-30-150]	290.281	$kgCO_2e/m^3$	287.977	2.305	2023-10-29
497	(주)신우공업	생산재	레디믹스트 콘크리트 [25-21-150]	277.072	$kgCO_2e/m^3$	274.462	2.610	2023-10-29

연번	기업명	제품군	인증제품명	총량	단위	제조전	제조	종료
498	(주)신우공업	생산재	레디믹스트 콘크리트 [25-24-150]	386.705	$kgCO_2e/m^3$	384.239	2.467	2023-10-29
499	(주)신우공업	생산재	레디믹스트 콘크리트 [25-27-150]	342.353	$kgCO_2e/m^3$	339.891	2.462	2023-10-29
500	(주)신우공업	생산재	레디믹스트 콘크리트 [25-30-150]	330.683	$kgCO_2e/m^3$	328.240	2.443	2023-10-29
501	(주)선진	생산재	레디믹스트 콘크리트 [25-18-120]	150.280	$kgCO_2e/m^3$	147.422	2.858	2023-10-29
502	(주)선진	생산재	레디믹스트 콘크리트 [25-18-150]	151.116	$kgCO_2e/m^3$	147.936	3.180	2023-10-29
503	(주)선진	생산재	레디믹스트 콘크리트 [25-24-120]	146.856	$kgCO_2e/m^3$	144.523	2.333	2023-10-29
504	(주)선진	생산재	레디믹스트 콘크리트 [25-24-150]	160.633	$kgCO_2e/m^3$	158.218	2.416	2023-10-29
505	한국수자원공사	생산재	충주댐 수상태양광 신재생에너지 생산전력 [1kWh]	0.075	$kgCO_2e/kWh$	0.069	0.007	2023-10-29
506	한국수자원공사	생산재	보령댐 수상태양광 신재생에너지 생산전력 [1kWh]	0.112	$kgCO_2e/kWh$	0.103	0.009	2023-10-29
507	한국수자원공사	생산재	합천댐 수상태양광 신재생에너지 생산전력 [1kWh]	0.099	$kgCO_2e/kWh$	0.091	0.008	2023-10-29
508	(주)안성테크	생산재	ASSC_I [600×600×33T, SP형]	24.237	$kgCO_2e$/개	23.878	0.359	2023-11-30
509	인천레미콘(주)	생산재	레디믹스트 콘크리트 [25-24-150]	205.773	$kgCO_2e/m^3$	204.670	1.103	2023-11-30
510	인천레미콘(주)	생산재	레디믹스트 콘크리트 [25-27-150]	206.422	$kgCO_2e/m^3$	205.383	1.039	2023-11-30
511	(주)성은	생산재	경량기포콘크리트블록 [0.5품 일반]	221.234	$kgCO_2e/m^3$	188.339	32.895	2023-11-30
512	(주)성은	생산재	경량기포콘크리트블록 [0.5품 발수]	220.920	$kgCO_2e/m^3$	188.512	32.408	2023-11-30
513	(주)성은	생산재	경량기포콘크리트블록 [0.6품 일반]	268.194	$kgCO_2e/m^3$	236.126	32.068	2023-11-30
514	(주)성은	생산재	경량기포콘크리트블록 [0.6품 발수]	255.592	$kgCO_2e/m^3$	223.335	32.257	2023-11-30
515	한일시멘트(주)	생산재	레디믹스트 콘크리트 [25-40-180]	340.901	$kgCO_2e/m^3$	338.821	2.080	2023-11-30
516	(주)케이씨씨실리콘	생산재	SL999[소시지형,500mL]	1.451	$kgCO_2e$/개	1.396	0.055	2023-11-30
517	(주)케이씨씨실리콘	생산재	SL999[카트리지형,300mL]	0.866	$kgCO_2e$/개	0.833	0.032	2023-11-30
518	(주)케이씨씨실리콘	생산재	SL907프리미엄[카트리지형,300mL]	0.825	$kgCO_2e$/개	0.793	0.032	2023-11-30
519	(주)케이씨씨실리콘	생산재	SL868[카트리지형,300mL]	0.877	$kgCO_2e$/개	0.845	0.032	2023-11-30
520	(주)케이씨씨실리콘	생산재	SL819[카트리지형,300mL]	1.181	$kgCO_2e$/개	1.149	0.032	2023-11-30
521	(주)케이씨씨실리콘	생산재	SL820 주제[PTA,162L]	588.857	$kgCO_2e$/개	535.508	53.349	2023-11-30

연번	기업명	제품군	인증제품명	총량	단위	제조전	제조	종료
522	(주)케이씨씨실리콘	생산재	SL822 주제[PTA.171L]	550.426	$kgCO_2e$/개	533.256	17.170	2023-11-30
523	(주)산하레미콘	생산재	레디믹스트 콘크리트 [25-21-120]	215.600	$kgCO_2e/m^3$	214.375	1.225	2023-11-30
524	(주)산하레미콘	생산재	레디믹스트 콘크리트 [25-21-150]	216.227	$kgCO_2e/m^3$	214.830	1.397	2023-11-30
525	(주)산하레미콘	생산재	레디믹스트 콘크리트 [25-24-150]	271.649	$kgCO_2e/m^3$	270.259	1.390	2023-11-30
526	(주)산하레미콘	생산재	레디믹스트 콘크리트 [25-27-150]	286.807	$kgCO_2e/m^3$	285.479	1.328	2023-11-30
527	(주)산하레미콘	생산재	레디믹스트 콘크리트 [25-30-150]	359.839	$kgCO_2e/m^3$	358.509	1.330	2023-11-30
528	(주)세아엔지니어링	생산재	터보 블로워(NGT75H1)	1541069.895	$kgCO_2e$/대	5499.221	110.337	2023-10-14
529	(주)세아엔지니어링	생산재	터보 공기압축기(NWB900)	19600368.783	$kgCO_2e$/대	32694.366	6593.307	2023-10-14
530	삼성전자(주)	생산재	포터블 SSD T7 Touch	11.270	$kgCO_2e$/개	3.946	0.037	2023-11-30
531	한라엔컴(주)	생산재	레디믹스트콘크리트 [25-24-120]	214.295	$kgCO_2e/m^3$	212.800	1.495	2023-12-17
532	한라엔컴(주)	생산재	레디믹스트콘크리트 [25-35-150]	322.303	$kgCO_2e/m^3$	320.100	2.203	2023-12-17
533	(주)코디엠	생산재	테크론 준불연 열반사 단열재	99.616	$kgCO_2e/m^3$	96.050	3.566	2023-12-17
534	(주)벽산	생산재	그라스울 보온판 [32K]	62.663	$kgCO_2e/m^3$	18.551	44.112	2023-12-17
535	(주)벽산	생산재	그라스울 보온판 [40K]	79.904	$kgCO_2e/m^3$	24.775	55.128	2023-12-17
536	(주)벽산	생산재	그라스울 보온판 [48K]	97.382	$kgCO_2e/m^3$	32.108	65.274	2023-12-17
537	(주)삼표산업	생산재	건조시멘트모르타르(일반미장용)	7.002	$kgCO_2e$/개	6.204	0.798	2023-12-17
538	(주)삼표산업	생산재	건조시멘트모르타르(바닥용)	0.199	$kgCO_2e/kg$	0.180	0.020	2023-12-17
539	(주)삼표산업	생산재	건조시멘트모르타르(고강도 바닥용)	0.283	$kgCO_2e/kg$	0.263	0.020	2023-12-17
540	금강레미콘(자)	생산재	레디믹스트 콘크리트 [25-27-150]	264.138	$kgCO_2e/m^3$	259.692	4.446	2023-12-17
541	개나리벽지(주)	생산재	로하스	0.588	$kgCO_2e/m^2$	0.452	0.135	2024-01-28
542	개나리벽지(주)	생산재	에비뉴	0.593	$kgCO_2e/m^2$	0.460	0.134	2024-01-28
543	개나리벽지(주)	생산재	아트북	0.585	$kgCO_2e/m^2$	0.449	0.135	2023-12-17
544	개나리벽지(주)	생산재	루체	0.613	$kgCO_2e/m^2$	0.473	0.140	2023-12-17
545	아주산업(주)	생산재	레디믹스트 콘크리트 [25-24-150]	219.239	$kgCO_2e/m^3$	217.998	1.241	2023-12-17
546	아주산업(주)	생산재	레디믹스트 콘크리트 [25-27-150]	238.346	$kgCO_2e/m^3$	237.005	1.340	2023-12-17
547	아주산업(주)	생산재	레디믹스트 콘크리트 [25-30-150]	231.456	$kgCO_2e/m^3$	230.162	1.294	2023-12-17

연번	기업명	제품군	인증제품명	총량	단위	제조전	제조	종료
548	아주산업(주)	생산재	레디믹스트 콘크리트 [25-35-150]	271.108	$kgCO_2e/m^3$	269.714	1.393	2023-12-17
549	유진기업(주)	생산재	레디믹스트 콘크리트 [25-30-600]	254.204	$kgCO_2e/m^3$	252.796	1.408	2023-12-17
550	유진기업(주)	생산재	레디믹스트 콘크리트 [25-40-600]	425.628	$kgCO_2e/m^3$	423.880	1.748	2023-12-17
551	유진기업(주)	생산재	레디믹스트 콘크리트 [20-24-150]	258.647	$kgCO_2e/m^3$	257.573	1.074	2023-12-17
552	유진기업(주)	생산재	레디믹스트 콘크리트 [20-27-150]	65.176	$kgCO_2e/m^3$	63.830	1.347	2023-12-17
553	유진기업(주)	생산재	레디믹스트 콘크리트 [20-30-150]	318.580	$kgCO_2e/m^3$	317.308	1.271	2023-12-17
554	유진기업(주)	생산재	레디믹스트 콘크리트 [20-35-150]	322.827	$kgCO_2e/m^3$	321.192	1.635	2023-12-17
555	유진기업(주)	생산재	레디믹스트 콘크리트 [20-40-150]	365.869	$kgCO_2e/m^3$	364.136	1.732	2023-12-17
556	유진기업(주)	생산재	레디믹스트 콘크리트 [25-45-600]	392.760	$kgCO_2e/m^3$	391.400	1.360	2023-12-17
557	성신레미컨(주)	생산재	레디믹스트콘크리트[25-21-150]	206.507	$kgCO_2e/m^3$	203.963	2.545	2023-12-17
558	성신레미컨(주)	생산재	레디믹스트콘크리트[25-24-150]	209.936	$kgCO_2e/m^3$	207.241	2.695	2023-12-17
559	성신레미컨(주)	생산재	레디믹스트콘크리트[25-27-150]	238.404	$kgCO_2e/m^3$	235.538	2.866	2023-12-17
560	성신레미컨(주)	생산재	레디믹스트콘크리트[25-30-150]	274.271	$kgCO_2e/m^3$	271.465	2.806	2023-12-17
561	(주)에스아이지	생산재	SIS-600[600X600X35T]	26.610	$kgCO_2e$/개	24.380	2.231	2023-10-31
562	디비하우징(주)	생산재	디비PF보드(준불연 경질발포 플라스틱-건축물단열재-II종 A)	85.200	$kgCO_2e/m^3$	65.800	19.400	2024-01-31
563	덕유패널(주)	생산재	PF BOARD [경질 발포플라스틱 단열재 1종 A, B]	100.000	$kgCO_2e/m^3$	82.600	17.500	2024-01-31
564	(주)원익큐브	생산재	LS3000 소시지형[500mL]	1.202	$kgCO_2e$/개	1.155	0.047	2024-01-31
565	영산콘크리트공업(주)	생산재	레디믹스트 콘크리트 [25-24-150]	267.699	$kgCO_2e/m^3$	265.554	2.144	2024-01-31
566	영산콘크리트공업(주)	생산재	레디믹스트 콘크리트 [25-24-120]	262.342	$kgCO_2e/m^3$	260.145	2.197	2024-01-31
567	영산콘크리트공업(주)	생산재	레디믹스트 콘크리트 [25-21-150]	247.851	$kgCO_2e/m^3$	245.936	1.916	2024-01-31
568	영산콘크리트공업(주)	생산재	레디믹스트 콘크리트 [25-27-150]	304.089	$kgCO_2e/m^3$	301.980	2.109	2024-01-31
569	영산콘크리트공업(주)	생산재	레디믹스트 콘크리트 [25-30-150]	298.220	$kgCO_2e/m^3$	295.983	2.237	2024-01-31
570	(주)동천	생산재	준불연경질폴리우레탄폼단열재2종[1㎥]	189.980	$kgCO_2e/m^3$	186.541	3.439	2024-01-31

연번	기업명	제품군	인증제품명	총량	단위	제조전	제조	종료
571	(주)동천	생산재	경질폴리우레탄폼단열재2종1호[1㎥]	182.644	$kgCO_2e/m^3$	179.159	3.485	2024-01-31
572	(주)동천	생산재	경질폴리우레탄폼단열재2종2호[1㎥]	140.500	$kgCO_2e/m^3$	136.994	3.506	2024-01-31
573	삼화공영(주)	생산재	레디믹스트 콘크리트 [25-27-150]	254.006	$kgCO_2e/m^3$	251.864	2.142	2024-01-31
574	(주)동명레미콘	생산재	레디믹스트 콘크리트 [25-21-120]	209.720	$kgCO_2e/m^3$	207.549	2.172	2024-01-31
575	(주)동명레미콘	생산재	레디믹스트 콘크리트 [25-27-150]	255.782	$kgCO_2e/m^3$	253.610	2.172	2024-01-31
576	(주)반도유니콘	생산재	레디믹스트 콘크리트 [25-21-150]	230.000	$kgCO_2e/m^3$	229.000	1.340	2024-01-31
577	(주)반도유니콘	생산재	레디믹스트 콘크리트 [25-24-150]	217.000	$kgCO_2e/m^3$	215.000	1.290	2024-01-31
578	(주)반도유니콘	생산재	레디믹스트 콘크리트 [25-27-150]	254.000	$kgCO_2e/m^3$	253.000	1.340	2024-01-31
579	(주)반도유니콘	생산재	레디믹스트 콘크리트 [25-30-150]	243.047	$kgCO_2e/m^3$	241.739	1.308	2024-01-31
580	무림피앤피(주)	생산재	네오스타고급교과서지	743.492	$kgCO_2e/ton$	437.118	306.374	2024-01-31
581	(주)현대정밀	생산재	OA FLOOR(HDC5001)[500x500x26T, R형]	8.524	$kgCO_2e$/개	6.722	1.802	2024-01-31
582	에스케이하이닉스(주)	생산재	DRAM 1X 6Gb LPDDR4	0.285	$kgCO_2e$/개	0.018	0.267	2024-02-25
583	에스케이하이닉스(주)	생산재	NAND 3D-V4 256Gb TLC	0.284	$kgCO_2e$/개	0.030	0.254	2024-02-25
584	주식회사 엘엑스하우시스	생산재	LX Hausys 오리진 [2T]	6.280	$kgCO_2e/m^2$	3.683	2.597	2024-02-25
585	주식회사 엘엑스하우시스	생산재	LX Hausys 스페이스 [2T]	6.092	$kgCO_2e/m^2$	3.685	2.407	2024-02-25
586	주식회사 엘엑스하우시스	생산재	Z:IN Floor VIP마블오리진[3T]	9.596	$kgCO_2e/m^2$	4.127	5.469	2024-02-25
587	(주)서경산업	생산재	레디믹스트 콘크리트 [25-24-150]	224.704	$kgCO_2e/m^3$	223.178	1.526	2024-02-25
588	(주)서경산업	생산재	레디믹스트 콘크리트 [25-21-120]	209.252	$kgCO_2e/m^3$	207.769	1.482	2024-02-25
589	(주)서경산업	생산재	레디믹스트 콘크리트 [25-21-150]	203.188	$kgCO_2e/m^3$	201.682	1.506	2024-02-25
590	(주)서경산업	생산재	레디믹스트 콘크리트 [25-27-150]	235.572	$kgCO_2e/m^3$	234.106	1.466	2024-02-25
591	(주)서경산업	생산재	레디믹스트 콘크리트 [25-30-150]	173.645	$kgCO_2e/m^3$	172.194	1.450	2024-02-25
592	주식회사 현대엘앤씨	생산재	골드타일 클래식[3T]	3.130	$kgCO_2e/m^2$	2.226	0.905	2024-02-25
593	코오롱인더스트리(주)	생산재	SUKOREZ SU-400	2.237	$kgCO_2e/kg$	1.757	0.480	2024-02-25

연번	기업명	제품군	인증제품명	총량	단위	제조전	제조	종료
594	코오롱인더스트리(주)	생산재	SUKOREZ SU-100S	2.069	$kgCO_2e/kg$	1.513	0.556	2024-02-25
595	코오롱인더스트리(주)	생산재	SUKOREZ SU-525	2.466	$kgCO_2e/kg$	2.030	0.436	2024-02-25
596	코오롱인더스트리(주)	생산재	SUKOREZ SU-640	2.432	$kgCO_2e/kg$	1.998	0.434	2024-02-25
597	코오롱인더스트리(주)	생산재	HIKOREZ H-2200	2.579	$kgCO_2e/kg$	2.144	0.435	2024-02-25
598	주식회사 엘엑스하우시스	생산재	Z:IN Floor VIP타일 그랜드[3T]	4.000	$kgCO_2e/m^2$	2.219	1.781	2024-02-25
599	주식회사 엘엑스하우시스	생산재	Z:IN Floor 데코타일 에코노플러스[3T]	3.310	$kgCO_2e/m^2$	2.367	0.944	2024-02-25
600	주식회사 엘엑스하우시스	생산재	Z:IN EQ Floor 6.0	6.927	$kgCO_2e/m^2$	5.385	1.542	2024-02-25
601	주식회사 엘엑스하우시스	생산재	Z:IN EQ Floor EDU 6.3	6.931	$kgCO_2e/m^2$	5.366	1.564	2024-02-25
602	주식회사 엘엑스하우시스	생산재	Z:IN 마제스타 2.0	2.494	$kgCO_2e/m^2$	1.866	0.628	2024-02-25
603	주식회사 엘엑스하우시스	생산재	Z:IN 마제스타 2.3	3.166	$kgCO_2e/m^2$	2.511	0.655	2024-02-25
604	주식회사 엘엑스하우시스	생산재	Z:IN 소리잠 6.0	6.969	$kgCO_2e/m^2$	5.275	1.694	2024-02-25
605	주식회사 엘엑스하우시스	생산재	Z:IN 소리잠 4.5	6.077	$kgCO_2e/m^2$	4.867	1.210	2024-02-25
606	주식회사 엘엑스하우시스	생산재	Z:IN 지아소리잠 6.0	6.991	$kgCO_2e/m^2$	4.928	2.064	2024-02-25
607	주식회사 엘엑스하우시스	생산재	Z:IN 지아소리잠 4.5	5.376	$kgCO_2e/m^2$	4.153	1.222	2024-02-25
608	주식회사 엘엑스하우시스	생산재	Z:IN Wallcovering 방염벽지[1㎡]	0.565	$kgCO_2e/m^2$	0.368	0.197	2024-02-25
609	트렘코씨피지코리아(유)	생산재	SG300카트리지형 [310ml]	0.852	$kgCO_2e$/개	0.813	0.039	2024-02-25
610	(주)안성테크	생산재	ASSC_I [600×600×33T, R형]	16.028	$kgCO_2e$/개	15.408	0.620	2024-02-25
611	(주)안성테크	생산재	OA-ASSC_III [500×500×23T, R형]	8.968	$kgCO_2e$/개	8.469	0.499	2024-02-25
612	이건산업(주)	생산재	SERA[95mmX800mmX7.5T]	6.000	$kgCO_2e/m^2$	5.457	0.543	2024-02-25
613	주식회사 엘엑스하우시스	생산재	올로드[2T]	4.858	$kgCO_2e/m^2$	3.733	1.125	2024-03-25
614	주식회사 엘엑스하우시스	생산재	시니어[4.5T]	6.600	$kgCO_2e/m^2$	5.556	1.044	2024-03-25

연번	기업명	제품군	인증제품명	총량	단위	제조전	제조	종료
615	주식회사 엘엑스하우시스	생산재	스톤컬렉션[2T]	3.131	$kgCO_2e/m^2$	2.375	0.756	2024-03-25
616	주식회사 엘엑스하우시스	생산재	SD트랜스[5T]	4.268	$kgCO_2e/m^2$	2.960	1.308	2024-03-25
617	주식회사 엘엑스하우시스	생산재	SD 메탈[3.2T]	3.785	$kgCO_2e/m^2$	2.585	1.200	2024-03-25
618	주식회사 엘엑스하우시스	생산재	세이프로드[2T]	5.262	$kgCO_2e/m^2$	4.638	0.623	2024-03-25
619	주식회사 엘엑스하우시스	생산재	우드컬렉션[2T]	3.146	$kgCO_2e/m^2$	2.352	0.794	2024-03-25
620	주식회사 현대엘앤씨	생산재	글로시아(가구용PET 데코시트)[0.4T]	2.437	$kgCO_2e/m^2$	2.162	0.275	2024-03-25
621	주식회사 현대엘앤씨	생산재	골드타일 루즈레이[5T]	6.455	$kgCO_2e/m^2$	5.302	1.153	2024-03-25
622	한국서부발전(주)	생산재	태안발전본부 정제회	0.018	$kgCO_2e/kg$	0.005	0.013	2024-03-25
623	한국서부발전(주)	생산재	서인천발전본부 생산전력[LNG]	0.452	$kgCO_2e/kWh$	0.080	0.371	2024-03-25
624	한국서부발전(주)	생산재	군산발전본부 생산전력[LNG]	0.492	$kgCO_2e/kWh$	0.089	0.404	2024-03-25
625	(주)강원	생산재	레디믹스트 콘크리트 [25-24-150]	124.972	$kgCO_2e/m^3$	124.090	0.882	2024-03-25
626	(주)강원	생산재	레디믹스트 콘크리트 [25-27-150]	158.894	$kgCO_2e/m^3$	157.967	0.927	2024-03-25
627	(주)강원	생산재	레디믹스트 콘크리트 [25-30-150]	1.68.E+02	$kgCO_2e/m^3$	1.67.E+02	8.19.E-01	2024-03-25
628	(주)대왕레미콘	생산재	레디믹스트 콘크리트 [25-24-150]	258.006	$kgCO_2e/m^3$	255.520	2.487	2024-03-25
629	(주)대왕레미콘	생산재	레디믹스트 콘크리트 [25-27-150]	327.234	$kgCO_2e/m^3$	324.986	2.248	2024-03-25
630	(주)대왕레미콘	생산재	레디믹스트 콘크리트 [25-30-150]	359.341	$kgCO_2e/m^3$	356.926	2.415	2024-03-25
631	(주)케이씨씨	생산재	KCC 마이톤[15T, T-bar용]	5.039	$kgCO_2e/m^2$	2.454	2.585	2024-03-25
632	삼성디스플레이(주)	생산재	AMB667UM23(핸드폰 디스플레이)	7.845	$kgCO_2e$/대	0.295	7.550	2024-03-25
633	한일시멘트(주)	생산재	레디믹스트 콘크리트 [25-40-150]	327.489	$kgCO_2e/m^3$	325.373	2.116	2024-03-25
634	(주)현대정밀	생산재	MAX FLOOR 500[500x500x24T, SP형]	6.207	$kgCO_2e$/개	5.544	0.663	2024-03-25
635	(주)경동원	생산재	파라소 육성용 인공토양	0.046	$kgCO_2e/L$	0.027	0.019	2024-03-25
636	(주)경동원	생산재	파라소 배수용 인공토양	0.074	$kgCO_2e/L$	0.041	0.033	2024-03-25
637	롯데케미칼(주)	생산재	LOTTE CHEMICAL PET BIO	1.696	$kgCO_2e/kg$	1.311	0.385	2024-03-25
638	쌍용레미콘(주)	생산재	레디믹스트콘크리트[25-27-150]	222.000	$kgCO_2e/m^3$	220.000	2.010	2024-03-25

연번	기업명	제품군	인증제품명	총량	단위	제조전	제조	종료
639	쌍용레미콘(주)	생산재	레디믹스트콘크리트[25-24-150]	238.000	$kgCO_2e/m^3$	236.000	1.790	2024-03-25
640	쌍용레미콘(주)	생산재	레디믹스트콘크리트[25-30-150]	252.000	$kgCO_2e/m^3$	250.000	1.910	2024-03-25
641	쌍용레미콘(주)	생산재	레디믹스트콘크리트[25-35-150]	227.000	$kgCO_2e/m^3$	225.000	2.000	2024-03-25
642	쌍용레미콘(주)	생산재	레디믹스트콘크리트[25-40-150]	329.000	$kgCO_2e/m^3$	327.000	2.100	2024-03-25
643	(주)윈체	생산재	WINCHE 창호 칼라 프로파일	1.635	$kgCO_2e/kg$	1.260	0.376	2024-03-25
644	한일시멘트(주)	생산재	레미탈(고강도바닥용(FS150))	0.272	$kgCO_2e/kg$	0.256	0.016	2024-03-25
645	(주)한솔홈데코	생산재	한솔PF보드	154.670	$kgCO_2e/m^3$	127.097	27.574	2022-11-27
646	(주)원신레미콘	생산재	레디믹스트 콘크리트 [25-24-150]	281.695	$kgCO_2e/m^3$	280.326	1.369	2024-05-02
647	(주)원신레미콘	생산재	레디믹스트 콘크리트 [25-21-120]	203.796	$kgCO_2e/m^3$	202.448	1.348	2024-05-02
648	(주)원신레미콘	생산재	레디믹스트 콘크리트 [25-24-120]	218.547	$kgCO_2e/m^3$	217.255	1.291	2024-05-02
649	(주)원신레미콘	생산재	레디믹스트 콘크리트 [25-27-150]	337.190	$kgCO_2e/m^3$	335.919	1.271	2024-05-02
650	(주)원신레미콘	생산재	레디믹스트 콘크리트 [25-30-150]	330.696	$kgCO_2e/m^3$	329.048	1.648	2024-05-02
651	크나우프석고보드(주)	생산재	시트락 집텍스 에코 [300x600x9.5mm]	2.352	$kgCO_2e/m^2$	0.640	1.712	2024-05-02
652	효신개발(주)	생산재	레디믹스트 콘크리트 [25-24-150]	247.269	$kgCO_2e/m^3$	245.923	1.345	2024-05-02
653	효신개발(주)	생산재	레디믹스트 콘크리트 [25-21-150]	212.929	$kgCO_2e/m^3$	211.565	1.364	2024-05-02
654	효신개발(주)	생산재	레디믹스트 콘크리트 [25-27-150]	298.436	$kgCO_2e/m^3$	296.994	1.442	2024-05-02
655	효신개발(주)	생산재	레디믹스트 콘크리트 [25-30-150]	369.300	$kgCO_2e/m^3$	367.952	1.348	2024-05-02
656	효신개발(주)	생산재	레디믹스트 콘크리트 [25-35-150]	296.174	$kgCO_2e/m^3$	294.868	1.306	2024-05-02
657	한일시멘트(주)	생산재	일반시멘트(1종 보통 포틀랜드 시멘트, 벌크)	883.453	$kgCO_2e/ton$	9.567	873.886	2024-05-02
658	한일시멘트(주)	생산재	일반시멘트(1종 보통 포틀랜드 시멘트, 포장) [40kg]	38.632	$kgCO_2e$/개	0.555	38.077	2024-05-02
659	(주)우신레미콘	생산재	레디믹스트 콘크리트 [25-24-150]	258.358	$kgCO_2e/m^3$	257.152	1.206	2024-05-02
660	(주)우신레미콘	생산재	레디믹스트 콘크리트 [25-21-120]	194.381	$kgCO_2e/m^3$	193.213	1.167	2024-05-02
661	(주)우신레미콘	생산재	레디믹스트 콘크리트 [25-24-120]	212.806	$kgCO_2e/m^3$	211.615	1.192	2024-05-02
662	(주)우신레미콘	생산재	레디믹스트 콘크리트 [25-27-150]	268.863	$kgCO_2e/m^3$	267.673	1.190	2024-05-02
663	(주)우신레미콘	생산재	레디믹스트 콘크리트 [25-30-150]	278.530	$kgCO_2e/m^3$	277.372	1.159	2024-05-02

연번	기업명	제품군	인증제품명	총량	단위	제조전	제조	종료
664	한라엔컴(주)	생산재	레디믹스트콘크리트[25-21-150]	205.611	$kgCO_2e/m^3$	203.600	2.011	2024-05-02
665	항도레미콘(주)	생산재	레디믹스트 콘크리트 [25-21-150]	205.073	$kgCO_2e/m^3$	203.277	1.797	2024-05-02
666	주식회사 케이씨씨글라스	생산재	센스빌 선[2T]	2.780	$kgCO_2e/m^2$	2.160	0.623	2024-05-02
667	천지산업개발(주)	생산재	레디믹스트 콘크리트 [25-21-150]	185.481	$kgCO_2e/m^3$	183.763	1.718	2024-05-02
668	천지산업개발(주)	생산재	레디믹스트 콘크리트 [25-24-150]	201.739	$kgCO_2e/m^3$	199.621	2.118	2024-05-02
669	천지산업개발(주)	생산재	레디믹스트 콘크리트 [25-27-150]	244.462	$kgCO_2e/m^3$	241.048	3.414	2024-05-02
670	천지산업개발(주)	생산재	레디믹스트 콘크리트 [25-30-150]	234.099	$kgCO_2e/m^3$	231.637	2.462	2024-05-02
671	코나아이(주)	생산재	ECOZEN WOOD CARD	0.166	$kgCO_2e$/개	0.059	0.107	2024-05-02
672	(주)토이론	생산재	SNC Board(준불연경질 폴리우레탄)2종2호	264.866	$kgCO_2e/m^3$	243.308	21.558	2024-05-02
673	다스코(주)	생산재	경질폴리우레탄폼단열재 2종 2호	142.063	$kgCO_2e/m^3$	137.857	4.206	2024-05-24
674	다스코(주)	생산재	경질폴리우레탄폼단열재 2종 1호	175.978	$kgCO_2e/m^3$	170.997	4.981	2024-05-24
675	다스코(주)	생산재	경질폴리우레탄폼단열재 1종 3호	142.186	$kgCO_2e/m^3$	138.081	4.106	2024-05-24
676	다스코(주)	생산재	경질폴리우레탄폼단열재 1종 2호	172.574	$kgCO_2e/m^3$	167.101	5.473	2024-05-24
677	(주)영동레미콘	생산재	레디믹스트 콘크리트 [25-21-120]	199.205	$kgCO_2e/m^3$	197.554	1.651	2024-05-24
678	(주)영동레미콘	생산재	레디믹스트 콘크리트 [25-21-150]	224.767	$kgCO_2e/m^3$	223.562	1.205	2024-05-24
679	(주)영동레미콘	생산재	레디믹스트 콘크리트 [25-24-120]	223.631	$kgCO_2e/m^3$	221.732	1.899	2024-05-24
680	(주)영동레미콘	생산재	레디믹스트 콘크리트 [25-24-150]	237.553	$kgCO_2e/m^3$	236.097	1.456	2024-05-24
681	(주)영동레미콘	생산재	레디믹스트 콘크리트 [25-27-120]	254.530	$kgCO_2e/m^3$	253.304	1.226	2024-05-24
682	(주)영동레미콘	생산재	레디믹스트 콘크리트 [25-27-150]	246.819	$kgCO_2e/m^3$	245.531	1.287	2024-05-24
683	이순산업(주)	생산재	레디믹스트 콘크리트 [25-24-150]	235.089	$kgCO_2e/m^3$	233.183	1.906	2024-05-24
684	이순산업(주)	생산재	레디믹스트 콘크리트 [25-21-150]	240.261	$kgCO_2e/m^3$	238.716	1.545	2024-05-24
685	이순산업(주)	생산재	레디믹스트 콘크리트 [25-24-120]	212.761	$kgCO_2e/m^3$	210.974	1.787	2024-05-24
686	이순산업(주)	생산재	레디믹스트 콘크리트 [25-24-180]	251.907	$kgCO_2e/m^3$	250.356	1.551	2024-05-24
687	이순산업(주)	생산재	레디믹스트 콘크리트 [25-27-150]	301.444	$kgCO_2e/m^3$	299.606	1.838	2024-05-24
688	무림에스피(주)	생산재	네오투표용지	1175.222	$kgCO_2e/ton$	465.767	709.455	2024-05-24

연번	기업명	제품군	인증제품명	총량	단위	제조전	제조	종료
689	한일시멘트(주)	생산재	레디믹스트 콘크리트 [25-21-150]	215.000	$kgCO_2e/m^3$	213.000	1.860	2024-05-24
690	한일시멘트(주)	생산재	레디믹스트 콘크리트 [25-24-150]	246.000	$kgCO_2e/m^3$	244.000	1.870	2024-05-24
691	한일시멘트(주)	생산재	레디믹스트 콘크리트 [25-27-150]	249.000	$kgCO_2e/m^3$	247.000	1.740	2024-05-24
692	한일시멘트(주)	생산재	레디믹스트 콘크리트 [25-30-150]	265.000	$kgCO_2e/m^3$	263.000	1.910	2024-05-24
693	한일시멘트(주)	생산재	레디믹스트 콘크리트 [25-35-150]	270.000	$kgCO_2e/m^3$	268.000	2.060	2024-05-24
694	(주)부국레미콘	생산재	레디믹스트 콘크리트 [25-24-150]	219.550	$kgCO_2e/m^3$	218.568	0.982	2024-05-24
695	(주)부국레미콘	생산재	레디믹스트 콘크리트 [25-27-150]	254.024	$kgCO_2e/m^3$	253.042	0.982	2024-05-24
696	(주)부국레미콘	생산재	레디믹스트 콘크리트 [25-30-150]	273.716	$kgCO_2e/m^3$	272.734	0.982	2024-05-24
697	(주)현대정밀	생산재	MAX FLOOR(HD5003)[500x500x19.2T, SP형]	6.478	$kgCO_2e$/개	6.184	0.294	2024-05-24
698	항도렉스콘(주)	생산재	레디믹스트 콘크리트 [25-24-150]	237.176	$kgCO_2e/m^3$	235.396	1.780	2024-05-24
699	항도렉스콘(주)	생산재	레디믹스트 콘크리트 [25-21-150]	235.375	$kgCO_2e/m^3$	233.565	1.810	2024-05-24
700	항도렉스콘(주)	생산재	레디믹스트 콘크리트 [25-27-150]	276.903	$kgCO_2e/m^3$	275.059	1.844	2024-05-24
701	항도렉스콘(주)	생산재	레디믹스트 콘크리트 [25-30-150]	303.981	$kgCO_2e/m^3$	302.145	1.836	2024-05-24
702	진양화학(주)	생산재	이웃사랑히트룸[규격:4.5mm]	7.116	$kgCO_2e/m^2$	6.502	0.614	2024-05-24
703	진양화학(주)	생산재	에코사랑 6.0[규격:6.0mm]	9.195	$kgCO_2e/m^2$	8.282	0.913	2024-05-24
704	주식회사 케이씨씨글라스	생산재	비센티 OVERLAY[0.2T]	0.975	$kgCO_2e/m^2$	0.647	0.327	2024-05-24
705	주식회사 현대엘앤씨	생산재	글로시아(PET데코시트)[0.2T]	1.351	$kgCO_2e/m^2$	1.144	0.207	2024-05-24
706	삼성전기(주)	생산재	BGA 04 FCCSP	467.400	$kgCO_2e/m^2$	38.205	429.195	2024-05-24
707	삼성전기(주)	생산재	MLCC 05A206MR5	0.002	$kgCO_2e$/개	0.000	0.001	2024-05-24
708	(주)윈체	생산재	WINCHE 창호 백색 프로파일	1.553	$kgCO_2e/kg$	1.178	0.375	2024-05-24
709	(주)바커케미칼코리아	생산재	LC1100[소시지형, 500mL]	1.270	$kgCO_2e$/개	1.240	0.030	2023-07-30
710	(주)케이에스더블유	생산재	M&G(PVC벽지)	0.548	$kgCO_2e/m^2$	0.413	0.134	2023-08-30
711	(주)케이에스더블유	생산재	DARAE(PVC벽지)	0.548	$kgCO_2e/m^2$	0.413	0.134	2023-08-30
712	(주)케이에스더블유	생산재	THE VIEW(PVC벽지)	0.548	$kgCO_2e/m^2$	0.413	0.134	2023-08-30
713	(주)케이에스더블유	생산재	HERA(PVC벽지)	0.548	$kgCO_2e/m^2$	0.413	0.134	2023-08-30
714	(주)에코테크론	생산재	에코테크론 복합기능 단열재	77.280	$kgCO_2e/m^3$	69.267	8.013	2024-06-16

연번	기업명	제품군	인증제품명	총량	단위	제조전	제조	종료
715	(주)벽산	생산재	DDF-FRC[500x500 x26T, SP형]	7.595	$kgCO_2e$/개	7.360	0.236	2024-06-24
716	(주)선진마루	생산재	SJ501-R2[500X500 X29T, R형]	10.556	$kgCO_2e$/개	10.387	0.170	2024-06-24
717	(주)선진마루	생산재	SJ501-R3[500X500 X29.5T, R형]	13.023	$kgCO_2e$/개	12.827	0.195	2024-06-24
718	(주)선진마루	생산재	SJ601-SP[600X600 X35.5T, SP형]	19.904	$kgCO_2e$/개	19.393	0.511	2024-06-24
719	(합자)신영레미콘	생산재	레디믹스트 콘크리트 [25-21-80]	267.221	$kgCO_2e/m^3$	265.017	2.204	2024-06-24
720	(합자)신영레미콘	생산재	레디믹스트 콘크리트 [25-21-150]	319.659	$kgCO_2e/m^3$	317.442	2.218	2024-06-24
721	(합자)신영레미콘	생산재	레디믹스트 콘크리트 [25-24-150]	367.207	$kgCO_2e/m^3$	363.622	3.586	2024-06-24
722	(합자)신영레미콘	생산재	레디믹스트 콘크리트 [25-27-150]	387.742	$kgCO_2e/m^3$	384.744	2.998	2024-06-24
723	산들마루(주)	생산재	수오미 강마루[95mm x800mmx7.5mm]	6.051	$kgCO_2e/m^2$	5.770	0.282	2024-06-24
724	동경레미콘(주)	생산재	레디믹스트 콘크리트 [25-24-150, 경상도]	218.396	$kgCO_2e/m^3$	215.916	2.480	2024-06-24
725	동경레미콘(주)	생산재	레디믹스트 콘크리트 [25-21-150, 경상도]	206.226	$kgCO_2e/m^3$	203.356	2.870	2024-06-24
726	동경레미콘(주)	생산재	레디믹스트 콘크리트 [25-27-150, 경상도]	216.774	$kgCO_2e/m^3$	214.221	2.553	2024-06-24
727	금호석유화학(주)	생산재	Hugreen 창호 프로파일	1.447	$kgCO_2e$/kg	1.079	0.369	2024-06-24
728	(주)두온에너지원	생산재	차열기능성 페인트 어드그린코트 백색(18kg)	40.306	$kgCO_2e$/캔	39.793	0.512	2024-06-24
729	(주)두온에너지원	생산재	차열기능성 페인트 어드그린코트 유색(18kg)	41.178	$kgCO_2e$/캔	40.560	0.618	2024-06-24
730	(주)케이디에프	생산재	0.3/5T UNIDECO O.A TILE	5.272	$kgCO_2e/m^2$	3.827	1.444	2024-06-24
731	(주)장안레미콘	생산재	레디믹스트 콘크리트 [25-24-150,경상도]	265.415	$kgCO_2e/m^3$	257.433	7.982	2024-06-24
732	(주)장안레미콘	생산재	레디믹스트 콘크리트 [25-21-150,경상도]	253.943	$kgCO_2e/m^3$	251.941	2.002	2024-06-24
733	(주)장안레미콘	생산재	레디믹스트 콘크리트 [25-27-150,경상도]	294.904	$kgCO_2e/m^3$	280.478	14.426	2024-06-24
734	(주)장안레미콘	생산재	레디믹스트 콘크리트 [25-30-150,경상도]	293.654	$kgCO_2e/m^3$	291.577	2.077	2024-06-24
735	(주)반도유니콘	생산재	레디믹스트 콘크리트 [25-18-120,수도권]	169.878	$kgCO_2e/m^3$	168.488	1.390	2024-06-24
736	(주)반도유니콘	생산재	레디믹스트 콘크리트 [25-40-150,수도권]	336.666	$kgCO_2e/m^3$	335.168	1.497	2024-06-24
737	(주)반도유니콘	생산재	레디믹스트 콘크리트 [25-49-600,수도권]	311.880	$kgCO_2e/m^3$	310.743	1.137	2024-06-24
738	현진레미콘(주)	생산재	레디믹스트 콘크리트 [25-21-150, 강원도]	180.677	$kgCO_2e/m^3$	178.029	2.648	2024-06-24

연번	기업명	제품군	인증제품명	총량	단위	제조전	제조	종료
739	현진레미콘(주)	생산재	레디믹스트 콘크리트 [25-24-150, 강원도]	232.425	$kgCO_2e/m^3$	229.761	2.665	2024-06-24
740	현진레미콘(주)	생산재	레디믹스트 콘크리트 [25-30-120, 강원도]	226.282	$kgCO_2e/m^3$	223.870	2.411	2024-06-24
741	현진레미콘(주)	생산재	레디믹스트 콘크리트 [25-35-150, 강원도]	247.924	$kgCO_2e/m^3$	245.815	2.109	2024-06-24
742	(주)세양	생산재	Premium Super 600 OA(600×600×24.2T, SP형)	12.626	$kgCO_2e$/개	12.397	0.229	2024-06-24
743	(주)세양	생산재	Premium 600 AF(600×600×27.2T, R형)	15.335	$kgCO_2e$/개	15.104	0.232	2024-06-24
744	(주)세양	생산재	Premium Super 600 AF(600×600×27.3T, SP형)	16.164	$kgCO_2e$/개	15.932	0.232	2024-06-24
745	고려기초소재(주)	생산재	콘크리트혼화재(고로슬래그미분말)	62.255	$kgCO_2e$/ton	21.703	40.552	2024-07-25
746	고려기초소재(주)	생산재	콘크리트혼화재(고로슬래그시멘트)	530.789	$kgCO_2e$/ton	530.302	0.487	2024-07-25
747	고려에프에이(주)	생산재	콘크리트혼화재(플라이애시)	10.249	$kgCO_2e$/ton	7.939	2.310	2024-07-25
748	고려에프에이(주)	생산재	콘크리트혼화재(고화재)	266.594	$kgCO_2e$/ton	264.346	2.248	2024-06-24
749	(주)케이씨씨실리콘	생산재	SL1000(소시지형)	1.138	$kgCO_2e$/개	1.101	0.037	2024-06-28
750	(주)에어론	생산재	에어론 저방사 단열재(준불연)	90.963	$kgCO_2e/m^3$	89.295	1.668	2024-07-29
751	선진레미콘(주)	생산재	레디믹스트 콘크리트 [25-24-150,수도권]	278.877	$kgCO_2e/m^3$	276.734	2.143	2024-07-29
752	선진레미콘(주)	생산재	레디믹스트 콘크리트 [25-21-150,수도권]	217.915	$kgCO_2e/m^3$	216.069	1.845	2024-07-29
753	선진레미콘(주)	생산재	레디믹스트 콘크리트 [25-27-150,수도권]	261.924	$kgCO_2e/m^3$	260.162	1.763	2024-07-29
754	선진레미콘(주)	생산재	레디믹스트 콘크리트 [25-30-150,수도권]	369.719	$kgCO_2e/m^3$	367.371	2.348	2024-07-29
755	한국남동발전(주)	생산재	분당발전본부 열 및 전기에너지[LNG]	86.094	$kgCO_2e$/GJ	15.007	71.088	2024-07-29
756	삼성레미콘(주)	생산재	레디믹스트 콘크리트 [25-21-120, 충청도]	197.837	$kgCO_2e/m^3$	195.488	2.348	2024-07-29
757	삼성레미콘(주)	생산재	레디믹스트 콘크리트 [25-21-150, 충청도]	245.178	$kgCO_2e/m^3$	242.454	2.724	2024-07-29
758	삼성레미콘(주)	생산재	레디믹스트 콘크리트 [25-24-120, 충청도]	221.292	$kgCO_2e/m^3$	218.719	2.573	2024-07-29
759	삼성레미콘(주)	생산재	레디믹스트 콘크리트 [25-24-150, 충청도]	238.219	$kgCO_2e/m^3$	234.766	3.453	2024-07-29
760	삼성레미콘(주)	생산재	레디믹스트 콘크리트 [25-27-150, 충청도]	273.013	$kgCO_2e/m^3$	271.238	1.775	2024-07-29
761	(주)윈앤윈우드	생산재	로얄 크라운 강마루	21.042	$kgCO_2e$/box	19.593	1.449	2024-07-29
762	우리도시개발(주)	생산재	레디믹스트 콘크리트 [25-24-150, 수도권]	270.114	$kgCO_2e/m^3$	266.578	3.536	2024-07-29

연번	기업명	제품군	인증제품명	총량	단위	제조전	제조	종료
763	우리도시개발(주)	생산재	레디믹스트 콘크리트 [25-21-150, 수도권]	243.721	$kgCO_2e/m^3$	240.765	2.956	2024-07-29
764	우리도시개발(주)	생산재	레디믹스트 콘크리트 [25-27-150, 수도권]	298.705	$kgCO_2e/m^3$	295.770	2.935	2024-07-29
765	우리도시개발(주)	생산재	레디믹스트 콘크리트 [25-30-150, 수도권]	289.797	$kgCO_2e/m^3$	286.332	3.465	2024-07-29
766	우리도시개발(주)	생산재	레디믹스트 콘크리트 [25-35-150, 수도권]	290.594	$kgCO_2e/m^3$	287.448	3.146	2024-07-29
767	(주)모헨즈	생산재	레디믹스트 콘크리트 [25-30-150, 충청도]	293.305	$kgCO_2e/m^3$	291.045	2.261	2024-07-29
768	(주)모헨즈	생산재	레디믹스트 콘크리트 [25-35-150, 충청도]	292.557	$kgCO_2e/m^3$	290.488	2.069	2024-07-29
769	서진레미콘(주)	생산재	레디믹스트 콘크리트 [25-30-150, 강원도]	239.798	$kgCO_2e/m^3$	238.159	1.638	2024-07-29
770	서진레미콘(주)	생산재	레디믹스트 콘크리트 [25-35-150, 강원도]	373.739	$kgCO_2e/m^3$	371.988	1.751	2024-07-29
771	(주)아이에스중공업	생산재	콘크리트 충진기둥 I-CFT Column	2224.454	$kgCO_2e/ton$	2204.761	19.693	2024-07-29
772	(주)동산이엔지	생산재	고로슬래그시멘트	0.434	$kgCO_2e/kg$	0.432	0.002	2024-07-29
773	(주)동산이엔지	생산재	콘크리트용혼합재	0.048	$kgCO_2e/kg$	0.043	0.005	2024-07-29
774	덕원산업(주)	생산재	레디믹스트 콘크리트 [25-35-150, 강원도]	322.846	$kgCO_2e/m^3$	320.587	2.259	2024-07-29
775	(주)서경CMT	생산재	인공토양(MAX-FILL(육성용))[100L]	5.361	kgCO2e/포대	2.855	2.506	2024-06-27
776	(주)서경CMT	생산재	인공토양(MAX-FILL(배수용))[100L]	8.984	$kgCO_2e$/포대	4.739	4.245	2024-06-27
777	서보산업(주)	생산재	레디믹스트 콘크리트 [25-24-150,수도권]	294.400	$kgCO_2e/m^3$	292.504	1.896	2024-08-26
778	서보산업(주)	생산재	레디믹스트 콘크리트 [25-27-150,수도권]	312.656	$kgCO_2e/m^3$	310.550	2.106	2024-08-26
779	서보산업(주)	생산재	레디믹스트 콘크리트 [25-30-150,수도권]	405.408	$kgCO_2e/m^3$	403.492	1.916	2024-08-26
780	한일시멘트(주)	생산재	레미탈(타일떠붙임용)[40kg]	7.339	$kgCO_2e$/포대	6.620	0.720	2024-08-26
781	한일시멘트(주)	생산재	레미탈(One-time)	226.019	$kgCO_2e/ton$	210.566	15.453	2024-08-26
782	한일시멘트(주)	생산재	레미탈(폴리픽스300)[25kg]	5.924	$kgCO_2e$/포대	5.564	0.360	2024-08-26
783	한일시멘트(주)	생산재	레미탈(GP400)[25kg]	10.156	$kgCO_2e$/포대	9.795	0.361	2024-08-26
784	한일시멘트(주)	생산재	레미탈(경량그라우트)	563.034	$kgCO_2e/ton$	557.752	5.282	2024-08-26
785	아주산업(주)	생산재	레디믹스트 콘크리트 [25-21-120,수도권]	217.135	$kgCO_2e/m^3$	215.820	1.314	2024-08-26
786	아주산업(주)	생산재	레디믹스트 콘크리트 [25-21-150,수도권]	238.206	$kgCO_2e/m^3$	236.901	1.305	2024-08-26

연번	기업명	제품군	인증제품명	총량	단위	제조전	제조	종료
787	아주산업(주)	생산재	레디믹스트 콘크리트 [25-24-120,수도권]	214.833	$kgCO_2e/m^3$	213.404	1.430	2024-08-26
788	아주산업(주)	생산재	레디믹스트 콘크리트 [25-24-180,수도권]	272.081	$kgCO_2e/m^3$	270.719	1.370	2024-08-26
789	아주산업(주)	생산재	레디믹스트 콘크리트 [25-27-180,수도권]	279.001	$kgCO_2e/m^3$	277.663	1.339	2024-08-26
790	아주산업(주)	생산재	레디믹스트 콘크리트 [25-40-150,수도권]	361.924	$kgCO_2e/m^3$	360.474	1.451	2024-08-26
791	(주)온새미로	생산재	온새미로 노팡[18L]	38.855	$kgCO_2e$/통	35.200	3.656	2024-08-26
792	한일시멘트(주)	생산재	레미탈(일반미장용)[40kg]	6.620	$kgCO_2e$/개	5.908	0.712	2024-08-26
793	한일시멘트(주)	생산재	레미탈(일반바닥용(FS100))	0.187	$kgCO_2e/kg$	0.171	0.016	2024-08-26
794	현대레미콘(주)	생산재	레디믹스트 콘크리트 [25-24-150, 수도권]	278.472	$kgCO_2e/m^3$	276.347	2.125	2024-08-26
795	현대레미콘(주)	생산재	레디믹스트 콘크리트 [25-21-150, 수도권]	242.872	$kgCO_2e/m^3$	241.039	1.833	2024-08-26
796	현대레미콘(주)	생산재	레디믹스트 콘크리트 [25-27-150, 수도권]	301.367	$kgCO_2e/m^3$	299.285	2.082	2024-08-26
797	현대레미콘(주)	생산재	레디믹스트 콘크리트 [25-30-150, 수도권]	331.281	$kgCO_2e/m^3$	329.229	2.052	2024-08-26
798	현대레미콘(주)	생산재	레디믹스트 콘크리트 [25-35-150, 수도권]	331.266	$kgCO_2e/m^3$	329.154	2.112	2024-08-26
799	삼덕산업(주)	생산재	레디믹스트 콘크리트 [25-21-150,수도권]	252.797	$kgCO_2e/m^3$	251.103	1.694	2024-08-26
800	삼덕산업(주)	생산재	레디믹스트 콘크리트 [25-24-120,수도권]	242.014	$kgCO_2e/m^3$	240.297	1.717	2024-08-26
801	삼덕산업(주)	생산재	레디믹스트 콘크리트 [25-24-180,수도권]	292.865	$kgCO_2e/m^3$	290.968	1.897	2024-08-26
802	삼덕산업(주)	생산재	레디믹스트 콘크리트 [25-35-150,수도권]	326.431	$kgCO_2e/m^3$	324.723	1.708	2024-08-26
803	세경산업(주)	생산재	세경SPF보드 [준불연 경질 발포 플라스틱 단열재 Ⅰ종A]	82.204	$kgCO_2e/m^3$	52.932	29.272	2024-08-26
804	한라엔컴(주)	생산재	레디믹스트콘크리트 [25-24-120, 수도권]	214.342	$kgCO_2e/m^3$	212.243	2.099	2024-08-26
805	한라엔컴(주)	생산재	레디믹스트콘크리트 [25-24-120, 충청도]	207.804	$kgCO_2e/m^3$	205.382	2.421	2024-08-26
806	한라엔컴(주)	생산재	레디믹스트콘크리트 [25-24-120, 경상도]	205.688	$kgCO_2e/m^3$	203.640	2.048	2024-08-26
807	한라엔컴(주)	생산재	레디믹스트콘크리트 [25-24-120, 전라도]	172.821	$kgCO_2e/m^3$	171.055	1.767	2024-08-26
808	한라엔컴(주)	생산재	레디믹스트콘크리트 [25-24-120, 강원도]	222.057	$kgCO_2e/m^3$	215.965	6.092	2024-08-26
809	한라엔컴(주)	생산재	레디믹스트콘크리트 [25-30-150, 수도권]	267.327	$kgCO_2e/m^3$	273.908	2.329	2024-08-26
810	한라엔컴(주)	생산재	레디믹스트콘크리트 [25-30-150, 충청도]	267.327	$kgCO_2e/m^3$	264.893	2.434	2024-08-26
811	한라엔컴(주)	생산재	레디믹스트콘크리트 [25-30-150, 경상도]	238.941	$kgCO_2e/m^3$	237.096	1.846	2024-08-26

연번	기업명	제품군	인증제품명	총량	단위	제조전	제조	종료
812	한라엔컴(주)	생산재	레디믹스트콘크리트 [25-30-150, 전라도]	286.796	$kgCO_2e/m^3$	285.134	1.661	2024-08-26
813	한라엔컴(주)	생산재	레디믹스트콘크리트 [25-24-150, 수도권]	239.872	$kgCO_2e/m^3$	237.620	2.252	2024-08-26
814	한라엔컴(주)	생산재	레디믹스트콘크리트 [25-24-150, 충청도]	242.762	$kgCO_2e/m^3$	240.598	2.164	2024-08-26
815	한라엔컴(주)	생산재	레디믹스트콘크리트 [25-24-150, 경상도]	214.627	$kgCO_2e/m^3$	212.587	2.040	2024-08-26
816	한라엔컴(주)	생산재	레디믹스트콘크리트 [25-24-150, 전라도]	215.012	$kgCO_2e/m^3$	213.263	1.749	2024-08-26
817	한라엔컴(주)	생산재	레디믹스트콘크리트 [25-24-150, 강원도]	240.998	$kgCO_2e/m^3$	236.276	4.722	2024-08-26
818	한라엔컴(주)	생산재	레디믹스트콘크리트 [25-27-150, 수도권]	251.317	$kgCO_2e/m^3$	249.315	2.002	2024-08-26
819	한라엔컴(주)	생산재	레디믹스트콘크리트 [25-27-150, 충청도]	261.064	$kgCO_2e/m^3$	258.741	2.322	2024-08-26
820	한라엔컴(주)	생산재	레디믹스트콘크리트 [25-27-150, 경상도]	238.050	$kgCO_2e/m^3$	235.919	2.130	2024-08-26
821	한라엔컴(주)	생산재	레디믹스트콘크리트 [25-27-150, 전라도]	244.781	$kgCO_2e/m^3$	243.047	1.734	2024-08-26
822	한라엔컴(주)	생산재	레디믹스트콘크리트 [25-27-150, 강원도]	285.638	$kgCO_2e/m^3$	279.678	5.960	2024-08-26
823	아세아시멘트(주)	생산재	아세아몰탈 (일반미장용)[40kg]	8.276	$kgCO_2e$/개	7.401	0.875	2024-08-26
824	아세아시멘트(주)	생산재	아세아몰탈 (고강도바닥용)	0.266	$kgCO_2e/kg$	0.245	0.021	2024-08-26
825	주식회사 현대엘앤씨	생산재	현대 OA타일[5T]	6.455	$kgCO_2e/m^2$	5.302	1.153	2024-03-25
826	(주)수달코리아	생산재	에코씰4000 카트리지형[300ml]	0.951	$kgCO_2e$/개	0.906	0.045	2024-10-04
827	(주)수달코리아	생산재	에코씰200s 카트리지형[300ml]	1.413	$kgCO_2e$/개	1.366	0.048	2024-10-04
828	(주)수달코리아	생산재	에코씰600 카트리지형[280ml]	0.872	$kgCO_2e$/개	0.830	0.043	2024-10-04
829	(주)수달코리아	생산재	에코씰800 카트리지형[300ml]	0.994	$kgCO_2e$/개	0.949	0.045	2024-10-04
830	(주)수달코리아	생산재	에코씰바이오 카트리지형[270ml]	0.859	$kgCO_2e$/개	0.828	0.032	2024-10-04
831	(주)수달코리아	생산재	에코씰울트라바이오카트리지형[300ml]	0.953	$kgCO_2e$/개	0.910	0.043	2024-10-04
832	(주)수달코리아	생산재	에코씰6000 소세지형[500ml]	1.497	$kgCO_2e$/개	1.430	0.067	2024-10-04
833	(주)수달코리아	생산재	에코씰505 소세지형[500ml]	1.440	$kgCO_2e$/개	1.366	0.073	2024-10-04
834	(주)수달코리아	생산재	에코씰900 소세지형[500ml]	1.370	$kgCO_2e$/개	1.295	0.075	2024-10-04
835	(주)수달코리아	생산재	우레씰 500N 주제 페일형[2kg]	10.070	$kgCO_2e$/개	10.011	0.059	2024-10-04
836	(주)수달코리아	생산재	우레씰 500N 경화제 페일형[10kg]	17.656	$kgCO_2e$/개	16.560	1.096	2024-10-04
837	신한벽지(주)	생산재	잇스페이스(PVC벽지) [$1m^2$]	0.721	$kgCO_2e/m^2$	0.572	0.150	2024-10-04

연번	기업명	제품군	인증제품명	총량	단위	제조전	제조	종료
838	주식회사 엘엑스하우시스	생산재	LGM600(무기질 황산칼슘 ACC)[600X600X25T, SP형]	9.765	$kgCO_2e$/개	6.728	3.036	2024-10-04
839	주식회사 엘엑스하우시스	생산재	LGC500(스틸콘 OA)[500X500X28T, R형]	13.630	$kgCO_2e$/개	11.800	1.834	2024-10-04
840	주식회사 엘엑스하우시스	생산재	LGC600(스틸콘 ACC)[600X600X32T, R형]	17.590	$kgCO_2e$/개	15.680	1.906	2024-10-04
841	주식회사 엘엑스하우시스	생산재	LGM500E(무기질 황산칼슘 GI OA)[500X500X20T, SP형]	5.893	$kgCO_2e$/개	3.246	2.647	2024-10-04
842	주식회사 엘엑스하우시스	생산재	LGM600H(무기질 황산칼슘 GI ACC)[600X600X25T, SP형]	8.472	$kgCO_2e$/개	5.533	2.939	2024-10-04
843	대한폴리텍(주)	생산재	경질폴리우레탄폼단열재 [2종 2호]	173.980	$kgCO_2e/m^3$	161.106	12.874	2024-10-04
844	대한폴리텍(주)	생산재	경질폴리우레탄폼단열재 [준불연, 2종]	194.369	$kgCO_2e/m^3$	181.392	12.978	2024-10-04
845	서진레미콘(주)	생산재	레디믹스트 콘크리트 [25-21-150, 강원도]	242.286	$kgCO_2e/m^3$	239.157	3.129	2024-10-04
846	유진기업(주)	생산재	레디믹스트 콘크리트 [25-24-150, 전라도]	235.000	$kgCO_2e/m^3$	233.000	1.470	2024-10-04
847	유진기업(주)	생산재	레디믹스트 콘크리트 [25-24-150, 충청도]	276.000	$kgCO_2e/m^3$	274.000	1.500	2024-10-04
848	덕원산업(주)	생산재	레디믹스트 콘크리트 [25-27-150, 수도권]	296.143	$kgCO_2e/m^3$	294.661	1.481	2024-10-04
849	성진씨엠(주)	생산재	레디믹스트 콘크리트 [25-24-150,경상도]	230.427	$kgCO_2e/m^3$	228.309	2.118	2024-10-04
850	성진씨엠(주)	생산재	레디믹스트 콘크리트 [25-21-150,경상도]	242.235	$kgCO_2e/m^3$	240.146	2.089	2024-10-04
851	성진씨엠(주)	생산재	레디믹스트 콘크리트 [25-27-150,경상도]	253.384	$kgCO_2e/m^3$	251.400	1.984	2024-10-04
852	성진씨엠(주)	생산재	레디믹스트 콘크리트 [25-30-150,경상도]	270.377	$kgCO_2e/m^3$	268.213	2.163	2024-10-04
853	성진씨엠(주)	생산재	레디믹스트 콘크리트 [25-35-150,경상도]	267.778	$kgCO_2e/m^3$	265.794	1.985	2024-10-04
854	(주)이비아이	생산재	이비아이 경질우레탄폼보드 2종2호	120.758	$kgCO_2e/m^3$	111.980	8.777	2024-10-04
855	금호석유화학(주)	생산재	Hugreen 랩핑 프로파일	1.373	$kgCO_2e$/kg	1.020	0.350	2024-10-04
856	(주)도현레미콘	생산재	레디믹스트 콘크리트 [25-21-150, 수도권]	177.468	$kgCO_2e/m^3$	175.917	1.551	2024-10-04
857	(주)도현레미콘	생산재	레디믹스트 콘크리트 [25-24-150, 수도권]	201.568	$kgCO_2e/m^3$	199.870	1.698	2024-10-04
858	(주)도현레미콘	생산재	레디믹스트 콘크리트 [25-27-150, 수도권]	224.454	$kgCO_2e/m^3$	223.217	1.237	2024-10-04
859	(주)모헨즈	생산재	레디믹스트 콘크리트 [25-21-150, 충청도]	219.485	$kgCO_2e/m^3$	217.638	1.847	2024-10-04
860	(주)모헨즈	생산재	레디믹스트 콘크리트 [25-24-150, 충청도]	241.031	$kgCO_2e/m^3$	239.325	1.706	2024-10-04
861	(주)모헨즈	생산재	레디믹스트 콘크리트 [25-27-150, 충청도]	274.528	$kgCO_2e/m^3$	272.427	2.101	2024-10-04

연번	기업명	제품군	인증제품명	총량	단위	제조전	제조	종료
862	에스와이(주)	생산재	경질폴리우레탄폼단열재[2종2호]	91.415	$kgCO_2e/m^3$	84.918	6.496	2024-10-04
863	에스와이(주)	생산재	경질폴리우레탄폼단열재[2종1호]	109.863	$kgCO_2e/m^3$	103.334	6.529	2024-10-04
864	에스와이(주)	생산재	경질폴리우레탄폼단열재[1종3호]	93.789	$kgCO_2e/m^3$	87.271	6.518	2024-10-04
865	에스와이(주)	생산재	경질폴리우레탄폼단열재[준불연, 2종2호]	112.601	$kgCO_2e/m^3$	106.039	6.562	2024-10-04
866	(주)누리켐	생산재	HB050	0.947	$kgCO_2e$/개	0.884	0.063	2024-10-04
867	코오롱인더스트리(주)	생산재	SUKOREZ SU-100	1.874	$kgCO_2e/kg$	1.085	0.790	2024-11-01
868	코오롱인더스트리(주)	생산재	HIKOTACK P-120	1.847	$kgCO_2e/kg$	1.524	0.323	2024-11-01
869	코오롱인더스트리(주)	생산재	HIKOREZ A-1100	1.960	$kgCO_2e/kg$	1.123	0.838	2024-11-01
870	코오롱인더스트리(주)	생산재	HIKOREZ T-1095	2.100	$kgCO_2e/kg$	1.249	0.851	2024-11-01
871	삼광산업(주)	생산재	레디믹스트 콘크리트[25-24-150, 수도권]	246.947	$kgCO_2e/m^3$	245.245	1.702	2024-11-01
872	삼광산업(주)	생산재	레디믹스트 콘크리트[25-21-150, 수도권]	207.613	$kgCO_2e/m^3$	205.809	1.804	2024-11-01
873	삼광산업(주)	생산재	레디믹스트 콘크리트[25-27-150, 수도권]	231.213	$kgCO_2e/m^3$	229.538	1.674	2024-11-01
874	삼광산업(주)	생산재	레디믹스트 콘크리트[25-30-150, 수도권]	289.238	$kgCO_2e/m^3$	286.589	2.649	2024-11-01
875	무림피앤피(주)	생산재	네오스타미색	708.140	$kgCO_2e/ton$	428.320	279.820	2024-11-01
876	부산산업(주)	생산재	레디믹스트 콘크리트[25-24-150,경상도]	257.710	$kgCO_2e/m^3$	255.788	1.922	2024-11-01
877	부산산업(주)	생산재	레디믹스트 콘크리트[25-21-150,경상도]	252.149	$kgCO_2e/m^3$	250.289	1.859	2024-11-01
878	부산산업(주)	생산재	레디믹스트 콘크리트[25-27-150,경상도]	292.605	$kgCO_2e/m^3$	290.575	2.031	2024-11-01
879	부산산업(주)	생산재	레디믹스트 콘크리트[25-35-150,경상도]	313.920	$kgCO_2e/m^3$	312.026	1.895	2024-11-01
880	(주)미륭	생산재	레디믹스트 콘크리트[25-27-150,경상도]	259.130	$kgCO_2e/m^3$	256.970	2.161	2024-11-01
881	(주)케이산업	생산재	경질폴리우레탄폼단열재 [2종2호]	115.514	$kgCO_2e/m^3$	110.966	4.548	2024-11-01
882	(주)케이산업	생산재	경질폴리우레탄폼단열재 [1종3호]	115.178	$kgCO_2e/m^3$	109.423	5.755	2024-11-01
883	(주)케이산업	생산재	경질폴리우레탄폼단열재 [2종1호]	144.686	$kgCO_2e/m^3$	139.735	4.951	2024-11-01
884	한일산업(주)	생산재	레디믹스트 콘크리트[25-24-150, 수도권]	248.027	$kgCO_2e/m^3$	246.028	1.999	2024-11-01
885	한일산업(주)	생산재	레디믹스트 콘크리트[25-24-150, 충청도]	246.002	$kgCO_2e/m^3$	244.490	1.511	2024-11-01

연번	기업명	제품군	인증제품명	총량	단위	제조전	제조	종료
886	한일산업(주)	생산재	레디믹스트 콘크리트 [25-27-150, 충청도]	265.672	$kgCO_2e/m^3$	264.387	1.285	2024-11-01
887	부일산업개발(주)	생산재	레디믹스트 콘크리트 [25-24-150,경상도]	254.153	$kgCO_2e/m^3$	250.814	3.339	2024-11-01
888	부일산업개발(주)	생산재	레디믹스트 콘크리트 [25-21-150,경상도]	237.924	$kgCO_2e/m^3$	234.971	2.952	2024-11-01
889	부일산업개발(주)	생산재	레디믹스트 콘크리트 [25-27-150,경상도]	296.778	$kgCO_2e/m^3$	293.397	3.382	2024-11-01
890	부일산업개발(주)	생산재	레디믹스트 콘크리트 [25-30-150,경상도]	259.063	$kgCO_2e/m^3$	256.147	2.915	2024-11-01
891	부일산업개발(주)	생산재	레디믹스트 콘크리트 [25-35-150,경상도]	262.437	$kgCO_2e/m^3$	259.276	3.161	2024-11-01
892	한국남동발전(주)	생산재	영동에코발전본부 생산전력[우드펠릿]	0.176	$kgCO_2e/kWh$	0.130	0.046	2024-08-30
893	(주)대창스틸	생산재	A2-OA500C[500x500x26T, R형]	11.949	$kgCO_2e$/개	11.091	0.858	2024-08-30
894	(주)대창스틸	생산재	A2-AF600C[600x600x35T, SP형]	24.685	$kgCO_2e$/개	23.846	0.838	2024-08-30
895	세기레미콘(주)	생산재	레디믹스트 콘크리트 [25-24-150, 제주도]	345.247	$kgCO_2e/m^3$	341.774	3.473	2024-11-01
896	세기레미콘(주)	생산재	레디믹스트 콘크리트 [25-18-120, 제주도]	272.392	$kgCO_2e/m^3$	268.977	3.415	2024-11-01
897	세기레미콘(주)	생산재	레디믹스트 콘크리트 [25-21-120, 제주도]	304.712	$kgCO_2e/m^3$	301.106	3.606	2024-11-01
898	세기레미콘(주)	생산재	레디믹스트 콘크리트 [25-21-150, 제주도]	321.682	$kgCO_2e/m^3$	318.327	3.356	2024-11-01
899	세기레미콘(주)	생산재	레디믹스트 콘크리트 [25-24-120, 제주도]	330.552	$kgCO_2e/m^3$	329.103	1.449	2024-11-01
900	세기레미콘(주)	생산재	레디믹스트 콘크리트 [25-27-150, 제주도]	375.220	$kgCO_2e/m^3$	373.227	1.993	2024-11-01
901	한국신에츠실리콘(주)	생산재	SELANT-OK(Premium)[카트리지형(유색), 270ml]	0.842	$kgCO_2e$/개	0.764	0.078	2024-11-14
902	한국신에츠실리콘(주)	생산재	SELANT-BS1000 [소시지형, 500ml]	1.228	$kgCO_2e$/개	1.116	0.112	2024-11-14
903	한국중부발전(주)	생산재	보령발전본부 생산전력[석탄]	0.831	$kgCO_2e/kWh$	0.015	0.816	2024-11-29
904	한국중부발전(주)	생산재	보령발전본부 탈황석고	0.223	$kgCO_2e/kg$	0.004	0.220	2024-11-29
905	한국중부발전(주)	생산재	보령발전본부 재이용CO_2	0.697	$kgCO_2e/kg$	0.009	0.688	2024-11-29
906	씨엔에스이엔지(주)	생산재	소형 CFT	1326.665	$kgCO_2e/ton$	1303.062	23.604	2024-11-29
907	(주)포스코케미칼	생산재	음극재(천연흑연)	3.241	$kgCO_2e/kg$	1.856	1.384	2024-11-29
908	주식회사 엘엑스하우시스	생산재	Z:IN wallcovering 스타일	0.648	$kgCO_2e/m^2$	0.400	0.249	2024-08-30
909	주식회사 엘엑스하우시스	생산재	Z:IN Wallcovering 지아패브릭	0.641	$kgCO_2e/m^2$	0.490	0.151	2024-08-30

연번	기업명	제품군	인증제품명	총량	단위	제조전	제조	종료
910	주식회사 엘엑스하우시스	생산재	Z:IN wallcovering 디아망	1.130	$kgCO_2e/m^2$	0.881	0.248	2024-11-29
911	한일시멘트(주)	생산재	레디믹스트 콘크리트 [25-21-150, 수도권]	211.146	$kgCO_2e/m^3$	209.308	1.838	2024-11-29
912	한일시멘트(주)	생산재	레디믹스트 콘크리트 [25-21-150, 충청도]	188.598	$kgCO_2e/m^3$	186.770	1.829	2024-11-29
913	한일시멘트(주)	생산재	레디믹스트 콘크리트 [25-21-150, 경상도]	224.807	$kgCO_2e/m^3$	222.804	2.003	2024-11-29
914	한일시멘트(주)	생산재	레디믹스트 콘크리트 [25-24-150, 수도권]	241.742	$kgCO_2e/m^3$	239.835	1.907	2024-11-29
915	한일시멘트(주)	생산재	레디믹스트 콘크리트 [25-24-150, 충청도]	233.054	$kgCO_2e/m^3$	230.928	2.126	2024-11-29
916	한일시멘트(주)	생산재	레디믹스트 콘크리트 [25-24-150, 경상도]	235.940	$kgCO_2e/m^3$	233.893	2.048	2024-11-29
917	한일시멘트(주)	생산재	레디믹스트 콘크리트 [25-27-150, 수도권]	244.218	$kgCO_2e/m^3$	242.409	1.809	2024-11-29
918	한일시멘트(주)	생산재	레디믹스트 콘크리트 [25-27-150, 충청도]	249.076	$kgCO_2e/m^3$	246.881	2.195	2024-11-29
919	한일시멘트(주)	생산재	레디믹스트 콘크리트 [25-27-150, 경상도]	260.485	$kgCO_2e/m^3$	258.589	1.896	2024-11-29
920	한일시멘트(주)	생산재	레디믹스트 콘크리트 [25-30-150, 수도권]	265.715	$kgCO_2e/m^3$	263.871	1.844	2024-11-29
921	한일시멘트(주)	생산재	레디믹스트 콘크리트 [25-30-150, 충청도]	266.650	$kgCO_2e/m^3$	264.581	2.069	2024-11-29
922	한일시멘트(주)	생산재	레디믹스트 콘크리트 [25-30-150, 경상도]	279.360	$kgCO_2e/m^3$	277.406	1.954	2024-11-29
923	한일시멘트(주)	생산재	레디믹스트 콘크리트 [25-35-150, 수도권]	293.874	$kgCO_2e/m^3$	291.968	1.906	2024-11-29
924	한일시멘트(주)	생산재	레디믹스트 콘크리트 [25-35-150, 경상도]	277.889	$kgCO_2e/m^3$	275.782	2.108	2024-11-29
925	성진산업(주)	생산재	레디믹스트 콘크리트 [25-24-150, 충청도]	243.724	$kgCO_2e/m^3$	240.018	3.705	2024-11-29
926	성진산업(주)	생산재	레디믹스트 콘크리트 [25-21-150, 충청도]	195.473	$kgCO_2e/m^3$	191.285	4.188	2024-11-29
927	성진산업(주)	생산재	레디믹스트 콘크리트 [25-27-150, 충청도]	261.563	$kgCO_2e/m^3$	257.812	3.750	2024-11-29
928	성진산업(주)	생산재	레디믹스트 콘크리트 [25-30-150, 충청도]	326.060	$kgCO_2e/m^3$	322.226	3.835	2024-11-29
929	성진산업(주)	생산재	레디믹스트 콘크리트 [25-35-150, 충청도]	291.789	$kgCO_2e/m^3$	288.357	3.432	2024-11-29
930	성진기업(주)	생산재	레디믹스트 콘크리트 [25-24-150,수도권]	269.000	$kgCO_2e/m^3$	267.187	1.813	2024-11-29
931	성진기업(주)	생산재	레디믹스트 콘크리트 [25-21-150,수도권]	228.505	$kgCO_2e/m^3$	226.616	1.889	2024-11-29
932	성진기업(주)	생산재	레디믹스트 콘크리트 [25-24-120,수도권]	232.615	$kgCO_2e/m^3$	230.824	1.791	2024-11-29
933	성진기업(주)	생산재	레디믹스트 콘크리트 [25-27-150,수도권]	288.492	$kgCO_2e/m^3$	286.417	2.074	2024-11-29
934	성진기업(주)	생산재	레디믹스트 콘크리트 [25-30-150,수도권]	313.573	$kgCO_2e/m^3$	311.956	1.617	2024-11-29

연번	기업명	제품군	인증제품명	총량	단위	제조전	제조	종료
935	성진도시개발(주)	생산재	레디믹스트 콘크리트 [25-24-150,수도권]	222.678	$kgCO_2e/m^3$	220.989	1.689	2024-11-29
936	성진도시개발(주)	생산재	레디믹스트 콘크리트 [25-21-150,수도권]	111.900	$kgCO_2e/m^3$	110.470	1.430	2024-11-29
937	성진도시개발(주)	생산재	레디믹스트 콘크리트 [25-24-120,수도권]	169.334	$kgCO_2e/m^3$	167.782	1.552	2024-11-29
938	성진도시개발(주)	생산재	레디믹스트 콘크리트 [25-27-150,수도권]	194.341	$kgCO_2e/m^3$	192.839	1.503	2024-11-29
939	성진도시개발(주)	생산재	레디믹스트 콘크리트 [25-30-150,수도권]	303.897	$kgCO_2e/m^3$	302.214	1.683	2024-11-29
940	(주)부일레미콘	생산재	레디믹스트 콘크리트 [25-24-150,경상도]	238.000	$kgCO_2e/m^3$	236.000	1.910	2024-11-29
941	(주)부일레미콘	생산재	레디믹스트 콘크리트 [25-21-150,경상도]	218.000	$kgCO_2e/m^3$	217.000	1.830	2024-11-29
942	(주)부일레미콘	생산재	레디믹스트 콘크리트 [25-27-150,경상도]	289.000	$kgCO_2e/m^3$	287.000	1.990	2024-11-29
943	(주)부일레미콘	생산재	레디믹스트 콘크리트 [25-30-150,경상도]	286.000	$kgCO_2e/m^3$	285.000	1.860	2024-11-29
944	(주)부일레미콘	생산재	레디믹스트 콘크리트 [25-35-150,경상도]	315.000	$kgCO_2e/m^3$	313.000	2.020	2024-11-29
945	(주)동서산업	생산재	레디믹스트 콘크리트 [25-24-150,경상도]	224.143	$kgCO_2e/m^3$	222.583	1.560	2024-11-29
946	(주)동서산업	생산재	레디믹스트 콘크리트 [25-21-150,경상도]	205.456	$kgCO_2e/m^3$	204.013	1.443	2024-11-29
947	(주)동서산업	생산재	레디믹스트 콘크리트 [25-27-150,경상도]	250.916	$kgCO_2e/m^3$	249.299	1.617	2024-11-29
948	(주)동서산업	생산재	레디믹스트 콘크리트 [25-30-150,경상도]	267.631	$kgCO_2e/m^3$	266.124	1.507	2024-11-29
949	(주)동서산업	생산재	레디믹스트 콘크리트 [25-35-150,경상도]	259.636	$kgCO_2e/m^3$	257.963	1.673	2024-11-29
950	(주)동양산업	생산재	레디믹스트 콘크리트 [25-24-150,경상도]	229.482	$kgCO_2e/m^3$	227.049	2.433	2024-11-29
951	(주)동양산업	생산재	레디믹스트 콘크리트 [25-21-150,경상도]	233.488	$kgCO_2e/m^3$	231.042	2.446	2024-11-29
952	(주)동양산업	생산재	레디믹스트 콘크리트 [25-27-150,경상도]	258.117	$kgCO_2e/m^3$	255.351	2.766	2024-11-29
953	(주)동양산업	생산재	레디믹스트 콘크리트 [25-30-150,경상도]	273.444	$kgCO_2e/m^3$	270.822	2.622	2024-11-29
954	(주)동양산업	생산재	레디믹스트 콘크리트 [25-35-150,경상도]	385.803	$kgCO_2e/m^3$	383.140	2.662	2024-11-29
955	무림페이퍼(주)	생산재	네오스타백상쇼핑백	1016.277	$kgCO_2e/ton$	408.074	608.203	2024-12-16
956	동산콘크리트산업(주)	생산재	이엠에코 축조블록A형 [1kg]	0.087	$kgCO_2e/kg$	0.078	0.009	2024-12-16
957	동산콘크리트산업(주)	생산재	이엠에코블록A형 [1kg]	0.087	$kgCO_2e/kg$	0.077	0.009	2024-12-16
958	행복레미콘(주)	생산재	레디믹스트 콘크리트 [25-24-150,충청도]	267.504	$kgCO_2e/m^3$	265.889	1.615	2024-12-16
959	행복레미콘(주)	생산재	레디믹스트 콘크리트 [25-21-150,충청도]	232.262	$kgCO_2e/m^3$	230.642	1.620	2024-12-16

연번	기업명	제품군	인증제품명	총량	단위	제조전	제조	종료
960	행복레미콘(주)	생산재	레디믹스트 콘크리트 [25-24-120,충청도]	246.825	$kgCO_2e/m^3$	244.774	2.051	2024-12-16
961	행복레미콘(주)	생산재	레디믹스트 콘크리트 [25-27-150,충청도]	300.643	$kgCO_2e/m^3$	299.016	1.627	2024-12-16
962	행복레미콘(주)	생산재	레디믹스트 콘크리트 [25-30-150,충청도]	288.774	$kgCO_2e/m^3$	287.337	1.437	2024-12-16
963	(주)케이디에프	생산재	0.1/3T UNIDECO 플레이 TILE	3.235	$kgCO_2e/m^2$	2.128	1.107	2024-12-16
964	두산기초(주)	생산재	고로슬래그시멘트	565.682	$kgCO_2e/ton$	564.687	0.995	2024-12-16
965	세화산업(주)	생산재	레디믹스트 콘크리트 [25-24-150, 수도권]	188.483	$kgCO_2e/m^3$	187.391	1.091	2024-12-16
966	세화산업(주)	생산재	레디믹스트 콘크리트 [25-27-150, 수도권]	201.510	$kgCO_2e/m^3$	200.291	1.218	2024-12-16
967	세화산업(주)	생산재	레디믹스트 콘크리트 [25-30-150, 수도권]	217.199	$kgCO_2e/m^3$	216.156	1.043	2024-12-16
968	세화산업(주)	생산재	레디믹스트 콘크리트 [25-35-150, 수도권]	235.700	$kgCO_2e/m^3$	234.587	1.113	2024-12-16
969	(주)미래레미콘	생산재	레디믹스트 콘크리트 [25-24-150, 수도권]	244.072	$kgCO_2e/m^3$	242.969	1.103	2024-12-16
970	(주)미래레미콘	생산재	레디믹스트 콘크리트 [25-21-150, 수도권]	226.658	$kgCO_2e/m^3$	225.512	1.146	2024-12-16
971	(주)미래레미콘	생산재	레디믹스트 콘크리트 [25-27-150, 수도권]	266.028	$kgCO_2e/m^3$	264.907	1.121	2024-12-16
972	(주)미래레미콘	생산재	레디믹스트 콘크리트 [25-30-150, 수도권]	300.951	$kgCO_2e/m^3$	299.727	1.224	2024-12-16
973	(주)미래레미콘	생산재	레디믹스트 콘크리트 [25-35-150, 수도권]	329.334	$kgCO_2e/m^3$	328.017	1.316	2024-12-16
974	지성산업개발(주)	생산재	수로형 집수정(JS-01)	184.050	$kgCO_2e$/개	172.630	11.420	2024-11-15
975	지성산업개발(주)	생산재	수로형 집수정(JS-03)	307.590	$kgCO_2e$/개	285.368	22.223	2024-11-15
976	한화솔루션(주)	생산재	EVA 1315[1kg]	2.179	$kgCO_2e/kg$	1.448	0.731	2024-12-16
977	한화솔루션(주)	생산재	EVA 1316[1kg]	2.198	$kgCO_2e/kg$	1.466	0.732	2024-12-16
978	한화솔루션(주)	생산재	EVA 1533[1kg]	2.272	$kgCO_2e/kg$	1.530	0.742	2024-12-16
979	한화솔루션(주)	생산재	EVA 1626[1kg]	2.245	$kgCO_2e/kg$	1.482	0.764	2024-12-16
980	한화솔루션(주)	생산재	EVA 4333[1kg]	2.164	$kgCO_2e/kg$	1.519	0.645	2024-12-16
981	한화솔루션(주)	생산재	DEHCH[1kg]	2.539	$kgCO_2e/kg$	2.412	0.127	2024-12-16
982	한일산업(주)	생산재	레디믹스트 콘크리트 [25-18-120, 수도권]	171.665	$kgCO_2e/m^3$	169.731	1.934	2024-12-16
983	한일산업(주)	생산재	레디믹스트 콘크리트 [25-18-120, 충청도]	196.578	$kgCO_2e/m^3$	194.158	2.420	2024-12-16
984	한일산업(주)	생산재	레디믹스트 콘크리트 [25-35-150, 수도권]	324.669	$kgCO_2e/m^3$	322.652	2.018	2024-12-16
985	한일산업(주)	생산재	레디믹스트 콘크리트 [25-35-150, 충청도]	369.279	$kgCO_2e/m^3$	366.671	2.608	2024-12-16
986	삼성전기(주)	생산재	BGA 03 BSN	399.117	$kgCO_2e/m^2$	29.481	369.636	2024-12-16

연번	기업명	제품군	인증제품명	총량	단위	제조전	제조	종료
987	삼성전기(주)	생산재	MLCC CL10B104K B8WPNB	0.004	$kgCO_2e$/개	0.002	0.002	2024-12-16
988	(주)재현인텍스	생산재	백색 프로파일[1kg]	1.587	$kgCO_2e/kg$	1.307	0.281	2024-12-16
989	(주)재현인텍스	생산재	래핑 프로파일(라미 프로파일)[1kg]	1.766	$kgCO_2e/kg$	1.476	0.291	2024-12-16
990	항도레미콘(주)	생산재	레디믹스트 콘크리트 [25-24-150,경상도]	221.515	$kgCO_2e/m^3$	219.671	1.844	2024-12-16
991	항도레미콘(주)	생산재	레디믹스트 콘크리트 [25-30-150,경상도]	259.554	$kgCO_2e/m^3$	257.744	1.809	2024-12-16
992	주식회사 표주레미콘	생산재	레디믹스트 콘크리트 [25-21-150, 경상도]	203.291	$kgCO_2e/m^3$	202.059	1.233	2024-12-16
993	주식회사 표주레미콘	생산재	레디믹스트 콘크리트 [25-24-150, 경상도]	221.984	$kgCO_2e/m^3$	220.719	1.265	2024-12-16
994	주식회사 표주레미콘	생산재	레디믹스트 콘크리트 [25-27-150, 경상도]	249.159	$kgCO_2e/m^3$	247.891	1.268	2024-12-16
995	주식회사 표주레미콘	생산재	레디믹스트 콘크리트 [25-30-150, 경상도]	312.871	$kgCO_2e/m^3$	311.603	1.268	2024-12-16
996	(주)성영레미콘	생산재	레디믹스트 콘크리트 [25-21-150, 경상도]	249.068	$kgCO_2e/m^3$	247.312	1.756	2024-12-16
997	(주)성영레미콘	생산재	레디믹스트 콘크리트 [25-27-150, 경상도]	265.647	$kgCO_2e/m^3$	263.801	1.846	2024-12-16
998	(주)성영레미콘	생산재	레디믹스트 콘크리트 [25-30-150, 경상도]	277.596	$kgCO_2e/m^3$	275.787	1.809	2024-12-16
999	(주)정우레미콘	생산재	레디믹스트 콘크리트 [25-21-150, 경상도]	225.511	$kgCO_2e/m^3$	223.255	2.256	2024-12-16
1000	(주)정우레미콘	생산재	레디믹스트 콘크리트 [25-24-150, 경상도]	204.925	$kgCO_2e/m^3$	202.463	2.462	2024-12-16
1001	(주)정우레미콘	생산재	레디믹스트 콘크리트 [25-27-150, 경상도]	257.328	$kgCO_2e/m^3$	254.679	2.649	2024-12-16
1002	(주)정우레미콘	생산재	레디믹스트 콘크리트 [25-30-150, 경상도]	251.290	$kgCO_2e/m^3$	248.616	2.674	2024-12-16
1003	(주)대진	생산재	데코리아 TILE[3T]	3.510	$kgCO_2e/m^2$	2.069	1.442	2024-11-15
1004	(주)대진	생산재	데코리아 OA TILE[5T]	6.352	$kgCO_2e/m^2$	3.936	2.416	2024-11-15
1005	우진레미콘(주)	생산재	레디믹스트 콘크리트 [25-30-150,수도권]	273.353	$kgCO_2e/m^3$	271.471	1.882	2025-02-02
1006	우진레미콘(주)	생산재	레디믹스트 콘크리트 [25-35-150,수도권]	321.447	$kgCO_2e/m^3$	319.310	2.137	2025-02-02
1007	우진레미콘(주)	생산재	레디믹스트 콘크리트 [25-40-150,수도권]	362.740	$kgCO_2e/m^3$	360.381	2.359	2025-02-02
1008	생고뱅이소바코리아(주)	생산재	그라스울 보온판 [32K]	86.182	$kgCO_2e/m^3$	16.133	70.049	2024-11-15
1009	생고뱅이소바코리아(주)	생산재	그라스울 보온판 [40K]	105.129	$kgCO_2e/m^3$	19.626	85.503	2024-11-15
1010	생고뱅이소바코리아(주)	생산재	그라스울 보온판 [48K]	128.686	$kgCO_2e/m^3$	22.723	105.963	2024-11-15
1011	생고뱅이소바코리아(주)	생산재	그라스울 보온판 [24K]	62.294	$kgCO_2e/m^3$	11.816	50.478	2025-02-02

연번	기업명	제품군	인증제품명	총량	단위	제조전	제조	종료
1012	유진기업(주)	생산재	레디믹스트 콘크리트 [25-24-150, 수도권]	231.523	$kgCO_2e/m^3$	230.000	1.480	2025-02-02
1013	유진기업(주)	생산재	레디믹스트 콘크리트 [25-24-150, 강원도]	242.523	$kgCO_2e/m^3$	239.973	2.550	2025-02-02
1014	덕원산업(주)	생산재	레디믹스트 콘크리트 [25-30-150, 수도권]	293.092	$kgCO_2e/m^3$	291.327	1.766	2025-02-02
1015	덕원산업(주)	생산재	레디믹스트 콘크리트 [25-35-150, 수도권]	286.212	$kgCO_2e/m^3$	284.759	1.453	2025-02-02
1016	트렘코씨피지코리아(유)	생산재	SG555 [카트리지형, 300ml]	0.919	$kgCO_2e$/개	0.849	0.070	2025-02-02
1017	트렘코씨피지코리아(유)	생산재	TREMglaze50 [카트리지형, 300ml]	0.854	$kgCO_2e$/개	0.771	0.083	2025-02-02
1018	트렘코씨피지코리아(유)	생산재	SG200 Part A [드럼형, 250kg]	578.875	$kgCO_2e$/개	544.175	34.699	2025-02-02
1019	트렘코씨피지코리아(유)	생산재	SG200 Part B [페일형(black), 19kg]	63.075	$kgCO_2e$/개	60.207	2.868	2025-02-02
1020	(주)케이씨씨실리콘	생산재	SL2000[소시지형, 500ml]	1.194	$kgCO_2e$/개	1.158	0.036	2025-02-02
1021	주식회사 현대엘앤씨	생산재	디럭스골드타일[3T]	2.878	$kgCO_2e/m^2$	1.756	1.122	2025-02-02
1022	주식회사 현대엘앤씨	생산재	리젠트바이오타일[3T]	3.046	$kgCO_2e/m^2$	1.783	1.263	2025-02-02
1023	다우실란트산업(주)	생산재	다우실 792 카트리지 [270 ml]	0.794	$kgCO_2e$/개	0.777	0.017	2025-02-02
1024	다우실란트산업(주)	생산재	그린실 808 프리미엄 카트리지 [270 ml]	0.784	$kgCO_2e$/개	0.767	0.017	2025-02-02
1025	다우실란트산업(주)	생산재	다우실 MS 704 카트리지 [270 ml]	0.699	$kgCO_2e$/개	0.679	0.019	2025-02-02
1026	(주)한솔홈데코	생산재	SB마루 SB일반[95mm x 800mm x 6T]	8.820	$kgCO_2e/m^2$	7.853	0.967	2025-02-02
1027	(주)한솔홈데코	생산재	SB마루 SB 강[95mm x 800mm x 6T]	9.606	$kgCO_2e/m^2$	8.743	0.863	2025-02-02
1028	(주)한솔홈데코	생산재	SB마루 울트라 강[95mm x 800mm x 7.5T]	11.061	$kgCO_2e/m^2$	10.145	0.916	2025-02-02
1029	아세아시멘트(주)	생산재	아세아몰탈 (바닥용)	0.209	$kgCO_2e$/kg	0.188	0.021	2025-02-02
1030	아세아시멘트(주)	생산재	아세아몰탈 (고급바닥용)	0.230	$kgCO_2e$/kg	0.211	0.019	2025-02-02
1031	(주)미릉	생산재	레디믹스트 콘크리트 [25-24-150,경상도]	224.467	$kgCO_2e/m^3$	222.436	2.031	2025-02-02
1032	(주)미릉	생산재	레디믹스트 콘크리트 [25-21-150,경상도]	209.513	$kgCO_2e/m^3$	207.564	1.949	2025-02-02
1033	(주)미릉	생산재	레디믹스트 콘크리트 [25-30-150,경상도]	275.804	$kgCO_2e/m^3$	273.492	2.312	2025-02-02
1034	(주)미릉	생산재	레디믹스트 콘크리트 [25-35-150,경상도]	271.779	$kgCO_2e/m^3$	269.561	2.219	2025-02-02
1035	경동레미콘(주)	생산재	레디믹스트 콘크리트 [25-35-150,경상도]	306.195	$kgCO_2e/m^3$	304.506	1.689	2025-02-02

연번	기업명	제품군	인증제품명	총량	단위	제조전	제조	종료
1036	명일폼(주)	생산재	PF board(준불연, 경질 발포플라스틱 I종 A)	86.115	$kgCO_2e/m^3$	67.008	19.108	2025-02-02
1037	부산산업(주)	생산재	레디믹스트 콘크리트 [25-30-150,경상도]	280.992	$kgCO_2e/m^3$	279.016	1.976	2025-02-02
1038	(주)케이에스더블유	생산재	나무플러스(NAMUH+)	0.840	$kgCO_2e/m^2$	0.654	0.186	2025-02-02
1039	(주)케이에스더블유	생산재	더레드(THE RED)	0.635	$kgCO_2e/m^2$	0.489	0.146	2025-02-02
1040	(주)케이에스더블유	생산재	해피데이(HAPPYDAY)	0.327	$kgCO_2e/m^2$	0.267	0.060	2025-02-02
1041	삼덕산업(주)	생산재	레디믹스트 콘크리트 [25-30-150,수도권]	284.547	$kgCO_2e/m^3$	282.731	1.816	2025-02-02
1042	삼덕산업(주)	생산재	레디믹스트 콘크리트 [25-24-150,수도권]	253.200	$kgCO_2e/m^3$	251.542	1.658	2025-02-02
1043	삼덕산업(주)	생산재	레디믹스트 콘크리트 [25-27-150,수도권]	274.510	$kgCO_2e/m^3$	272.818	1.693	2025-02-02
1044	삼덕산업(주)	생산재	레디믹스트 콘크리트 [25-35-150,수도권]	251.036	$kgCO_2e/m^3$	249.624	1.413	2025-02-02
1045	고려산업 주식회사(KORYO INDUSTRY CO.,LTD)	생산재	레디믹스트 콘크리트 [25-24-150, 충청도]	206.562	$kgCO_2e/m^3$	205.144	1.418	2025-02-02
1046	고려산업 주식회사(KORYO INDUSTRY CO.,LTD)	생산재	레디믹스트 콘크리트 [25-21-150, 충청도]	181.128	$kgCO_2e/m^3$	179.956	1.172	2025-02-02
1047	고려산업 주식회사(KORYO INDUSTRY CO.,LTD)	생산재	레디믹스트 콘크리트 [25-27-150, 충청도]	224.552	$kgCO_2e/m^3$	223.116	1.436	2025-02-02
1048	고려산업케이알(주)	생산재	레디믹스트 콘크리트 [25-21-150, 수도권]	188.706	$kgCO_2e/m^3$	187.651	1.055	2025-02-02
1049	고려산업케이알(주)	생산재	레디믹스트 콘크리트 [25-24-150, 수도권]	190.171	$kgCO_2e/m^3$	188.881	1.290	2025-02-02
1050	고려산업케이알(주)	생산재	레디믹스트 콘크리트 [25-27-150, 수도권]	223.238	$kgCO_2e/m^3$	221.950	1.288	2025-02-02
1051	동산콘크리트산업(주)	생산재	EMECO-SA25	0.087	$kgCO_2e/kg$	0.077	0.009	2024-12-16
1052	동산콘크리트산업(주)	생산재	EM-SA23	0.087	$kgCO_2e/kg$	0.077	0.009	2024-12-16
1053	동산콘크리트산업(주)	생산재	EMECO-SA20	0.087	$kgCO_2e/kg$	0.077	0.009	2024-12-16
1054	동산콘크리트산업(주)	생산재	EMECO-A2(800)	0.087	$kgCO_2e/kg$	0.078	0.009	2024-12-16
1055	동산콘크리트산업(주)	생산재	EMECO-A2(700)	0.087	$kgCO_2e/kg$	0.078	0.009	2024-12-16
1056	한국서부발전(주)	생산재	태안발전본부 생산전력	1.129	$kgCO_2e/kWh$	0.222	0.907	2025-02-27

연번	기업명	제품군	인증제품명	총량	단위	제조전	제조	종료
1057	코오롱인더스트리(주)	생산재	CPT (L1)	5.085	$kgCO_2e/kg$	3.344	1.741	2025-02-27
1058	현대개발(주)	생산재	레디믹스트 콘크리트 [25-24-150, 전라도]	282.805	$kgCO_2e/m^3$	281.627	1.179	2025-02-27
1059	현대개발(주)	생산재	레디믹스트 콘크리트 [25-21-150, 전라도]	225.315	$kgCO_2e/m^3$	224.120	1.195	2025-02-27
1060	현대개발(주)	생산재	레디믹스트 콘크리트 [25-21-150, 경상도]	252.582	$kgCO_2e/m^3$	251.288	1.293	2025-02-27
1061	현대개발(주)	생산재	레디믹스트 콘크리트 [25-24-150, 경상도]	251.305	$kgCO_2e/m^3$	249.988	1.317	2025-02-27
1062	현대개발(주)	생산재	레디믹스트 콘크리트 [25-24-180, 전라도]	291.420	$kgCO_2e/m^3$	290.178	1.242	2025-02-27
1063	현대개발(주)	생산재	레디믹스트 콘크리트 [25-24-180, 경상도]	277.530	$kgCO_2e/m^3$	276.142	1.389	2025-02-27
1064	현대개발(주)	생산재	레디믹스트 콘크리트 [25-27-150, 전라도]	303.650	$kgCO_2e/m^3$	302.502	1.148	2025-02-27
1065	현대개발(주)	생산재	레디믹스트 콘크리트 [25-27-150, 경상도]	285.701	$kgCO_2e/m^3$	284.431	1.270	2025-02-27
1066	현대개발(주)	생산재	레디믹스트 콘크리트 [25-30-150, 전라도]	309.516	$kgCO_2e/m^3$	308.373	1.143	2025-02-27
1067	현대개발(주)	생산재	레디믹스트 콘크리트 [25-30-150, 경상도]	305.940	$kgCO_2e/m^3$	304.630	1.310	2025-02-27
1068	한국지역난방공사	생산재	김해지사 열 에너지[LNG]	41.923	$kgCO_2e/GJ$	3.537	38.387	2025-02-27
1069	한국지역난방공사	생산재	양산지사 열 에너지[LNG]	55.254	$kgCO_2e/GJ$	4.729	50.525	2025-02-27
1070	한국지역난방공사	생산재	평택지사 열 에너지[LNG]	19.355	$kgCO_2e/GJ$	1.481	17.874	2025-02-27
1071	한국지역난방공사	생산재	분당지사 열 에너지[수열]	1.608	$kgCO_2e/GJ$	0.106	1.502	2025-02-27
1072	한일산업(주)	생산재	레디믹스트 콘크리트 [25-27-150, 수도권]	246.752	$kgCO_2e/m^3$	245.075	1.677	2025-02-27
1073	한일산업(주)	생산재	레디믹스트 콘크리트 [25-21-120, 수도권]	176.284	$kgCO_2e/m^3$	174.418	1.866	2025-02-27
1074	한일산업(주)	생산재	레디믹스트 콘크리트 [25-24-120, 수도권]	202.416	$kgCO_2e/m^3$	200.408	2.008	2025-02-27
1075	한일산업(주)	생산재	레디믹스트 콘크리트 [25-21-120, 충청도]	191.606	$kgCO_2e/m^3$	189.452	2.154	2025-02-27
1076	한일산업(주)	생산재	레디믹스트 콘크리트 [25-24-120, 충청도]	201.504	$kgCO_2e/m^3$	199.229	2.275	2025-02-27
1077	선일공업(주)	생산재	레디믹스트 콘크리트 [25-24-150,수도권]	202.931	$kgCO_2e/m^3$	201.608	1.323	2025-02-27
1078	선일공업(주)	생산재	레디믹스트 콘크리트 [25-21-150,수도권]	197.036	$kgCO_2e/m^3$	195.744	1.292	2025-02-27
1079	선일공업(주)	생산재	레디믹스트 콘크리트 [25-27-150,수도권]	234.281	$kgCO_2e/m^3$	232.985	1.296	2025-02-27
1080	선일공업(주)	생산재	레디믹스트 콘크리트 [25-30-150,수도권]	244.150	$kgCO_2e/m^3$	242.833	1.318	2025-02-27
1081	선일공업(주)	생산재	레디믹스트 콘크리트 [25-35-150,수도권]	264.394	$kgCO_2e/m^3$	263.062	1.332	2025-02-27

연번	기업명	제품군	인증제품명	총량	단위	제조전	제조	종료
1082	선일기업(주)	생산재	레디믹스트 콘크리트 [25-24-150,수도권]	217.764	$kgCO_2e/m^3$	216.271	1.493	2025-02-27
1083	선일기업(주)	생산재	레디믹스트 콘크리트 [25-27-150,수도권]	241.402	$kgCO_2e/m^3$	239.804	1.598	2025-02-27
1084	선일기업(주)	생산재	레디믹스트 콘크리트 [25-30-150,수도권]	261.403	$kgCO_2e/m^3$	259.696	1.707	2025-02-27
1085	선일기업(주)	생산재	레디믹스트 콘크리트 [25-35-150,수도권]	277.226	$kgCO_2e/m^3$	275.623	1.604	2025-02-27
1086	선일레미콘(주)	생산재	레디믹스트 콘크리트 [25-24-150,수도권]	200.626	$kgCO_2e/m^3$	198.886	1.740	2025-02-27
1087	선일레미콘(주)	생산재	레디믹스트 콘크리트 [25-21-150,수도권]	186.710	$kgCO_2e/m^3$	184.886	1.825	2025-02-27
1088	선일레미콘(주)	생산재	레디믹스트 콘크리트 [25-27-150,수도권]	222.127	$kgCO_2e/m^3$	220.302	1.825	2025-02-27
1089	선일레미콘(주)	생산재	레디믹스트 콘크리트 [25-30-150,수도권]	238.095	$kgCO_2e/m^3$	236.305	1.790	2025-02-27
1090	우신산업개발(주)	생산재	레디믹스트 콘크리트 [25-24-150,경상도]	272.530	$kgCO_2e/m^3$	270.728	1.802	2025-02-27
1091	우신산업개발(주)	생산재	레디믹스트 콘크리트 [25-27-150,경상도]	272.494	$kgCO_2e/m^3$	270.641	1.852	2025-02-27
1092	우신산업개발(주)	생산재	레디믹스트 콘크리트 [25-35-150,경상도]	307.176	$kgCO_2e/m^3$	305.463	1.712	2025-02-27
1093	삼성전자(주)	생산재	포터블 SSD T7[1TB]	9.098	$kgCO_2e$/개	4.326	0.000	2025-02-27
1094	(주)제이제이통상	생산재	접착심지 (JJZW50_BLACK) [1㎡]	0.321	$kgCO_2e/m^2$	0.278	0.042	2025-02-27
1095	(주)제이제이통상	생산재	접착심지 (JJZW50_OFF WHITE) [1㎡]	0.319	$kgCO_2e/m^2$	0.275	0.044	2025-02-27
1096	(주)반도유니콘	생산재	레디믹스트 콘크리트 [25-21-120,수도권]	168.489	$kgCO_2e/m^3$	167.119	1.370	2025-02-27
1097	(주)반도유니콘	생산재	레디믹스트 콘크리트 [25-24-120,수도권]	209.389	$kgCO_2e/m^3$	207.963	1.426	2025-02-27
1098	(주)반도유니콘	생산재	레디믹스트 콘크리트 [25-40-150,수도권]	330.027	$kgCO_2e/m^3$	328.534	1.494	2025-02-27
1099	세기산업(주)	생산재	레디믹스트 콘크리트 [25-24-150, 제주도]	328.233	$kgCO_2e/m^3$	326.660	1.573	2025-02-27
1100	세기산업(주)	생산재	레디믹스트 콘크리트 [25-18-120, 제주도]	261.450	$kgCO_2e/m^3$	259.892	1.558	2025-02-27
1101	세기산업(주)	생산재	레디믹스트 콘크리트 [25-21-120, 제주도]	299.240	$kgCO_2e/m^3$	297.632	1.608	2025-02-27
1102	세기산업(주)	생산재	레디믹스트 콘크리트 [25-21-150, 제주도]	301.867	$kgCO_2e/m^3$	300.261	1.606	2025-02-27
1103	세기산업(주)	생산재	레디믹스트 콘크리트 [25-24-120, 제주도]	323.720	$kgCO_2e/m^3$	322.176	1.543	2025-02-27
1104	세기산업(주)	생산재	레디믹스트 콘크리트 [25-27-150, 제주도]	358.316	$kgCO_2e/m^3$	356.699	1.617	2025-02-27
1105	(주)동천	생산재	동천경질폴리우레탄폼 단열재 1종 3호 [1m³]	127.372	$kgCO_2e/m^3$	124.300	3.072	2025-02-27
1106	(주)삼성	생산재	레디믹스트 콘크리트 [25-24-150,수도권]	241.434	$kgCO_2e/m^3$	237.490	3.944	2025-02-27

연번	기업명	제품군	인증제품명	총량	단위	제조전	제조	종료
1107	(주)삼성	생산재	레디믹스트 콘크리트 [25-21-150,수도권]	211.028	$kgCO_2e/m^3$	206.448	4.580	2025-02-27
1108	(주)삼성	생산재	레디믹스트 콘크리트 [25-27-150,수도권]	256.358	$kgCO_2e/m^3$	252.200	4.158	2025-02-27
1109	(주)삼성	생산재	레디믹스트 콘크리트 [25-30-150,수도권]	274.947	$kgCO_2e/m^3$	271.552	3.395	2025-02-27
1110	(주)삼성	생산재	레디믹스트 콘크리트 [25-35-150,수도권]	256.502	$kgCO_2e/m^3$	252.637	3.865	2025-02-27
1111	(주)재건테크	생산재	JGC500(스틸콘 OA) [500X500X28T, R형]	13.630	$kgCO_2e$/개	11.800	1.834	2024-10-04
1112	(주)재건테크	생산재	JGC600(스틸콘 ACC)[600X600X32T, R형]	17.590	$kgCO_2e$/개	15.680	1.906	2024-10-04
1113	(주)재건테크	생산재	JGM600(무기질 황산칼슘 ACC)[600X600X25T, SP형]	9.765	$kgCO_2e$/개	6.728	3.036	2024-10-04
1114	(주)재건테크	생산재	JGM500E(무기질 황산칼슘 GI OA)[500X500X20T, SP형]	5.893	$kgCO_2e$/개	3.246	2.647	2024-10-04
1115	(주)재건테크	생산재	JGM600H(무기질 황산칼슘 GI ACC)[600X600X25T, SP형]	8.472	$kgCO_2e$/개	5.533	2.939	2024-10-04
1116	주식회사 현대엘앤씨	생산재	HD 600G [33T, 600x600, SP형]	10.320	$kgCO_2e$/개	9.389	0.931	2023-06-18
1117	한국서부발전(주)	생산재	평택발전본부 생산전력	0.436	$kgCO_2e/kWh$	0.002	0.433	2025-03-27
1118	주식회사 현대엘앤씨	생산재	글로시아(PET데코시트)[0.2T]	1.114	$kgCO_2e/m^2$	0.895	0.218	2025-03-27
1119	월드비엠(주)	생산재	월드PF보드[준불연, 경질 발포플라스틱 단열재 I 종A]	164.578	$kgCO_2e/m^3$	99.044	65.533	2025-03-27
1120	주식회사 현대엘앤씨	생산재	디럭스타일[3T]	2.631	$kgCO_2e/m^2$	1.518	1.114	2025-03-27
1121	피피아이파이프(주)	생산재	원터치2040방음관	0.649	$kgCO_2e/kg$	0.346	0.304	2025-02-21
1122	피피아이파이프(주)	생산재	원터치DH파이프	1.797	$kgCO_2e/kg$	1.491	0.307	2025-03-27
1123	피피아이파이프(주)	생산재	iPVC상수도관	2.032	$kgCO_2e/kg$	1.718	0.314	2025-03-27
1124	피피아이파이프(주)	생산재	iC-PVC복합관	2.169	$kgCO_2e/kg$	1.857	0.312	2025-03-27
1125	피피아이파이프(주)	생산재	원터치DH이음관	1.849	$kgCO_2e/kg$	1.397	0.453	2025-03-27
1126	피피아이파이프(주)	생산재	원터치2040방음이음관	1.678	$kgCO_2e/kg$	1.148	0.530	2025-03-27
1127	한화솔루션(주)	생산재	LLD2558	1.519	$kgCO_2e/kg$	1.374	0.144	2025-03-27
1128	한화솔루션(주)	생산재	LLD7635	1.503	$kgCO_2e/kg$	1.382	0.121	2025-03-27
1129	한화솔루션(주)	생산재	HD7390	1.622	$kgCO_2e/kg$	1.349	0.273	2025-03-27
1130	한화솔루션(주)	생산재	EVA2319	2.330	$kgCO_2e/kg$	1.731	0.598	2025-03-27
1131	한화솔루션(주)	생산재	8141S	1.954	$kgCO_2e/kg$	1.774	0.180	2025-03-27

연번	기업명	제품군	인증제품명	총량	단위	제조전	제조	종료
1132	한화솔루션(주)	생산재	8142EC	1.934	$kgCO_2e/kg$	1.757	0.177	2025-03-27
1133	한화솔루션(주)	생산재	HS100	3.184	$kgCO_2e/kg$	2.532	0.652	2025-03-27
1134	한화솔루션(주)	생산재	HP100	3.132	$kgCO_2e/kg$	2.389	0.743	2025-03-27
1135	한화솔루션(주)	생산재	HC100	4.448	$kgCO_2e/kg$	3.520	0.928	2025-03-27
1136	한화솔루션(주)	생산재	HS130	2.667	$kgCO_2e/kg$	2.066	0.601	2025-03-27
1137	한화솔루션(주)	생산재	HC120	3.464	$kgCO_2e/kg$	2.737	0.727	2025-03-27
1138	대양레미콘(주)	생산재	레디믹스트 콘크리트 [25-24-150,경상도]	252.280	$kgCO_2e/m^3$	249.942	2.339	2025-03-27
1139	대양레미콘(주)	생산재	레디믹스트 콘크리트 [25-21-150,경상도]	244.660	$kgCO_2e/m^3$	242.499	2.161	2025-03-27
1140	대양레미콘(주)	생산재	레디믹스트 콘크리트 [25-27-150,경상도]	302.126	$kgCO_2e/m^3$	299.804	2.322	2025-03-27
1141	대양레미콘(주)	생산재	레디믹스트 콘크리트 [25-30-150,경상도]	307.014	$kgCO_2e/m^3$	304.741	2.273	2025-03-27
1142	대양레미콘(주)	생산재	레디믹스트 콘크리트 [25-35-150,경상도]	305.020	$kgCO_2e/m^3$	302.622	2.398	2025-03-27
1143	크나우프인슐레이션(유)	생산재	그라스울 24K	30.216	$kgCO_2e/m^3$	15.716	14.500	2025-03-27
1144	(주)케이씨씨	생산재	일반 석고보드 [9.5T]	0.986	$kgCO_2e/m^2$	0.261	0.725	2025-03-26
1145	주식회사 대원씨앤엠	생산재	레디믹스트 콘크리트 [25-21-120,경상도]	176.603	$kgCO_2e/m^3$	174.992	1.612	2025-03-27
1146	주식회사 대원씨앤엠	생산재	레디믹스트 콘크리트 [25-24-120,경상도]	192.376	$kgCO_2e/m^3$	190.766	1.610	2025-03-27
1147	(주)대원레미콘	생산재	레디믹스트 콘크리트 [25-24-150, 경상도]	191.034	$kgCO_2e/m^3$	188.908	2.126	2025-03-27
1148	(주)대원레미콘	생산재	레디믹스트 콘크리트 [25-21-120, 경상도]	170.648	$kgCO_2e/m^3$	168.264	2.383	2025-03-27
1149	(주)대원레미콘	생산재	레디믹스트 콘크리트 [25-21-150, 경상도]	199.744	$kgCO_2e/m^3$	198.011	1.733	2025-03-27
1150	(주)대원레미콘	생산재	레디믹스트 콘크리트 [25-24-120, 경상도]	171.882	$kgCO_2e/m^3$	170.023	1.859	2025-03-27
1151	(주)대원레미콘	생산재	레디믹스트 콘크리트 [25-27-150, 경상도]	234.190	$kgCO_2e/m^3$	231.795	2.395	2025-03-27
1152	(주)대원레미콘	생산재	레디믹스트 콘크리트 [25-30-150, 경상도]	231.688	$kgCO_2e/m^3$	229.920	1.768	2025-03-27
1153	(주)대원레미콘	생산재	레디믹스트 콘크리트 [25-35-150, 경상도]	269.483	$kgCO_2e/m^3$	266.823	2.660	2025-03-27
1154	(주)대원레미콘	생산재	레디믹스트 콘크리트 [25-40-150, 경상도]	310.368	$kgCO_2e/m^3$	307.783	2.585	2025-03-27
1155	(주)울주레미콘	생산재	레디믹스트 콘크리트 [25-24-150,경상도]	188.036	$kgCO_2e/m^3$	185.303	2.733	2025-03-27
1156	(주)울주레미콘	생산재	레디믹스트 콘크리트 [25-21-120,경상도]	164.789	$kgCO_2e/m^3$	162.150	2.640	2025-03-27
1157	(주)울주레미콘	생산재	레디믹스트 콘크리트 [25-21-150,경상도]	192.570	$kgCO_2e/m^3$	190.188	2.382	2025-03-27
1158	(주)울주레미콘	생산재	레디믹스트 콘크리트 [25-24-120,경상도]	177.511	$kgCO_2e/m^3$	174.868	2.643	2025-03-27

연번	기업명	제품군	인증제품명	총량	단위	제조전	제조	종료
1159	(주)울주레미콘	생산재	레디믹스트 콘크리트 [25-27-150,경상도]	209.393	$kgCO_2e/m^3$	206.706	2.686	2025-03-27
1160	한통레미콘 주식회사	생산재	레디믹스트 콘크리트 [25-21-150,경상도]	229.823	$kgCO_2e/m^3$	228.271	1.552	2025-03-27
1161	비아이레미콘(주)	생산재	레디믹스트 콘크리트 [25-24-150,경상도]	204.551	$kgCO_2e/m^3$	202.648	1.903	2025-03-27
1162	비아이레미콘(주)	생산재	레디믹스트 콘크리트 [25-27-150,경상도]	252.178	$kgCO_2e/m^3$	250.037	2.141	2025-03-27
1163	비아이레미콘(주)	생산재	레디믹스트 콘크리트 [25-27-180,경상도]	277.033	$kgCO_2e/m^3$	275.158	1.874	2025-03-27
1164	비아이레미콘(주)	생산재	레디믹스트 콘크리트 [25-30-150,경상도]	237.076	$kgCO_2e/m^3$	234.899	2.178	2025-03-27
1165	비아이레미콘(주)	생산재	레디믹스트 콘크리트 [25-35-150,경상도]	334.477	$kgCO_2e/m^3$	331.880	2.597	2025-03-27
1166	성진콘크리트공업(주)	생산재	레디믹스트 콘크리트 [25-24-180,수도권]	282.875	$kgCO_2e/m^3$	281.598	1.277	2025-03-27
1167	성진콘크리트공업(주)	생산재	레디믹스트 콘크리트 [25-27-180,수도권]	321.048	$kgCO_2e/m^3$	319.704	1.345	2025-03-27
1168	성진콘크리트공업(주)	생산재	레디믹스트 콘크리트 [25-35-180,수도권]	388.064	$kgCO_2e/m^3$	386.091	1.973	2025-03-27
1169	성진콘크리트공업(주)	생산재	레디믹스트 콘크리트 [25-40-180,수도권]	365.221	$kgCO_2e/m^3$	363.879	1.342	2025-03-27
1170	(주)은성산업	생산재	레디믹스트 콘크리트 [25-24-150,충청도]	237.750	$kgCO_2e/m^3$	236.199	1.551	2025-03-27
1171	(주)은성산업	생산재	레디믹스트 콘크리트 [25-21-150,충청도]	196.407	$kgCO_2e/m^3$	195.129	1.278	2025-03-27
1172	(주)은성산업	생산재	레디믹스트 콘크리트 [25-27-150,충청도]	299.830	$kgCO_2e/m^3$	298.130	1.699	2025-03-27
1173	(주)은성산업	생산재	레디믹스트 콘크리트 [25-30-150,충청도]	265.046	$kgCO_2e/m^3$	263.390	1.656	2025-03-27
1174	(주)성현퍼라이트	생산재	육성용 인공토양[1L]	0.044	$kgCO_2e/L$	0.008	0.036	2025-03-27
1175	(주)성현퍼라이트	생산재	배수용 인공토양[1L]	0.055	$kgCO_2e/L$	0.009	0.046	2025-03-27
1176	성일하이텍(주)	생산재	황산코발트(고상)	2.950	$kgCO_2e/kg$	1.693	1.257	2025-04-28
1177	성일하이텍(주)	생산재	황산코발트(액상, 15.8%)	0.857	$kgCO_2e/kg$	0.558	0.299	2025-04-28
1178	성일하이텍(주)	생산재	황산니켈(고상)	3.292	$kgCO_2e/kg$	1.972	1.319	2025-04-28
1179	성일하이텍(주)	생산재	황산니켈(액상, 25.0%)	1.225	$kgCO_2e/kg$	0.743	0.481	2025-04-28
1180	(주)포스코	생산재	선재(냉간압조용 합금강)	2.339	$kgCO_2e/kg$	0.150	2.189	2025-01-24
1181	(주)포스코	생산재	HGI(구조용)	2.278	$kgCO_2e/kg$	0.091	2.187	2025-01-24
1182	(주)포스코	생산재	포스맥(Structural)	2.430	$kgCO_2e/kg$	0.133	2.297	2025-01-24
1183	(주)포스코	생산재	DP강(980DP-H)	2.386	$kgCO_2e/kg$	0.067	2.319	2025-01-24
1184	한화솔루션(주)	생산재	EVA 1317[1kg]	2.244	$kgCO_2e/kg$	1.489	0.754	2025-04-28

연번	기업명	제품군	인증제품명	총량	단위	제조전	제조	종료
1185	한화솔루션(주)	생산재	EVA 1326[1kg]	2.257	$kgCO_2e/kg$	1.493	0.764	2025-04-28
1186	한화솔루션(주)	생산재	EVA 1328[1kg]	2.292	$kgCO_2e/kg$	1.516	0.776	2025-04-28
1187	한화솔루션(주)	생산재	EVA 1625[1kg]	2.264	$kgCO_2e/kg$	1.490	0.774	2025-04-28
1188	한화솔루션(주)	생산재	EVA 1334[1kg]	2.257	$kgCO_2e/kg$	1.523	0.734	2025-04-28
1189	한화솔루션(주)	생산재	EVA 1540[1kg]	2.280	$kgCO_2e/kg$	1.555	0.725	2025-04-28
1190	한화솔루션(주)	생산재	EVA 1519[1kg]	2.206	$kgCO_2e/kg$	1.465	0.740	2025-04-28
1191	한화솔루션(주)	생산재	EVA 1520[1kg]	2.197	$kgCO_2e/kg$	1.466	0.731	2025-04-28
1192	한화솔루션(주)	생산재	EVA 1528[1kg]	2.247	$kgCO_2e/kg$	1.505	0.742	2025-04-28
1193	한화솔루션(주)	생산재	EVA 1529[1kg]	2.192	$kgCO_2e/kg$	1.502	0.690	2025-04-28
1194	지성산업개발(주)	생산재	수로형집수정(JS-N01)	184.665	$kgCO_2e$/개	168.711	15.954	2025-04-28
1195	세방전지(주)	생산재	ESP200-12	68.919	$kgCO_2e$/개	26.022	42.898	2025-04-28
1196	동양화성(주)	생산재	노이즈블럭 A3-210S	4.728	$kgCO_2e/m^2$	4.120	0.608	2025-04-28
1197	주식회사 엘엑스하우시스	생산재	Z:IN Wallcovering 베스띠	5.84E-01	$kgCO_2e/m^2$	4.03E-01	1.80E-01	2025-01-26
1198	주식회사 엘엑스하우시스	생산재	Z:IN Wallcovering 테라피	5.74E-01	$kgCO_2e/m^2$	4.05E-01	1.69E-01	2025-01-26
1199	한화솔루션(주)	생산재	CTBA-8720BK	2.384	$kgCO_2e/kg$	2.267	0.117	2025-04-28
1200	한화솔루션(주)	생산재	CCBA-8725BK	2.500	$kgCO_2e/kg$	2.329	0.171	2025-04-28
1201	주식회사 엘엑스하우시스	생산재	인테리어필름 SOLID [0.4mm*1,220mm*50m]	1.354	$kgCO_2e/m^2$	0.851	0.503	2025-02-21
1202	무림페이퍼(주)	생산재	아티젠	1679.011	$kgCO_2e/ton$	1069.412	609.599	2025-04-28
1203	한화솔루션(주)	생산재	EVA 1340[1kg]	2.308	$kgCO_2e/kg$	1.564	0.744	2025-04-28
1204	씨제이제일제당(주)	생산재	백설 하얀설탕[1ton]	662.364	$kgCO_2e/ton$	582.426	79.938	2025-04-28
1205	현대레미콘(주)	생산재	레디믹스트 콘크리트 [25-24-180,수도권]	296.137	$kgCO_2e/m^3$	293.765	2.372	2025-04-28
1206	현대레미콘(주)	생산재	레디믹스트 콘크리트 [25-27-180,수도권]	336.729	$kgCO_2e/m^3$	334.013	2.716	2025-04-28
1207	현대레미콘(주)	생산재	레디믹스트 콘크리트 [25-30-180,수도권]	292.859	$kgCO_2e/m^3$	291.352	1.507	2025-04-28
1208	현대레미콘(주)	생산재	레디믹스트 콘크리트 [25-35-180,수도권]	290.736	$kgCO_2e/m^3$	289.557	1.179	2025-04-28
1209	현대레미콘(주)	생산재	레디믹스트 콘크리트 [25-40-180,수도권]	325.454	$kgCO_2e/m^3$	323.697	1.758	2025-04-28
1210	현대레미콘(주)	생산재	레디믹스트 콘크리트 [25-49-600,수도권]	533.148	$kgCO_2e/m^3$	531.409	1.739	2025-04-28
1211	신우레미콘(주)	생산재	레디믹스트 콘크리트 [25-24-150,경상도]	195.790	$kgCO_2e/m^3$	194.006	1.784	2025-04-28

연번	기업명	제품군	인증제품명	총량	단위	제조전	제조	종료
1212	신우레미콘(주)	생산재	레디믹스트 콘크리트 [25-21-120,경상도]	175.465	$kgCO_2e/m^3$	173.653	1.812	2025-04-28
1213	신우레미콘(주)	생산재	레디믹스트 콘크리트 [25-21-150,경상도]	191.235	$kgCO_2e/m^3$	189.586	1.649	2025-04-28
1214	신우레미콘(주)	생산재	레디믹스트 콘크리트 [25-24-120,경상도]	182.140	$kgCO_2e/m^3$	180.248	1.892	2025-04-28
1215	신우레미콘(주)	생산재	레디믹스트 콘크리트 [25-27-150,경상도]	217.477	$kgCO_2e/m^3$	215.615	1.861	2025-04-28
1216	신우레미콘(주)	생산재	레디믹스트 콘크리트 [25-30-150,경상도]	300.044	$kgCO_2e/m^3$	298.157	1.886	2025-04-28
1217	신우레미콘(주)	생산재	레디믹스트 콘크리트 [25-35-150,경상도]	226.681	$kgCO_2e/m^3$	225.022	1.659	2025-04-28
1218	항도레미콘(주)	생산재	레디믹스트 콘크리트 [25-27-150,경상도]	242.651	$kgCO_2e/m^3$	240.816	1.835	2025-04-28
1219	항도레미콘(주)	생산재	레디믹스트 콘크리트 [25-35-150,경상도]	254.376	$kgCO_2e/m^3$	252.638	1.738	2025-04-28
1220	고려산업케이알(주)	생산재	레디믹스트 콘크리트 [25-21-150, 충청도]	179.026	$kgCO_2e/m^3$	176.952	2.074	2025-04-28
1221	고려산업케이알(주)	생산재	레디믹스트 콘크리트 [25-24-150, 충청도]	199.343	$kgCO_2e/m^3$	197.133	2.210	2025-04-28
1222	고려산업케이알(주)	생산재	레디믹스트 콘크리트 [25-27-150, 충청도]	206.845	$kgCO_2e/m^3$	204.547	2.298	2025-04-28
1223	(주)도현레미콘	생산재	레디믹스트 콘크리트 [25-21-150, 경상도]	220.032	$kgCO_2e/m^3$	219.108	0.924	2025-04-28
1224	(주)도현레미콘	생산재	레디믹스트 콘크리트 [25-24-150, 경상도]	220.660	$kgCO_2e/m^3$	219.827	0.832	2025-04-28
1225	(주)도현레미콘	생산재	레디믹스트 콘크리트 [25-27-150, 경상도]	247.170	$kgCO_2e/m^3$	246.315	0.855	2025-04-28
1226	고려산업(주)	생산재	레디믹스트 콘크리트 [25-21-150, 충청도]	183.155	$kgCO_2e/m^3$	180.404	2.751	2025-04-28
1227	고려산업(주)	생산재	레디믹스트 콘크리트 [25-24-150, 충청도]	202.354	$kgCO_2e/m^3$	200.460	1.893	2025-04-28
1228	고려산업(주)	생산재	레디믹스트 콘크리트 [25-27-150, 충청도]	210.314	$kgCO_2e/m^3$	208.173	2.142	2025-04-28
1229	(주)공단레미콘	생산재	레디믹스트 콘크리트 [25-18-120,충청도]	188.323	$kgCO_2e/m^3$	186.644	1.678	2025-04-28
1230	(주)공단레미콘	생산재	레디믹스트 콘크리트 [25-21-150,충청도]	204.372	$kgCO_2e/m^3$	202.899	1.473	2025-04-28
1231	한일산업(주)	생산재	레디믹스트 콘크리트 [25-21-150, 수도권]	2.10E+02	$kgCO_2e/m^3$	2.09E+02	1.74E+00	2025-04-28
1232	한일산업(주)	생산재	레디믹스트 콘크리트 [25-21-150, 충청도]	2.05E+02	$kgCO_2e/m^3$	2.02E+02	2.30E+00	2025-04-28
1233	한일산업(주)	생산재	레디믹스트 콘크리트 [25-30-150, 수도권]	2.70E+02	$kgCO_2e/m^3$	2.69E+02	1.64E+00	2025-04-28
1234	한일산업(주)	생산재	레디믹스트 콘크리트 [25-30-150, 충청도]	2.59E+02	$kgCO_2e/m^3$	2.56E+02	2.93E+00	2025-04-28
1235	(주)동원레미콘	생산재	레디믹스트 콘크리트 [25-24-150,충청도]	254.130	$kgCO_2e/m^3$	252.351	1.778	2025-04-28

연번	기업명	제품군	인증제품명	총량	단위	제조전	제조	종료
1236	(주)동원레미콘	생산재	레디믹스트 콘크리트 [25-21-150,충청도]	245.848	$kgCO_2e/m^3$	244.285	1.563	2025-04-28
1237	(주)동원레미콘	생산재	레디믹스트 콘크리트 [25-27-150,충청도]	241.884	$kgCO_2e/m^3$	239.872	2.013	2025-04-28
1238	(주)동원레미콘	생산재	레디믹스트 콘크리트 [25-30-150,충청도]	296.139	$kgCO_2e/m^3$	294.684	1.455	2025-04-28
1239	(주)동원레미콘	생산재	레디믹스트 콘크리트 [25-35-150,충청도]	289.938	$kgCO_2e/m^3$	288.059	1.879	2025-04-28
1240	(주)동원레미콘세종	생산재	레디믹스트 콘크리트 [25-24-150,충청도]	247.397	$kgCO_2e/m^3$	246.151	1.247	2025-04-28
1241	(주)동원레미콘세종	생산재	레디믹스트 콘크리트 [25-21-150,충청도]	211.325	$kgCO_2e/m^3$	210.111	1.215	2025-04-28
1242	(주)동원레미콘세종	생산재	레디믹스트 콘크리트 [25-27-150,충청도]	261.641	$kgCO_2e/m^3$	260.137	1.504	2025-04-28
1243	(주)동원레미콘세종	생산재	레디믹스트 콘크리트 [25-30-150,충청도]	271.097	$kgCO_2e/m^3$	269.704	1.393	2025-04-28
1244	(주)동원레미콘세종	생산재	레디믹스트 콘크리트 [25-35-150,충청도]	298.560	$kgCO_2e/m^3$	297.360	1.200	2025-04-28
1245	(주)한솔홈데코	생산재	강마루 울트라[95mm x 800mm x 7.5T]	5.679	$kgCO_2e/m^2$	4.964	0.715	2025-04-28
1246	우신산업개발(주)	생산재	레디믹스트 콘크리트 [25-21-150,경상도]	224.825	$kgCO_2e/m^3$	222.925	1.900	2025-04-28
1247	우신산업개발(주)	생산재	레디믹스트 콘크리트 [25-30-150,경상도]	233.343	$kgCO_2e/m^3$	231.650	1.693	2025-04-28
1248	(주)오가닉트리	생산재	나무앤케어 천연벽지	0.840	$kgCO_2e/m^2$	0.654	0.186	2025-02-02
1249	주식회사 케이씨씨글라스	생산재	디럭스타일 [300X300 X3T]	2.752	$kgCO_2e/m^2$	1.950	0.801	2025-02-27
1250	주식회사 케이씨씨글라스	생산재	디럭스타일 [450X450 X3T]	2.721	$kgCO_2e/m^2$	1.928	0.793	2025-02-27
1251	주식회사 엘엑스하우시스	생산재	LGM500(무기질 시멘트 OA)[500x500x23T, R형]	5.820	$kgCO_2e$/개	3.940	1.880	2025-02-21
1252	주식회사 엘엑스하우시스	생산재	LGM500G(무기질 황산칼슘 OA)[500x500 x26T, SP형]	5.980	$kgCO_2e$/개	3.020	2.960	2025-02-21
1253	(주)디아이디	생산재	D&D	1.043	$kgCO_2e/m^2$	0.545	0.497	2025-02-21
1254	(주)디아이디	생산재	Colors	0.880	$kgCO_2e/m^2$	0.471	0.408	2025-02-21
1255	주식회사 엘엑스하우시스	생산재	LX Z:IN PF보드 준불연 Core (심재준불연 페놀폼)	118.448	$kgCO_2e/m^3$	91.710	26.738	2025-05-29
1256	한국지역난방공사	생산재	화성지사 열 및 전기에너지[LNG]	71.056	$kgCO_2e/GJ$	6.374	64.681	2025-05-29
1257	한국지역난방공사	생산재	판교지사 열 및 전기에너지[LNG]	65.446	$kgCO_2e/GJ$	5.837	59.610	2025-05-29
1258	한국지역난방공사	생산재	광교지사 열 및 전기에너지[LNG]	67.777	$kgCO_2e/GJ$	6.075	61.702	2025-05-29
1259	한국지역난방공사	생산재	삼송지사 열 및 전기 에너지[LNG]	75.881	$kgCO_2e/GJ$	17.000	58.882	2025-05-29

연번	기업명	제품군	인증제품명	총량	단위	제조전	제조	종료
1260	한국지역난방공사	생산재	파주지사 생산 열 및 전기에너지[LNG]	74.120	$kgCO_2e/GJ$	6.652	67.468	2025-05-29
1261	제일E&S주식회사	생산재	Leakblok-P200	12.200	$kgCO_2e/m^2$	9.700	2.490	2025-05-29
1262	삼표피앤씨 주식회사	생산재	PHC파일 [78.5MPa, A종]	0.179	$kgCO_2e/kg$	0.166	0.013	2025-05-29
1263	삼표피앤씨 주식회사	생산재	초고강도 PHC 파일 [110MPa, A종]	0.229	$kgCO_2e/kg$	0.216	0.013	2025-05-29
1264	삼화공영(주)	생산재	레디믹스트 콘크리트 [25-21-120, 강원도]	199.306	$kgCO_2e/m^3$	196.064	3.242	2025-05-29
1265	삼화공영(주)	생산재	레디믹스트 콘크리트 [25-24-120, 강원도]	208.836	$kgCO_2e/m^3$	206.544	2.292	2025-05-29
1266	삼화공영(주)	생산재	레디믹스트 콘크리트 [25-21-150, 강원도]	213.986	$kgCO_2e/m^3$	209.413	4.573	2025-05-29
1267	삼화공영(주)	생산재	레디믹스트 콘크리트 [25-24-150, 강원도]	220.314	$kgCO_2e/m^3$	216.776	3.538	2025-05-29
1268	(주)동명레미콘	생산재	레디믹스트 콘크리트 [25-21-150, 강원도]	196.834	$kgCO_2e/m^3$	192.218	4.616	2025-05-29
1269	(주)동명레미콘	생산재	레디믹스트 콘크리트 [25-24-120, 강원도]	204.914	$kgCO_2e/m^3$	201.322	3.592	2025-05-29
1270	(주)동명레미콘	생산재	레디믹스트 콘크리트 [25-24-150, 강원도]	241.241	$kgCO_2e/m^3$	237.632	3.610	2025-05-29
1271	주식회사 에코프로에이치엔	생산재	CAFILDEX HECY	379.561	$kgCO_2e$/개	361.790	17.771	2025-05-29
1272	(주)공단레미콘아스콘	생산재	레디믹스트 콘크리트 [25-21-150,충청도]	256.359	$kgCO_2e/m^3$	253.637	2.722	2025-05-29
1273	(주)공단레미콘아스콘	생산재	레디믹스트 콘크리트 [25-27-150,충청도]	258.246	$kgCO_2e/m^3$	254.499	3.747	2025-05-29
1274	(주)공단레미콘아스콘	생산재	레디믹스트 콘크리트 [25-30-150,충청도]	287.626	$kgCO_2e/m^3$	284.936	2.690	2025-05-29
1275	에스비비 주식회사	생산재	투수폴리콘_Biopave	52.370	$kgCO_2e/m^3$	18.377	33.993	2025-05-29
1276	(주)동원레미콘 청주	생산재	레디믹스트 콘크리트 [25-24-150,충청도]	272.030	$kgCO_2e/m^3$	269.045	2.985	2025-05-29
1277	(주)동원레미콘 청주	생산재	레디믹스트 콘크리트 [25-21-150,충청도]	206.608	$kgCO_2e/m^3$	203.739	2.869	2025-05-29
1278	(주)동원레미콘 청주	생산재	레디믹스트 콘크리트 [25-27-150,충청도]	291.071	$kgCO_2e/m^3$	288.089	2.982	2025-05-29
1279	(주)동원레미콘 청주	생산재	레디믹스트 콘크리트 [25-30-150,충청도]	303.730	$kgCO_2e/m^3$	300.806	2.924	2025-05-29
1280	(주)동원레미콘 청주	생산재	레디믹스트 콘크리트 [25-35-150,충청도]	284.337	$kgCO_2e/m^3$	281.632	2.705	2025-05-29
1281	주식회사 세진레미콘	생산재	레디믹스트 콘크리트 [25-24-150,경상도]	130.310	$kgCO_2e/m^3$	127.355	2.955	2025-05-29
1282	주식회사 세진레미콘	생산재	레디믹스트 콘크리트 [25-21-150,경상도]	253.452	$kgCO_2e/m^3$	250.729	2.723	2025-05-29
1283	주식회사 세진레미콘	생산재	레디믹스트 콘크리트 [25-27-150,경상도]	259.006	$kgCO_2e/m^3$	256.121	2.885	2025-05-29
1284	주식회사 세진레미콘	생산재	레디믹스트 콘크리트 [25-30-150,경상도]	276.681	$kgCO_2e/m^3$	274.048	2.633	2025-05-29

연번	기업명	제품군	인증제품명	총량	단위	제조전	제조	종료
1285	(주)이비엠리더	생산재	싱글앵커 옵티마 [Anchor 200mm, Cylinder C120]	2.505	$kgCO_2e$/개	2.272	0.232	2025-05-02
1286	(주)이비엠리더	생산재	싱글앵커 베이직 [Anchor 200mm]	1.690	$kgCO_2e$/개	1.625	0.065	2025-05-02
1287	(주)이비엠리더	생산재	트윈앵커 베이직 [Anchor 200mm]	2.951	$kgCO_2e$/개	2.870	0.081	2025-05-02
1288	두리화학(주)	생산재	저소음 경질폴리염화비닐 NC2 이음관	1.917	$kgCO_2e$/kg	1.490	0.427	2025-05-29
1289	두리화학(주)	생산재	고강성 EDR 지하횡주이음관	1.843	$kgCO_2e$/kg	1.402	0.441	2025-05-29
1290	두리화학(주)	생산재	저소음 경질폴리염화비닐 NC2 파이프	1.459	$kgCO_2e$/kg	1.067	0.392	2025-05-29
1291	두리화학(주)	생산재	고강성 EDR 지하횡주관	1.727	$kgCO_2e$/kg	1.341	0.386	2025-05-29
1292	주식회사 대왕레미콘	생산재	레디믹스트 콘크리트 [25-24-150,경상도]	261.218	$kgCO_2e/m^3$	258.977	2.241	2025-05-29
1293	주식회사 대왕레미콘	생산재	레디믹스트 콘크리트 [25-21-150,경상도]	258.052	$kgCO_2e/m^3$	255.766	2.286	2025-05-29
1294	주식회사 대왕레미콘	생산재	레디믹스트 콘크리트 [25-27-150,경상도]	272.766	$kgCO_2e/m^3$	270.549	2.218	2025-05-29
1295	주식회사 대왕레미콘	생산재	레디믹스트 콘크리트 [25-30-150,경상도]	293.370	$kgCO_2e/m^3$	290.902	2.469	2025-05-29
1296	주식회사 대왕레미콘	생산재	레디믹스트 콘크리트 [25-35-150,경상도]	312.877	$kgCO_2e/m^3$	310.712	2.165	2025-05-29
1297	주식회사 대왕레미콘	생산재	레디믹스트 콘크리트 [25-24-180,경상도]	286.417	$kgCO_2e/m^3$	284.308	2.110	2025-05-29
1298	주식회사 대왕레미콘	생산재	레디믹스트 콘크리트 [25-27-180,경상도]	267.415	$kgCO_2e/m^3$	264.977	2.438	2025-05-29
1299	(주)신송	생산재	레디믹스트 콘크리트 [25-24-150,경상도]	250.190	$kgCO_2e/m^3$	248.344	1.846	2025-05-29
1300	(주)신송	생산재	레디믹스트 콘크리트 [25-21-150,경상도]	241.470	$kgCO_2e/m^3$	239.622	1.848	2025-05-29
1301	(주)신송	생산재	레디믹스트 콘크리트 [25-27-150,경상도]	299.143	$kgCO_2e/m^3$	297.069	2.074	2025-05-29
1302	(주)신송	생산재	레디믹스트 콘크리트 [25-30-150,경상도]	273.477	$kgCO_2e/m^3$	271.704	1.773	2025-05-29
1303	(주)신송	생산재	레디믹스트 콘크리트 [25-35-150,경상도]	326.022	$kgCO_2e/m^3$	323.919	2.104	2025-05-29
1304	경동레미콘(주)	생산재	레디믹스트 콘크리트 [25-24-150,경상도]	228.092	$kgCO_2e/m^3$	226.313	1.780	2025-05-29
1305	경동레미콘(주)	생산재	레디믹스트 콘크리트 [25-21-150,경상도]	226.629	$kgCO_2e/m^3$	224.877	1.752	2025-05-29
1306	경동레미콘(주)	생산재	레디믹스트 콘크리트 [25-27-150,경상도]	253.320	$kgCO_2e/m^3$	251.547	1.773	2025-05-29
1307	경동레미콘(주)	생산재	레디믹스트 콘크리트 [25-30-150,경상도]	246.352	$kgCO_2e/m^3$	244.593	1.759	2025-05-29
1308	신아레미콘 주식회사	생산재	레디믹스트 콘크리트 [25-24-120,경상도]	188.720	$kgCO_2e/m^3$	187.266	1.455	2025-05-29
1309	신아레미콘 주식회사	생산재	레디믹스트 콘크리트 [25-21-120,경상도]	175.343	$kgCO_2e/m^3$	173.781	1.562	2025-05-29

연번	기업명	제품군	인증제품명	총량	단위	제조전	제조	종료
1310	신아레미콘 주식회사	생산재	레디믹스트 콘크리트 [25-21-150,경상도]	179.104	$kgCO_2e/m^3$	177.230	1.875	2025-05-29
1311	신아레미콘 주식회사	생산재	레디믹스트 콘크리트 [25-24-150,경상도]	199.596	$kgCO_2e/m^3$	198.149	1.447	2025-05-29
1312	신아레미콘 주식회사	생산재	레디믹스트 콘크리트 [25-27-150,경상도]	213.899	$kgCO_2e/m^3$	211.952	1.947	2025-05-29
1313	신아레미콘 주식회사	생산재	레디믹스트 콘크리트 [25-30-150,경상도]	256.824	$kgCO_2e/m^3$	255.481	1.343	2025-05-29
1314	신아레미콘 주식회사	생산재	레디믹스트 콘크리트 [25-35-150,경상도]	237.831	$kgCO_2e/m^3$	236.270	1.561	2025-05-29
1315	주식회사 현대엘앤씨	생산재	보닥 (인테리어 필름)	1.694	$kgCO_2e/m^2$	1.499	0.195	2025-05-29
1316	영진레미콘아스콘 주식회사	생산재	레디믹스트 콘크리트 [25-24-150, 경상도]	201.992	$kgCO_2e/m^3$	200.612	1.381	2025-05-29
1317	영진레미콘아스콘 주식회사	생산재	레디믹스트 콘크리트 [25-21-120, 경상도]	176.452	$kgCO_2e/m^3$	175.012	1.440	2025-05-29
1318	영진레미콘아스콘 주식회사	생산재	레디믹스트 콘크리트 [25-21-150, 경상도]	194.912	$kgCO_2e/m^3$	193.381	1.531	2025-05-29
1319	영진레미콘아스콘 주식회사	생산재	레디믹스트 콘크리트 [25-24-120, 경상도]	187.334	$kgCO_2e/m^3$	185.955	1.379	2025-05-29
1320	영진레미콘아스콘 주식회사	생산재	레디믹스트 콘크리트 [25-27-150, 경상도]	210.766	$kgCO_2e/m^3$	209.089	1.677	2025-05-29
1321	영진레미콘아스콘 주식회사	생산재	레디믹스트 콘크리트 [25-30-150, 경상도]	206.738	$kgCO_2e/m^3$	205.231	1.507	2025-05-29
1322	삼성전기(주)	생산재	MLCC CL03A225MQ3ODRB	0.005	$kgCO_2e$/개	0.003	0.002	2025-05-29
1323	삼성전기(주)	생산재	MLCC CL05B104KO5VPNB	0.005	$kgCO_2e$/개	0.002	0.002	2025-05-29
1324	삼성전기(주)	생산재	BGA 08 EBD	449.037	$kgCO_2e/m^2$	82.359	366.678	2025-05-29
1325	유성씨앤에프(주)	생산재	FINEO VCT[300X300X3T]	2.752	$kgCO_2e/m^2$	1.950	0.801	2025-05-29
1326	유성씨앤에프(주)	생산재	FINEO VCT[450X450X3T]	2.721	$kgCO_2e/m^2$	1.928	0.793	2025-05-29
1327	(주)대원레미콘	생산재	레디믹스트 콘크리트 [25-24-150, 경상도]	191.034	$kgCO_2e/m^3$	188.908	2.126	2025-05-29
1328	(주)대원레미콘	생산재	레디믹스트 콘크리트 [25-21-150, 경상도]	199.744	$kgCO_2e/m^3$	198.011	1.733	2025-05-29
1329	(주)대원레미콘	생산재	레디믹스트 콘크리트 [25-27-150, 경상도]	234.190	$kgCO_2e/m^3$	231.795	2.395	2025-05-29
1330	(주)대원레미콘	생산재	레디믹스트 콘크리트 [25-30-150, 경상도]	231.688	$kgCO_2e/m^3$	229.920	1.768	2025-05-29
1331	(주)대원레미콘	생산재	레디믹스트 콘크리트 [25-35-150, 경상도]	269.483	$kgCO_2e/m^3$	266.823	2.660	2025-05-29
1332	주식회사 대원씨앤엠	생산재	레디믹스트 콘크리트 [25-21-150,경상도]	203.457	$kgCO_2e/m^3$	201.845	1.611	2025-05-29
1333	주식회사 대원씨앤엠	생산재	레디믹스트 콘크리트 [25-24-150,경상도]	213.956	$kgCO_2e/m^3$	212.345	1.612	2025-05-29

연번	기업명	제품군	인증제품명	총량	단위	제조전	제조	종료
1334	주식회사 대원씨앤엠	생산재	레디믹스트 콘크리트 [25-27-150,경상도]	222.042	$kgCO_2e/m^3$	220.437	1.605	2025-05-29
1335	주식회사 대원씨앤엠	생산재	레디믹스트 콘크리트 [25-30-150,경상도]	244.312	$kgCO_2e/m^3$	242.705	1.607	2025-05-29
1336	주식회사 대원씨앤엠	생산재	레디믹스트 콘크리트 [25-35-150,경상도]	249.401	$kgCO_2e/m^3$	247.794	1.606	2025-05-29
1337	에스비비 주식회사	생산재	투수폴리콘_Bioriver	53.459	$kgCO_2e/m^3$	22.712	30.747	2025-05-29
1338	월드웍스	생산재	킹스PF보드[준불연, 경질 발포플라스틱 단열재 Ⅰ종A]	164.578	$kgCO_2e/m^3$	99.044	65.533	2025-03-27
1339	래오케미칼(주)	생산재	래오드림30 [$1m^2$]	4.126	$kgCO_2e/m^2$	3.184	0.941	2025-06-26
1340	래오케미칼(주)	생산재	래오탑S [$1m^2$]	3.151	$kgCO_2e/m^2$	2.443	0.709	2025-06-26
1341	(주)지에스모아	생산재	E-1000[소시지형, 500ml]	1.902	$kgCO_2e$/개	1.701	0.201	2025-06-26
1342	(주)지에스모아	생산재	E-7100[카트리지형, 300ml]	1.130	$kgCO_2e$/개	1.065	0.064	2025-06-26
1343	주식회사 엘디카본	생산재	재생카본블랙(GCB)[1TON]	819.416	$kgCO_2e/ton$	445.354	374.062	2025-06-26
1344	양산레미콘(주)	생산재	레디믹스트 콘크리트 [25-24-150,경상도]	253.237	$kgCO_2e/m^3$	251.497	1.740	2025-06-26
1345	양산레미콘(주)	생산재	레디믹스트 콘크리트 [25-21-150,경상도]	224.723	$kgCO_2e/m^3$	222.968	1.755	2025-06-26
1346	양산레미콘(주)	생산재	레디믹스트 콘크리트 [25-27-150,경상도]	287.738	$kgCO_2e/m^3$	285.892	1.845	2025-06-26
1347	양산레미콘(주)	생산재	레디믹스트 콘크리트 [25-30-150,경상도]	241.808	$kgCO_2e/m^3$	239.961	1.847	2025-06-26
1348	양산레미콘(주)	생산재	레디믹스트 콘크리트 [25-35-150,경상도]	296.468	$kgCO_2e/m^3$	294.819	1.649	2025-06-26
1349	주식회사 동원	생산재	레디믹스트 콘크리트 [25-24-150,충청도]	239.508	$kgCO_2e/m^3$	236.867	2.641	2025-06-26
1350	주식회사 동원	생산재	레디믹스트 콘크리트 [25-21-150,충청도]	263.478	$kgCO_2e/m^3$	260.579	2.899	2025-06-26
1351	주식회사 동원	생산재	레디믹스트 콘크리트 [25-27-150,충청도]	256.950	$kgCO_2e/m^3$	254.154	2.796	2025-06-26
1352	주식회사 동원	생산재	레디믹스트 콘크리트 [25-30-150,충청도]	290.423	$kgCO_2e/m^3$	286.807	3.616	2025-06-26
1353	주식회사 동원	생산재	레디믹스트 콘크리트 [25-40-150,충청도]	407.582	$kgCO_2e/m^3$	405.226	2.356	2025-06-26
1354	(주)동신포리마	생산재	아트 OA타일 프리미엄 [5T]	7.276	$kgCO_2e/m^2$	4.390	2.886	2025-06-26
1355	(주)동신포리마	생산재	동신 아트타일[3T]	4.832	$kgCO_2e/m^2$	2.407	2.425	2025-06-26
1356	(주)피엔에스윈도우	생산재	PNS 창호 백색 프로파일	1.643	$kgCO_2e/kg$	1.222	0.421	2025-06-26
1357	(주)피엔에스윈도우	생산재	PNS 창호 랩핑 프로파일	1.583	$kgCO_2e/kg$	1.170	0.413	2025-06-26
1358	(주)피엔에스윈도우	생산재	PNS 창호 칼라 프로파일	1.766	$kgCO_2e/kg$	1.312	0.454	2025-06-26
1359	덕원산업(주)	생산재	레디믹스트 콘크리트 [25-21-150, 강원도]	208.378	$kgCO_2e/m^3$	205.816	2.562	2025-06-26

연번	기업명	제품군	인증제품명	총량	단위	제조전	제조	종료
1360	덕원산업(주)	생산재	레디믹스트 콘크리트[25-27-150, 강원도]	241.758	$kgCO_2e/m^3$	236.893	4.865	2025-06-26
1361	덕원산업(주)	생산재	레디믹스트 콘크리트[25-30-150, 강원도]	267.794	$kgCO_2e/m^3$	262.647	5.147	2025-06-26
1362	한국지역난방공사	생산재	중앙지사(중앙) 열 에너지[수열]	2.014	$kgCO_2e/GJ$	0.309	1.705	2025-06-26
1363	한국지역난방공사	생산재	동탄지사 열 및 전기 에너지[LNG]	81.825	$kgCO_2e/GJ$	7.358	74.467	2025-06-26
1364	한국지역난방공사	생산재	고양사업소 열 에너지[수열]	1.520	$kgCO_2e/GJ$	0.160	1.360	2025-06-26
1365	한국지역난방공사	생산재	세종지사 열 에너지[LNG]	6.563	$kgCO_2e/GJ$	0.494	6.068	2025-06-26
1366	한국지역난방공사	생산재	용인지사 열 에너지[LNG]	69.574	$kgCO_2e/GJ$	2.957	66.618	2025-06-26
1367	한국지역난방공사	생산재	청주지사 열 및 전기 에너지[B-C유]	83.436	$kgCO_2e/GJ$	6.159	77.277	2025-06-26
1368	주식회사 엘엑스하우시스	생산재	Z:IN Floor 디럭스 타일(450mm×450mm×3mm)	2.709	$kgCO_2e/m^2$	1.929	0.780	2025-06-26
1369	주식회사 엘엑스하우시스	생산재	Z:IN Floor 디럭스 타일(300mm×300mm×3mm)	2.743	$kgCO_2e/m^2$	1.954	0.788	2025-06-26
1370	유진기업(주)	생산재	레디믹스트 콘크리트[25-21-150, 수도권]	235.666	$kgCO_2e/m^3$	234.110	1.557	2025-06-26
1371	유진기업(주)	생산재	레디믹스트 콘크리트[25-21-150, 충청도]	256.905	$kgCO_2e/m^3$	255.398	1.508	2025-06-26
1372	유진기업(주)	생산재	레디믹스트 콘크리트[25-21-150, 전라도]	209.879	$kgCO_2e/m^3$	207.752	2.127	2025-06-26
1373	유진기업(주)	생산재	레디믹스트 콘크리트[25-21-150, 강원도]	224.573	$kgCO_2e/m^3$	221.781	2.793	2025-06-26
1374	삼성디스플레이(주)	생산재	AMF670ZA14(핸드폰 디스플레이)	5.157	$kgCO_2e$/대	1.781	3.376	2025-06-26
1375	한일현대시멘트(주)	생산재	일반시멘트(1종 보통 포틀랜드 시멘트, 벌크)	770.838	$kgCO_2e/ton$	12.485	758.353	2025-06-26
1376	한일현대시멘트(주)	생산재	일반시멘트(1종 보통 포틀랜드 시멘트, 포장)[40kg]	33.071	$kgCO_2e$/개	0.570	32.500	2025-06-26
1377	주식회사 케이씨씨글라스	생산재	인테리어필름 비센티[0.4T]	1.299	$kgCO_2e/m^2$	0.649	0.651	2025-06-26
1378	주식회사 케이씨씨글라스	생산재	VICENTI-PET[0.4T]	1.060	$kgCO_2e/m^2$	0.045	1.015	2025-06-26
1379	한화솔루션(주)	생산재	EVA 4322[1kg]	2.244	$kgCO_2e/kg$	1.489	0.754	2025-04-28
1380	한화솔루션(주)	생산재	EVA 4326[1kg]	2.257	$kgCO_2e/kg$	1.493	0.764	2025-04-28
1381	한화솔루션(주)	생산재	EVA 4328[1kg]	2.292	$kgCO_2e/kg$	1.516	0.776	2025-04-28

연번	기업명	제품군	인증제품명	총량	단위	제조전	제조	종료
1382	한화솔루션(주)	생산재	EVA 4325[1kg]	2.264	$kgCO_2e/kg$	1.490	0.774	2025-04-28
1383	한화솔루션(주)	생산재	EVA 4340[1kg]	2.308	$kgCO_2e/kg$	1.564	0.744	2025-04-28
1384	한화솔루션(주)	생산재	8141SC[1kg]	1.954	$kgCO_2e/kg$	1.774	0.180	2025-03-27
1385	한화솔루션(주)	생산재	8141EHV[1kg]	1.954	$kgCO_2e/kg$	1.774	0.180	2025-03-27
1386	한화솔루션(주)	생산재	CTBA-8730BK[1kg]	2.384	$kgCO_2e/kg$	2.267	0.117	2025-04-28
1387	한화솔루션(주)	생산재	CCBA-8735BK[1kg]	2.500	$kgCO_2e/kg$	2.329	0.171	2025-04-28
1388	신성콘크리트공업(주)	생산재	레디믹스트 콘크리트[25-24-150,수도권]	241.795	$kgCO_2e/m^3$	239.655	2.140	2025-07-28
1389	신성콘크리트공업(주)	생산재	레디믹스트 콘크리트[25-18-150,수도권]	225.646	$kgCO_2e/m^3$	223.867	1.779	2025-07-28
1390	신성콘크리트공업(주)	생산재	레디믹스트 콘크리트[25-27-150,수도권]	271.833	$kgCO_2e/m^3$	269.674	2.159	2025-07-28
1391	신성콘크리트공업(주)	생산재	레디믹스트 콘크리트[25-30-150,수도권]	211.590	$kgCO_2e/m^3$	208.975	2.616	2025-07-28
1392	신성콘크리트공업(주)	생산재	레디믹스트 콘크리트[25-35-150,수도권]	249.839	$kgCO_2e/m^3$	246.736	3.103	2025-07-28
1393	신성콘크리트공업(주)	생산재	레디믹스트 콘크리트[25-40-150,수도권]	315.373	$kgCO_2e/m^3$	313.397	1.977	2025-07-28
1394	(주)지구레미콘	생산재	레디믹스트 콘크리트 [25-24-150, 수도권]	248.824	$kgCO_2e/m^3$	246.497	2.327	2025-07-28
1395	(주)지구레미콘	생산재	레디믹스트 콘크리트 [25-21-120, 수도권]	192.661	$kgCO_2e/m^3$	190.423	2.239	2025-07-28
1396	(주)지구레미콘	생산재	레디믹스트 콘크리트 [25-24-120, 수도권]	207.882	$kgCO_2e/m^3$	205.534	2.348	2025-07-28
1397	(주)지구레미콘	생산재	레디믹스트 콘크리트 [25-27-150, 수도권]	280.580	$kgCO_2e/m^3$	278.238	2.342	2025-07-28
1398	(주)지구레미콘	생산재	레디믹스트 콘크리트 [25-35-150, 수도권]	346.760	$kgCO_2e/m^3$	343.209	3.551	2025-07-28
1399	(주) 동양 / 건재부문 본부지점	생산재	레디믹스트 콘크리트[25-30-150,경상도]	265.364	$kgCO_2e/m^3$	262.300	3.064	2025-07-28
1400	(주) 동양 / 건재부문 본부지점	생산재	레디믹스트 콘크리트[25-35-150,경상도]	288.838	$kgCO_2e/m^3$	286.427	2.411	2025-07-28
1401	(주) 동양 / 건재부문 본부지점	생산재	레디믹스트 콘크리트[25-30-150,제주도]	367.490	$kgCO_2e/m^3$	366.391	1.098	2025-07-28
1402	(주) 동양 / 건재부문 본부지점	생산재	레디믹스트 콘크리트[25-35-150,제주도]	383.237	$kgCO_2e/m^3$	382.148	1.090	2025-07-28
1403	(주) 동양 / 건재부문 본부지점	생산재	레디믹스트 콘크리트[25-30-150,수도권]	278.571	$kgCO_2e/m^3$	277.287	1.283	2025-07-28
1404	(주) 동양 / 건재부문 본부지점	생산재	레디믹스트 콘크리트[25-35-150,수도권]	279.297	$kgCO_2e/m^3$	278.193	1.104	2025-07-28

연번	기업명	제품군	인증제품명	총량	단위	제조전	제조	종료
1405	(주) 동양 / 건재부문 본부지점	생산재	레디믹스트 콘크리트[25-30-150,전라도]	274.329	$kgCO_2e/m^3$	272.317	2.012	2025-07-28
1406	(주) 동양 / 건재부문 본부지점	생산재	레디믹스트 콘크리트[25-35-150,전라도]	257.164	$kgCO_2e/m^3$	255.139	2.025	2025-07-28
1407	(주) 동양 / 건재부문 본부지점	생산재	레디믹스트 콘크리트[25-30-150,충청도]	255.396	$kgCO_2e/m^3$	253.537	1.860	2025-07-28
1408	(주) 동양 / 건재부문 본부지점	생산재	레디믹스트 콘크리트[25-35-150,충청도]	291.172	$kgCO_2e/m^3$	289.131	2.041	2025-07-28
1409	(주) 동양 / 건재부문 본부지점	생산재	레디믹스트 콘크리트[25-21-150, 수도권]	227.946	$kgCO_2e/m^3$	226.588	1.359	2025-07-28
1410	(주) 동양 / 건재부문 본부지점	생산재	레디믹스트 콘크리트[25-21-150, 경상도]	202.195	$kgCO_2e/m^3$	200.255	1.940	2025-07-28
1411	(주) 동양 / 건재부문 본부지점	생산재	레디믹스트 콘크리트[25-21-150, 전라도]	220.802	$kgCO_2e/m^3$	218.573	2.229	2025-07-28
1412	(주) 동양 / 건재부문 본부지점	생산재	레디믹스트 콘크리트[25-21-150, 충청도]	183.641	$kgCO_2e/m^3$	181.958	1.683	2025-07-28
1413	(주) 동양 / 건재부문 본부지점	생산재	레디믹스트 콘크리트[25-21-150, 제주도]	303.831	$kgCO_2e/m^3$	302.528	1.304	2025-07-28
1414	(주) 동양 / 건재부문 본부지점	생산재	레디믹스트 콘크리트[25-40-600, 수도권]	333.142	$kgCO_2e/m^3$	332.061	1.081	2025-07-28
1415	(주) 동양 / 건재부문 본부지점	생산재	레디믹스트 콘크리트[25-40-600, 경상도]	342.663	$kgCO_2e/m^3$	340.576	2.086	2025-07-28
1416	(주) 동양 / 건재부문 본부지점	생산재	레디믹스트 콘크리트[25-45-600, 수도권]	379.623	$kgCO_2e/m^3$	378.108	1.515	2025-07-28
1417	(주) 동양 / 건재부문 본부지점	생산재	레디믹스트 콘크리트[25-45-600, 경상도]	358.556	$kgCO_2e/m^3$	356.459	2.097	2025-07-28
1418	(주)씨에프에스인터네셔널	생산재	CF 5002[500x500x28T, R형]	10.506	$kgCO_2e$/개	9.176	1.331	2025-07-28
1419	(주)씨에프에스인터네셔널	생산재	CF 7003[600x600x32T, R형]	14.697	$kgCO_2e$/개	13.081	1.616	2025-07-28
1420	성진콘크리트공업(주)	생산재	레디믹스트 콘크리트[25-49-600,수도권]	365.034	$kgCO_2e/m^3$	363.539	1.495	2025-07-28
1421	(주)중앙케미칼후로아	생산재	브라이온 바닥재용 파우다(SP-701)	7.121	$kgCO_2e$/포대	6.977	0.144	2025-06-26
1422	한진레미콘(주)	생산재	레디믹스트 콘크리트 [25-21-120, 경상도]	189.882	$kgCO_2e/m^3$	188.464	1.418	2025-07-28
1423	한진레미콘(주)	생산재	레디믹스트 콘크리트 [25-21-150, 경상도]	213.207	$kgCO_2e/m^3$	211.839	1.367	2025-07-28
1424	한진레미콘(주)	생산재	레디믹스트 콘크리트 [25-24-120, 경상도]	196.472	$kgCO_2e/m^3$	195.176	1.296	2025-07-28
1425	한진레미콘(주)	생산재	레디믹스트 콘크리트 [25-24-150, 경상도]	208.652	$kgCO_2e/m^3$	207.365	1.287	2025-07-28

연번	기업명	제품군	인증제품명	총량	단위	제조전	제조	종료
1426	한진레미콘(주)	생산재	레디믹스트 콘크리트 [25-27-150, 경상도]	243.531	$kgCO_2e/m^3$	242.027	1.504	2025-07-28
1427	한진레미콘(주)	생산재	레디믹스트 콘크리트 [25-30-150, 경상도]	251.269	$kgCO_2e/m^3$	250.016	1.253	2025-07-28
1428	한진레미콘(주)	생산재	레디믹스트 콘크리트 [25-35-150, 경상도]	254.255	$kgCO_2e/m^3$	253.057	1.198	2025-07-28
1429	한진레미콘(주)	생산재	레디믹스트 콘크리트 [25-40-150, 경상도]	286.206	$kgCO_2e/m^3$	284.874	1.332	2025-07-28
1430	주식회사 비알인포텍	생산재	BR-S8362HRXL	651.087	$kgCO_2e$/대	60.078	2.546	2025-07-28
1431	아주산업(주)	생산재	레디믹스트 콘크리트[25-30-180,수도권]	316.176	$kgCO_2e/m^3$	315.069	1.107	2025-07-28
1432	아주산업(주)	생산재	레디믹스트 콘크리트[25-35-180,수도권]	371.811	$kgCO_2e/m^3$	370.615	1.196	2025-07-28
1433	아주산업(주)	생산재	레디믹스트 콘크리트[25-40-180,수도권]	366.782	$kgCO_2e/m^3$	365.514	1.268	2025-07-28
1434	아주산업(주)	생산재	레디믹스트 콘크리트[25-49-600,수도권]	397.986	$kgCO_2e/m^3$	396.542	1.445	2025-07-28
1435	주식회사 엘엑스하우시스	생산재	뉴트렉스 청 PVC 데코시트[0.2T]	1.041	$kgCO_2e/m^2$	0.689	0.352	2025-06-26
1436	주식회사 엘엑스하우시스	생산재	뉴트렉스 PET 데코시트[0.4T]	2.617	$kgCO_2e/m^2$	1.758	0.859	2025-06-26
1437	한통레미콘 주식회사	생산재	레디믹스트 콘크리트[25-24-150,경상도]	209.677	$kgCO_2e/m^3$	208.077	1.600	2025-07-28
1438	한통레미콘 주식회사	생산재	레디믹스트 콘크리트[25-27-150,경상도]	237.595	$kgCO_2e/m^3$	236.014	1.581	2025-07-28
1439	한통레미콘 주식회사	생산재	레디믹스트 콘크리트[25-30-150,경상도]	234.241	$kgCO_2e/m^3$	232.672	1.569	2025-07-28
1440	한통레미콘 주식회사	생산재	레디믹스트 콘크리트[25-35-150,경상도]	276.409	$kgCO_2e/m^3$	274.698	1.711	2025-07-28
1441	아세아시멘트(주)	생산재	아세아몰탈 (타일떠붙임용) [40kg]	6.747	$kgCO_2e$/개	6.016	0.731	2025-07-28
1442	아세아시멘트(주)	생산재	아세아몰탈 (타일떠붙임용 플러스) [40kg]	6.646	$kgCO_2e$/개	6.260	0.386	2025-07-28
1443	아세아시멘트(주)	생산재	아세아몰탈 (견출바탕용) [40kg]	7.039	$kgCO_2e$/개	6.590	0.449	2025-07-28
1444	에스비비 주식회사	생산재	투수폴리콘_Biopave	52.370	$kgCO_2e/m^3$	18.377	33.993	2025-07-28
1445	(주)공단레미콘	생산재	레디믹스트 콘크리트[25-24-150,충청도]	227.483	$kgCO_2e/m^3$	225.857	1.625	2025-07-28
1446	(주)공단레미콘	생산재	레디믹스트 콘크리트[25-27-150,충청도]	237.405	$kgCO_2e/m^3$	235.801	1.604	2025-07-28
1447	(주)공단레미콘	생산재	레디믹스트 콘크리트[25-30-150,충청도]	257.408	$kgCO_2e/m^3$	255.790	1.618	2025-07-28
1448	(주)재건테크	생산재	JGM500(무기질 시멘트 OA)[500x500x23T, R형]	5.820	$kgCO_2e$/개	3.940	1.880	2025-02-21
1449	(주)재건테크	생산재	JGM500G(무기질 황산칼슘 OA)[500x500x26T, SP형]	5.980	$kgCO_2e$/개	3.020	2.960	2025-02-21
1450	한국서부발전(주)	생산재	태안발전본부 탈황석고	0.241	$kgCO_2e$/kg	0.049	0.192	2025-08-29

연번	기업명	제품군	인증제품명	총량	단위	제조전	제조	종료
1451	(주)청진이엔씨	생산재	네오스톤 일반 60T 보도용	0.763	$kgCO_2e$/개	0.692	0.071	2025-08-29
1452	(주)청진이엔씨	생산재	네오스톤 일반 80T 차도용	1.004	$kgCO_2e$/개	0.910	0.094	2025-08-29
1453	(주)청진이엔씨	생산재	네오스톤 투수 80T 차도용	1.008	$kgCO_2e$/개	0.913	0.094	2025-08-29
1454	(주)청진이엔씨	생산재	네오스톤 투수 60T 보도용	0.749	$kgCO_2e$/개	0.678	0.071	2025-08-29
1455	(주)서울벽지	생산재	데이지	0.360	$kgCO_2e/m^2$	0.286	0.075	2025-06-26
1456	대덕산업 주식회사	생산재	레디믹스트 콘크리트 [25-24-150,충청도]	234.893	$kgCO_2e/m^3$	233.312	1.581	2025-08-29
1457	대덕산업 주식회사	생산재	레디믹스트 콘크리트 [25-21-150,충청도]	232.951	$kgCO_2e/m^3$	231.188	1.762	2025-08-29
1458	대덕산업 주식회사	생산재	레디믹스트 콘크리트 [25-27-150,충청도]	255.837	$kgCO_2e/m^3$	254.068	1.770	2025-08-29
1459	대덕산업 주식회사	생산재	레디믹스트 콘크리트 [25-30-150,충청도]	283.632	$kgCO_2e/m^3$	281.683	1.948	2025-08-29
1460	대덕산업 주식회사	생산재	레디믹스트 콘크리트 [25-35-150,충청도]	357.723	$kgCO_2e/m^3$	355.721	2.002	2025-08-29
1461	(주)선진마루	생산재	SJ601[600X600X35.2T, R형]	25.179	$kgCO_2e$/개	24.577	0.603	2025-08-29
1462	(주)에스아이지	생산재	SIC-500[500X500X30T, R형]	10.400	$kgCO_2e$/개	9.890	0.522	2025-06-28
1463	(주)에스아이지	생산재	SIC-600[600X600X35T, SP형]	24.100	$kgCO_2e$/개	22.900	1.200	2025-06-28
1464	(주)에스아이지	생산재	SIC-600[600X600X35T, R형]	21.000	$kgCO_2e$/개	20.300	0.746	2025-08-29
1465	(주)에스아이지	생산재	SIN-500[500X500X25T, SP형]	11.300	$kgCO_2e$/개	8.620	2.640	2025-06-26
1466	(주)대창스틸	생산재	A2-OA500GRC[500x500x25T, SP형]	11.300	$kgCO_2e$/개	8.620	2.640	2025-06-26
1467	(주)서연이화	생산재	NE 도어트림(STD) FR LH	13.990	$kgCO_2e$/개	13.837	0.153	2025-08-29
1468	(주)서연이화	생산재	NE 도어트림(STD) FR RH	12.891	$kgCO_2e$/개	12.738	0.153	2025-08-29
1469	(주)서연이화	생산재	NE 도어트림(STD) RR LH	11.164	$kgCO_2e$/개	11.007	0.157	2025-08-29
1470	주식회사 현대엘앤씨	생산재	명가[2.2T]	2.807	$kgCO_2e/m^2$	2.349	0.458	2025-08-29
1471	주식회사 현대엘앤씨	생산재	소리지움[5.0T]	7.169	$kgCO_2e/m^2$	6.095	1.075	2025-08-29
1472	주식회사 예림화학	생산재	백색 프로파일	1.670	$kgCO_2e/kg$	1.376	0.294	2025-08-29
1473	주식회사 예림화학	생산재	칼라 프로파일	1.541	$kgCO_2e/kg$	1.294	0.247	2025-08-29
1474	태창레미콘(주)	생산재	레디믹스트 콘크리트[25-24-150,수도권]	265.376	$kgCO_2e/m^3$	263.928	1.448	2025-08-29

연번	기업명	제품군	인증제품명	총량	단위	제조전	제조	종료
1475	태창레미콘(주)	생산재	레디믹스트 콘크리트[25-21-150,수도권]	205.477	$kgCO_2e/m^3$	204.374	1.103	2025-08-29
1476	태창레미콘(주)	생산재	레디믹스트 콘크리트[25-27-150,수도권]	309.001	$kgCO_2e/m^3$	307.560	1.441	2025-08-29
1477	태창레미콘(주)	생산재	레디믹스트 콘크리트[25-30-150,수도권]	310.530	$kgCO_2e/m^3$	309.122	1.408	2025-08-29
1478	태창레미콘(주)	생산재	레디믹스트 콘크리트[25-24-180,수도권]	209.033	$kgCO_2e/m^3$	207.539	1.494	2025-08-29
1479	용호산업(주)	생산재	레디믹스트 콘크리트[25-24-150,경상도]	189.397	$kgCO_2e/m^3$	187.438	1.960	2025-08-29
1480	용호산업(주)	생산재	레디믹스트 콘크리트[25-21-120,경상도]	144.085	$kgCO_2e/m^3$	142.264	1.821	2025-08-29
1481	용호산업(주)	생산재	레디믹스트 콘크리트[25-21-150,경상도]	198.265	$kgCO_2e/m^3$	196.559	1.706	2025-08-29
1482	용호산업(주)	생산재	레디믹스트 콘크리트[25-24-120,경상도]	153.159	$kgCO_2e/m^3$	151.397	1.762	2025-08-29
1483	용호산업(주)	생산재	레디믹스트 콘크리트[25-27-150,경상도]	200.158	$kgCO_2e/m^3$	198.110	2.048	2025-08-29
1484	용호산업(주)	생산재	레디믹스트 콘크리트[25-30-150,경상도]	211.352	$kgCO_2e/m^3$	209.520	1.832	2025-08-29
1485	용호산업(주)	생산재	레디믹스트 콘크리트[25-35-150,경상도]	224.532	$kgCO_2e/m^3$	222.672	1.860	2025-08-29
1486	(주)신흥	생산재	레디믹스트 콘크리트[25-24-150,수도권]	270.717	$kgCO_2e/m^3$	268.549	2.168	2025-08-29
1487	(주)신흥	생산재	레디믹스트 콘크리트[25-21-150,수도권]	237.033	$kgCO_2e/m^3$	234.961	2.071	2025-08-29
1488	(주)신흥	생산재	레디믹스트 콘크리트[25-24-180,수도권]	271.842	$kgCO_2e/m^3$	269.445	2.396	2025-08-29
1489	(주)신흥	생산재	레디믹스트 콘크리트[25-27-150,수도권]	330.115	$kgCO_2e/m^3$	327.863	2.253	2025-08-29
1490	(주)신흥	생산재	레디믹스트 콘크리트[25-30-150,수도권]	322.200	$kgCO_2e/m^3$	319.649	2.552	2025-08-29
1491	한국흄관공업(주)	생산재	레디믹스트 콘크리트[25-24-150,경상도]	208.040	$kgCO_2e/m^3$	205.951	2.089	2025-08-29
1492	한국흄관공업(주)	생산재	레디믹스트 콘크리트[25-21-120,경상도]	153.290	$kgCO_2e/m^3$	151.272	2.018	2025-08-29
1493	한국흄관공업(주)	생산재	레디믹스트 콘크리트[25-21-150,경상도]	184.329	$kgCO_2e/m^3$	182.110	2.219	2025-08-29
1494	한국흄관공업(주)	생산재	레디믹스트 콘크리트[25-24-120,경상도]	166.682	$kgCO_2e/m^3$	164.647	2.034	2025-08-29
1495	한국흄관공업(주)	생산재	레디믹스트 콘크리트[25-27-150,경상도]	192.736	$kgCO_2e/m^3$	190.652	2.084	2025-08-29
1496	한국흄관공업(주)	생산재	레디믹스트 콘크리트[25-30-150,경상도]	214.119	$kgCO_2e/m^3$	212.022	2.098	2025-08-29

연번	기업명	제품군	인증제품명	총량	단위	제조전	제조	종료
1497	한국흄관공업(주)	생산재	레디믹스트 콘크리트[25-35-150,경상도]	238.084	$kgCO_2e/m^3$	235.921	2.163	2025-08-29
1498	(주)영남산업	생산재	레디믹스트 콘크리트[25-24-150, 경상도]	310.021	$kgCO_2e/m^3$	307.630	2.391	2025-08-29
1499	(주)영남산업	생산재	레디믹스트 콘크리트[25-18-80, 경상도]	236.283	$kgCO_2e/m^3$	234.030	2.253	2025-08-29
1500	(주)영남산업	생산재	레디믹스트 콘크리트[25-21-150, 경상도]	310.066	$kgCO_2e/m^3$	307.742	2.323	2025-08-29
1501	(주)영남산업	생산재	레디믹스트 콘크리트[25-27-150, 경상도]	360.408	$kgCO_2e/m^3$	358.409	1.999	2025-08-29
1502	(주)영남산업	생산재	레디믹스트 콘크리트[25-30-150, 경상도]	348.624	$kgCO_2e/m^3$	346.471	2.153	2025-08-29
1503	태백산업 (주)	생산재	레디믹스트 콘크리트[25-24-150,수도권]	218.341	$kgCO_2e/m^3$	217.207	1.135	2025-08-29
1504	태백산업 (주)	생산재	레디믹스트 콘크리트[25-21-150,수도권]	209.042	$kgCO_2e/m^3$	208.013	1.029	2025-08-29
1505	태백산업 (주)	생산재	레디믹스트 콘크리트[25-27-150,수도권]	363.755	$kgCO_2e/m^3$	362.594	1.162	2025-08-29
1506	태백산업 (주)	생산재	레디믹스트 콘크리트[25-30-150,수도권]	241.522	$kgCO_2e/m^3$	240.230	1.292	2025-08-29
1507	태백산업 (주)	생산재	레디믹스트 콘크리트[25-35-150,수도권]	398.334	$kgCO_2e/m^3$	397.123	1.211	2025-08-29
1508	(주)삼양사	생산재	큐원 하얀설탕[1ton]	604.806	$kgCO_2e/ton$	550.218	54.588	2025-08-29
1509	주식회사 표주레미콘	생산재	레디믹스트 콘크리트[25-21-150, 경상도]	203.291	$kgCO_2e/m^3$	202.059	1.233	2025-08-29
1510	주식회사 표주레미콘	생산재	레디믹스트 콘크리트[25-24-150, 경상도]	221.984	$kgCO_2e/m^3$	220.719	1.265	2025-08-29
1511	주식회사 표주레미콘	생산재	레디믹스트 콘크리트[25-27-150, 경상도]	249.159	$kgCO_2e/m^3$	247.891	1.268	2025-08-29
1512	(주)성영레미콘	생산재	레디믹스트 콘크리트[25-24-150, 경상도]	223.535	$kgCO_2e/m^3$	221.733	1.802	2025-08-29
1513	(주)공단레미콘아스콘	생산재	레디믹스트 콘크리트[25-24-150,충청도]	233.233	$kgCO_2e/m^3$	229.934	3.299	2025-08-29
1514	(주)공단레미콘아스콘	생산재	레디믹스트 콘크리트[25-35-150,충청도]	288.747	$kgCO_2e/m^3$	285.217	3.530	2025-08-29

부록 표 4: 모듈 A4 운송 탄소배출계수(ECF_{A4}) 기본값(TD_{mode} × TEF_{mode})

A4 운송 시나리오	육상 운송거리 기본값(km)	해상 운송거리 기본값(km)	운송방법별 배출 계수($ECF_{A4,i}$) ($kgCO_2e/kg$)
현지에서 제조됨	50	-	0.005 (50 km × 0.10749 $gCO_2e/kg/km$/1000)
국내에서 제조됨	300	-	0.032
해외에서 제조됨	200	10000	0.183

부록 표 5: 운송방법별 배출 계수

모드	TEF_{mode}($gCO_2e/kg/km$)	출처
도로 운송 배출량, 평균 적재량	0.10749	Ref. 64[a]
도로 운송 배출량, 최대 적재량	0.07375	Ref. 64[b]
해상 운송 배출량	0.01614	Ref. 64[c]
화물 항공편 배출량	0.53867	Ref. 64[d]
철도 운송 배출량	0.02782	Ref. 64[e]

참고:
[a] *중장비차량(디젤)의 평균 적재량.*
[b] *중장비차량(디젤)의 최대 적재량.*
[c] *화물선, 컨테이너선, 평균.*
[d] *국제선(CO_2, CH_4 및 N_2O 배출로 인한 직접적인 영향만 해당).*
[e] *화물 열차.*

부록 표 6: 폐기 비율 및 폐기물 계수(참고문헌 : WRAP Net Waste Tool data: Guide to reference data)

항목	폐기비율 (Waste Rate)	폐기물 계수 (Waste Factor)
현장타설 콘크리트	5%	0.053
모르타르	5%	0.053
회반죽(Screed)	5%	0.053
프리캐스트 콘크리트 (보 및 골조)	1%	0.010
철근	5%	0.053
철골 (보, 기둥, 가새)	1%	0.010
블록	20%	0.250
벽돌	20%	0.250
석재	10%	0.111
목재 골조 (보, 기둥, 가새)	1%	0.010
목재 바닥(접합부, 보드), 거푸집	10%	0.111
알루미늄	1%	0.010
유리	5%	0.053
석고보드	22.5%	0.290
내화뿜칠	10%	0.111

참고 : 영국 WRAP사 Net Waste Tool

부록 표 7: 모듈 C2에서의 기본 탄소배출계수 (TD_{mode} x TEF_{mode})

폐기단계 시나리오	km(도로 기준)	$ECF_{C2,i}$($kgCO_2e/kg$)
현장 재사용/재활용	0	0.00
다른 곳에서 재사용/재활용	50	0.005 50 * 0.10650 $gCO_2e/kg/km/1000$
매립/소각	가장 가까운 두 매립지 사이의 평균	0.005(도로 50 km 기준)

부록 표 8: 목재 폐기단계 시나리오 및 모듈 C3, C4 탄소배출계수

폐기단계 시나리오	설명	모듈 C3, C4 탄소배출계수	폐기단계 시나리오 비율
재사용	향후 다른 용도로 사용. 바이오탄소는 다음 용도로 이동	1.64 $kgCO_2e/kg$ (기본 바이오탄소와 동일)[b]	0%
재활용	바이오탄소가 다음 구조물로 이동 사전 가공으로 인한 화석 탄소.	1.67 $kgCO_2e/kg$[b]	55%
에너지 회수를 위한 소각	바이오 연료 (국내 및 수출). 대기로 방출되는 바이오탄소.	1.4 $kgCO_2e/kg$ (기본 바이오탄소와 동일)[b]	44%
매립지(가스 회수 불가)[a]	바이오탄소 일부는 CO_2와 CH_4의 형태로 재방출되고 나머지는 자연으로 이동	2.15 $kgCO_2e/kg$	1%
		총 ECF_{C34} 1.66 $kgCO_2e/kg$	

참고:

[a] *매립지에서는 유기물 분해로 인해 발생하는 가스를 포집하는 기술을 사용한다.*

[b] *재사용, 재활용 및 에너지 회수를 위해 표시된 요소는 기본 바이오탄소 배출 또는 1.64 kg CO_2e/kg(3.2.2.5 절) 및 각 시나리오에서 요구되는 처리와 관련된 기타 배출물에 기초한다.*

부록 표 9: 폐기물 처리 방법에 따른 탄소배출계수

폐기	명칭	탄소 배출량(kgCO_2e/kg)
매립	폐목 매립	0.0607
	폐지 매립	0.896
	혼합폐플라스틱 매립	0.0798
	폐유리 매립	0.007
	폐콘크리트 매립	0.007
	유해폐기물 매립	0.0887
	폐금속 매립	0.007
	비활성물질 위생매립	0.0123
	생활폐기물 위생매립	0.0399
소각	폐목 소각	0.0117
	폐지 소각	0.02.41
	혼합폐플라스틱 소각	2.35
	폐고무 소각	3.14
	폐유리 소각	0.0242
	폐금속 소각	0.0170
	일반폐기물 소각	0.123
	지정폐기물 소각	0.343
재활용	폐목 재활용	0.0139
	폐골판지 재활용	0.121
	폐지 재활용	0.121
	혼합폐플라스틱 재활용	0.0186
	폐유리 재활용	0.00976
	폐콘크리트 재활용	0.0138
	폐철금속 재활용	0.00379
	폐비철금속 재활용	0.0178
	폐유 재활용	0.0150
기타	폐수 처리	0.00128

부록 표 10: 폐기단계 시나리오별 모듈D 탄소배출계수(kgCO_2e/kg)(ISE Database 국제 탄소배출계수)

자재	종류	탄소배출계수 (ECF_D)	폐기단계 시나리오 가정
콘크리트	In situ and precast	-0.00123	90% 골재 재활용
강재	Reinforcement bars	-0.819	85% 재활용
	PT strands	-0.819	85% 재활용
	Open rolled sections	-0.283	85% 재활용
	Closed sections	-1.53	92% 재활용 7% 재사용
	Plate	-1.28	85% 재활용
	Hot dip galvanised steel	-1.26	85% 재활용
조적	ECF_{A13} 데이터에 해당하는 모듈 D 데이터는 쉽게 이용 불가능.		
석재	ECF_{A13} 데이터에 해당하는 모듈 D 데이터는 쉽게 이용 불가능.		
목재[a]	Softwood (100% FSC/PEFC)	-0.524	55% 재활용 44% 소각 1% 매립
알루미늄	Sheet	-8.69	85% 재활용
	Extruded	-8.69	85% 재활용
유리	ECF_{A13} 데이터에 해당하는 모듈 D 데이터는 쉽게 이용 불가능.		
석고보드	ECF_{A13} 데이터에 해당하는 모듈 D 데이터는 쉽게 이용 불가능.		

[a] *목재의 경우 모듈 D에 사용되는 폐기단계 시나리오는 모듈 C3-C4에 가정되는 시나리오와 일치해야 한다.*

부록 표 11 탄소 배출량 계산 프로그램 목록

종류	이름	범위	해당 지역	BIM 플러그인 기능 여부	링크
무료	Beacon	A1-A3	USA	Yes	https://carbon.tips/beacon
	Embodied Carbon in Construction Calculator	A1-A3	USA	No	https://carbon.tips/ec3
	Hawkins/Brown Emission Reduction Toolkit (H/BERT	A-D	UK	Yes	https://carbon.tips/hbert
	OneClick LCA Planetary	A1-A3	Many	No	https://carbon.tips/planet
	eTool 'open use' subscription	A-D	All	No	https://etoolgolbal.com/software/subscriptions
	RSSB Rail Carbon Tool	N/A	UK	No	https://carbon.tips/rssb
	Environment Agency - ERIC	A1-A5	UK	No	https://carbon.tips/cpt
유료	OneClick LCA	A-D	All	Yes	https://carbon.tips/oneclick
	eTool	A-D	All	Yes	https://carbon.tips/etool
	Tally	A-D	USA	Yes	https://carbon.tips/tally
	ECCOlab	A-C	UK	No	https://carbon.tips/eccolab

참고: 이 프로그램을 사용할 수 있는 국가가 어디인지 보려면 링크를 통해 확인할 수 있다.

부록 표 12 PAS 2080 계층에 기초한 탄소 배출 저감을 위한 제안된 체계

체계	설명	설계 레버 예시
추가 건설 자제	건물의 기본 필요성을 평가하고 추가적인 건설의 필요성 고려	지침서를 보고 대안을 제시, 기존 바닥 면적의 활용도 개선
기존 건물 재사용	신규 건설 수요 최소화를 위해 기존 건물 재사용, 용도 변경 및 재정비, 확장 규모 최소화	분석과 조사를 통해 기존 구조를 정당화, 기존 건물 및 필요할 수 있는 신규 건설의 사용 효율성 극대화
최적화 건설	저탄소를 위한 설계 채택 (기술, 자재 및 부재) 자재 과다 사용 방지	설계기준 내에서 최소 하중으로 설계, 구조 그리드, 스팬 및 전달 구조 감소를 고려한 효율적인 구조 형태 사용, 저탄소 재료 선택, 가능한 경우 기존 재료 재사용
효율적인 건설	자원소비를 줄이기 위한 건설기법 활용	재사용이 가능한 임시 구조를 활용, 과다 주문 및 현장 오류로 인한 설계의 변경을 방지, 건설 이산화탄소 배출을 모니터링, 건설 폐기물을 줄이기 위해 현장을 벗어난 곳에서 제조가 가능하도록 설계

탄소중립 설계 예제집

Example of how to calculate embodied carbon

2023년 3월 30일 1판 1쇄 인쇄
2023년 4월 5일 1판 1쇄 발행

저 자 사단법인 대한건축학회 탄소중립위원회
발 행 인 강해작
발 행 처 기문당
주 소 서울시 성동구 무학봉28길 4-1
전 화 02) 2295-6171(代)~5
팩 스 02) 6971-8188
출판등록 1976.10.7 (1-44)
홈페이지 www.kimoondang.com
I S B N 978-89-6225-969-8 93540